Carl-Auer-Systeme

Berufliche Beziehungswelten

Franz Ruppert

Das Aufstellen von Arbeitsbeziehungen
in Theorie und Praxis

2001

Carl-Auer-Systeme im Internet: **www.carl-auer.de**
Bitte fordern Sie unser Gesamtverzeichnis an!

Über alle Rechte der deutschen Ausgabe verfügt Carl-Auer-Systeme
Verlag und Verlagsbuchhandlung GmbH Heidelberg
Fotomechanische Wiedergabe nur mit Genehmigung des Verlages
Satz und Diagramme: Verlagsservice Hegele, Dossenheim
Umschlaggestaltung: WSP Design, Heidelberg
Printed in the Netherlands 2001
Druck und Bindung: Koninklijke Wöhrmann, Zutphen

Erste Auflage, 2001
ISBN 3-89670-191-6

Die Deutsche Bibliothek – CIP-Einheitsaufnahme

Ein Titelsatz für diese Publikation ist bei
Der Deutschen Bibliothek erhältlich.

Inhaltsverzeichnis

Danke!

Zunächst gilt mein Dank allen, die sich auf das Wagnis von Aufstellungen eingelassen haben und die durch ihre Mithilfe als Stellvertreter und Teilnehmer an Aufstellungsgruppen zum Gelingen guter Lösungen beigetragen haben. Insbesondere danke ich denen, die ihre Zustimmung zur Veröffentlichung ihrer Aufstellung gegeben haben. Sie haben mich auch durch ihre Rückmeldungen und sorgfältigen Kommentare zu noch genauerem Hinsehen und präziseren Formulierungen veranlasst.

Für die Mitschriften von Aufstellungen richte ich meinen Dank an: Nicola Baucks, Friedhelm Bernhardt, Doris Kappe, Barbara Eder, Angelika Hall, Rosemarie Kaiser, Margarete und Hartmut Weber. Ohne ihre prompte Bereitschaft zur Mithilfe hätte ich den Plan, ein Buch über meine Erfahrungen mit Arbeitsbeziehungsaufstellungen zu schreiben, nicht so schnell in die Tat umsetzen können. Für die Mühe des Korrekturlesens bedanke ich mich bei Friedhelm Bernhardt, Barbara Eder und Nicola Baucks.

Meinen Kollegen an der Katholischen Stiftungsfachhochschule München fühle ich mich durch dieses Buch verbunden, da sie dazu beitragen, diese Hochschule zu einem Ort voller Inspirationen und vielfältiger geistiger Anregungen zu machen. Ich erlebe hier ein System von Arbeitsbeziehungen, das viele gute Lösungen hervorbringt, wenn Aufgaben zu bewältigen sind.

Schließlich danke ich meiner Frau Juliane für ihre besondere Unterstützung während der Entstehungszeit dieses Buches.

9

1 Die Arbeitswelt – eine Welt der Beziehungen

Arbeitswelt, ... – Die Arbeitswelt als Hort vernünftiger Kalkulationen, rationaler Planungen, präziser technischer Abläufe, klarer Verhältnisse – so hätten wir es gerne. Wir machen unsere Arbeit, sind fair zu Kollegen, Mitarbeitern, Vorgesetzten oder Kunden und verdienen gutes Geld. Unsere Gefühle leben wir zu Hause und im Kreise unserer Liebsten. Falls es dieses Ideal einer Arbeitswelt irgendwo gibt, dann bestimmt nicht lange. Probleme und Konflikte sind im Arbeits- und Berufsleben so sicher wie das Amen in der Kirche. Und wenn es zwischen Menschen Differenzen gibt, dann geht es nicht nur um Argumente, um die Sache oder das Geld. Es geht auch um Gefühle und Beziehungen.

... Gefühlswelt und ... – Wir wünschen uns in der Arbeit menschlichen Kontakt und Anerkennung. Wir möchten auch, dass man uns in Ruhe lässt. Wir können Vorgesetzten oder Kollegen im Normalfall offen in die Augen sehen. Oft redet auch jeder am anderen vorbei. Zuweilen möchten wir gerne im Mittelpunkt stehen. Es gibt auch Situationen, da würden wir uns lieber an den Rand verdrücken. Wir sind bisweilen eine verschworene Gemeinschaft, manchmal auch nur ein loser Haufen. Wir trauern ausgeschiedenen Kollegen und Vorgesetzten nach; bei manchen sind wir froh, dass sie endlich weg sind. Wir freuen uns auf bestimmte Kunden, einige möchten wir am liebsten auf den Mond schießen. Wir arbeiten gerne für unser Privatleben oder die Familie. Die Werkstatt oder das Büro kann auch ein akzeptierter Fluchtpunkt vor Partnern, Kindern oder Verwandten sein. Wir versuchen, Spaß mit unseren Kollegen zu haben und Mitglied in einem tollen Team zu sein. Die öden Betriebsfeiern und Beschwörungen der Einmaligkeit unseres Unternehmens können uns aber auch auf die Nerven gehen. Wir erleben in der Arbeit also nicht weniger Angst, Wut, Trauer, Hoffnung, Freude oder Glück als in anderen Sphären unseres Lebens.

... Beziehungswelt. – Wer beruflich vorankommen will, braucht Beziehungen. Ein guter Job ist ohne Beziehungen oft gar nicht zu bekommen. Wer setzt sich für mich ein, und wer arbeitet gegen mich? Wer steht zu mir, oder wer fällt mir in den Rücken? Gelder fließen in Projekte, weil die Beteiligten sich gegenseitig brauchen, manchmal auch wertschätzen. Jeder weiß, wie wichtig Beziehungen und Loyalitäten in der Arbeit sind, aber kaum jemand spricht offen darüber. Auch die Wissenschaft kennt „Arbeitsbeziehungen" nicht. „Beziehungen" haben den Ruch des Privaten: Der Chef hat eine „Beziehung" mit seiner Sekretärin!

Ich will in diesem Buch aufzeigen, dass Arbeitsbeziehungen etwas Seriöses sind. Dass wir sie immer haben, nur meist nicht bewusst wahrnehmen. Dass wir von Arbeitsbeziehungen gelenkt werden, auch ohne es zu wollen. Dass Beziehungen die Quelle für unsere Gefühle sind, auch im Arbeitsleben. Und dass wir unsere Arbeitsbeziehungen bewusster gestalten können, wenn wir ihre Spielregeln besser verstehen und beachten.

Zugang zum Zwischenmenschlichen in der Arbeit. – Als Psychologe hat mich „das Menschliche" im Arbeitsleben schon immer interessiert. Ich habe einige Jahre im Rahmen des Förderprogramms zur „Humanisierung des Arbeitslebens" Forschungsprojekte durchgeführt und dabei erkannt: Das Menschliche ist im Grunde fast immer das Zwischenmenschliche. Qualifizierung, Verhaltensbeeinflussung, Führung, Qualitätssicherung und vieles mehr findet stets in einem Beziehungskontext statt. Wenn dieser Kontext durch Konflikte belastet ist, gelingt nicht viel.

Die Arbeit mit Aufstellungen hat mir einen neuen Zugang zu diesem Zwischenmenschlichen in der Arbeits- und Berufswelt ermöglicht. Die üblichen Methoden der sozialwissenschaftlichen Forschung bilden die Komplexität der Arbeitsbeziehungszusammenhänge nur unzureichend ab. Durch Aufstellungen werden sie auf etwas Wesentliches verdichtet. Beziehungen in der Arbeitswelt werden anschaulich, ihre Wirkungen werden fühlbar. Die Arbeitswelt wird verstehbar als ein Beziehungssystem unter vielen, das mit zahl-

12

reichen anderen Beziehungssystemen verbunden ist, von ihnen geprägt wird und in sie hineinwirkt.

Von der Familienaufstellung ... – „Aufstellungen" sind ursprünglich Familienaufstellungen. Sie sind mit dem Namen und der Person von Bert Hellinger untrennbar verbunden. Durch seine Auftritte vor großem Publikum und eine Vielzahl von Büchern und Videoaufzeichnungen hat Bert Hellinger Familienaufstellungen in Deutschland und mittlerweile auf der ganzen Welt bekannt gemacht. Familienaufstellungen sind zum Begriff geworden. Kaum eine psychologische Methode hat in jüngster Zeit so viele Menschen aller Altersstufen und sozialer Schichten erreicht und angesprochen.

Das Phänomen einer Aufstellung ist faszinierend und mysteriös zugleich. Menschen, die zufällig als Stellvertreter für Familienangehörige für eine Aufstellung gewählt werden, fühlen sich plötzlich völlig anders, sobald sie an einem bestimmten Platz in einer Aufstellung stehen. Die Geschwindigkeit, mit der in einer Aufstellung die Stellvertreter von heftigen Gefühlen überwältigt werden, kann bei Außenstehenden nur ungläubiges Staunen hervorrufen.

Man muss zunächst seinen Widerstand überwinden, solche Phänomene für wirklich zu erachten, selbst wenn keine Wissenschaft sie bisher erklären kann. Dann aber kann man die Realität von „Familie" neu entdecken. Familien werden durch Familienaufstellungen als generationsübergreifendes Geflecht seelischer Bindungen und komplexer Austauschbeziehungen unmittelbar anschaulich und begreifbar. Wir bekommen eine Ahnung davon, wie Familien als eine Art Gesamtorganismus – als ein „Beziehungssystem" – leben und überleben. Wir begreifen nach und nach, wie dieser Gesamtorganismus das Fühlen, Denken und Handeln seiner Mitglieder bestimmt und die Lebensschicksale Einzelner lenkt. Wir verstehen jetzt, warum nicht nur Glück und Zufriedenheit, sondern ebenso Leid, Schmerz, quälende Schuldgefühle und mitunter tiefe Verwirrung ihren Ausgangspunkt in Familienbeziehungen haben.

Es gibt auch Skepsis und Ablehnung der Aufstellungsarbeit gegenüber. Es gibt Kritik an Bert Hellingers Vorgehensweisen, dem Inhalt und der Art seiner Aussagen. Es ist Hellingers Sache, sich selbst mit der Kritik an seiner Arbeit und seinen oft gewagten Aussagen auseinander zu setzen (Hellinger u. ten Hövel 1996). Was er schreibt, sagt und tut, muss er – wie jeder von uns – selbst verantworten. Wer ihn zum „Guru" erhebt und seine Art und sein Vorgehen blind imitiert, wird das Wesentliche an den Aufstellungen nicht begreifen: sich im Augenblick des Aufstellens der Wirklichkeit konfliktreicher zwischenmenschlicher Beziehungen zu stellen und ohne methodische und theoretische Voreingenommenheit auf eine gute Lösung hin orientiert zu sein.

... zur Organisationsaufstellung ... – Hellingers Methode wirkt inspirierend, nicht nur familiäre Beziehungssysteme mithilfe von Aufstellungen besser verstehen zu können, sondern auch andere komplexe Beziehungssysteme mittels Personenaufstellungen zu untersuchen: Lässt sich dieses faszinierende lösungsorientierte Vorgehen für andere Beziehungssysteme nutzen? Schon nach wenigen Versuchen kann man entdecken: Bindungen und Beziehungen sind als Phänomen in fast allen Lebenslagen präsent. Sie steuern unbewusst unser Handeln und Verhalten – in der Schule, in Partnerschaften, zwischen Freunden und in der Arbeitswelt.

Bert Hellinger hat nur wenig mit „Organisationsaufstellungen" gearbeitet. In seinem Buch „Ordnungen der Liebe" findet sich ein kleiner Abschnitt über die „Rangfolge in Organisationen". Dort steht unter anderem der Hinweis auf die „Führung aus der letzten Position heraus für einen neuen Chef" (Hellinger 1994, S. 48). Weitere Aussagen von Hellinger über „Organisationsberatungen und Organisationsaufstellungen" enthält ein Interview mit Johannes Neuhauser (Hellinger 2000b). Grochowiak und Castella (2001, S. 255 ff.) haben mündliche Aussagen von Bert Hellinger zur Aufstellungsarbeit mit Organisationen systematisiert zusammengefasst.

Es ist vor allem Gunthard Webers Verdienst, dass sich das Gebiet der Familienaufstellungen um das zweite große Gebiet der Organisationsaufstellungen erweitert hat, von vielen Beratern und Trainern aufgegriffen und wegen seiner positiven Wirkungen in der Öffentlichkeit immer wohlwollender kommentiert wird. Er hat durch die Organisation von Kongressen über Organisationsaufstellungen und grundlegende Veröffentlichungen einen großen Beitrag zu den Entwicklungen auf diesem Gebiet geleistet (Weber u. Gross 1998; Weber 2000).

... und zur Aufstellung von Arbeitsbeziehungen. – Ich habe mir für dieses Buch die Aufgabe gestellt, die Einsatzmöglichkeiten von Arbeitsbeziehungsaufstellungen exemplarisch aufzuzeigen. Seit fünf Jahren arbeite ich mit „Arbeitsbeziehungsaufstellungen". Ich bevorzuge diesen Begriff, weil ich ihn im Vergleich zum Wort „Organisationsaufstellungen" etwas weiter fassen kann, um möglichst viele Problemstellungen zu beschreiben, mit denen ich Erfahrungen mache. Ich entnehme die Beispiele in diesem Buch meinen beruflichen Kontexten: Lehre an einer Hochschule für soziale Arbeit, Psychotherapie, Unternehmensberatung und Supervision. Ich möchte an diesen Beispielen veranschaulichen, welche Einsichten durch Aufstellungen über Arbeitsbeziehungen gewonnen werden können und welche Vorgehensweisen sich bewähren, um gute Lösungen für die Anliegen von Studenten, Patienten, Kunden oder Klienten zu finden.

Den Fallbeispielen stelle ich einige Einsichten über die Aufstellungsarbeit voran, wie ich sie aus der Vielzahl der von mir geleiteten Familien- und Arbeitsbeziehungsaufstellungen gewonnen habe. Ebenso fasse ich zusammen, was sich an Erkenntnissen über die besondere Qualität von Arbeitsbeziehungen bei mir im Laufe der Zeit verdichtet. Ich möchte ansatzweise Brücken schlagen zu vorhandenen Theorien, die mir geholfen haben, zwischenmenschliche Beziehungen und ihre konfliktbedingten Verformungen besser zu begreifen. Insbesondere sind dies die Bindungs- und die Traumatheorie. Mit meinen Vermutungen über die Existenz eines spezifischen „Bindungssinns" möchte ich zur Diskussion anregen, ebenso mit dem Modell, Familien-, Paar-, Freundschafts- und Arbeitsbeziehungen deutlicher voneinander zu unterscheiden.

Persönlicher Bezug. – Mein persönlicher Weg zur Beschäftigung mit Arbeitsbeziehungen lief über einen Umweg. Während meines Psychologiestudiums hatte ich mich auf die Arbeits- und Organisationspsychologie konzentriert. Durch wichtige Vertreter der deutschen Arbeits- und Organisationspsychologie, durch Lutz von Rosenstiel, Ekkehart Frieling und Carl Graf Hoyos, lernte ich, die Arbeitswelt und ihre Organisation aus psychologischer Perspektive zu analysieren und begrifflich zu fassen. Professor Carl Graf Hoyos wurde für zehn Jahre mein Mentor an der Technischen Universität München.

Durch meine Berufung an die Katholische Stiftungsfachhochschule München entstand eine Zäsur in der Beschäftigung mit arbeits- und organisationspsychologischen Themen. Ich wandte mich wieder mehr der Entwicklungs- und der klinischen Psychologie zu. Ich absolvierte Zusatzausbildungen in Psychotherapie, behandelte Patienten und kam über einen ehemaligen Studienkollegen in Berührung mit der Arbeit Bert Hellingers.

Schnell merkte ich, dass Hellingers Einsichten und Umgangsweisen mit seelischen Problemen auch meinem persönlichen Lebensweg wichtige Impulse für Veränderungen gaben. Meine eigene Familienaufstellung war für mich ein Wendepunkt meines Lebens. Deutlich erkannte ich, wie die nicht gelösten Verstrickungen in meinem Herkunftssystem mein bisheriges Leben geprägt hatten. Meine Beziehungen zu anderen Menschen gestalteten sich danach Schritt für Schritt zufriedenstellender, und meine berufliche Tätigkeit begann mir allmählich viel mehr Spaß zu machen.

1995 hatte ich die Aufstellungsmethode erstmals in einem Seminar für Sicherheitsfachkräfte konsequent zum Einsatz gebracht und erlebt, dass die Seminarteilnehmer davon sehr angetan waren. Ich konnte sehen: Wenn man mit Arbeitsbeziehungsaufstellungen ein besseres Verstehen der Probleme und Konflikte in einem Arbeitsfeld fördert, werden Seminarleiter und Seminarteilnehmer Teil einer gemeinsamen Entdeckungsreise. Mir wurde auf diesem Weg das ungeheure Potenzial der Aufstellungsmethode bewusst, wenn man sie auf die Beziehungen in der Arbeitswelt überträgt.

Eine ähnliche Erfahrung konnte ich machen, als ich Aufstellungen stärker in Seminare für Sozialpädagogen an der Hochschule integrierte. Das Prinzip der „Universitas", der Gemeinschaft von Lehrenden und Lernenden, wird durch Aufstellungen gefördert, weil Studierende zahlreiche Erfahrungen aus der Praxis der Sozialarbeit in die Seminare mitbringen, über die wir Professoren nicht verfügen. Sozialarbeit ist in wesentlichen Teilen Beziehungsarbeit. Daher sind Arbeitsbeziehungsaufstellungen ein gutes Mittel, die oft schwierigen Beziehungskonstellationen zwischen Sozialarbeitern und Klienten und die sich daraus ergebenden Zielkonflikte in der Sozialarbeit besser zu verstehen. Und wir können durch Aufstellungen der Frage nachgehen: Was bedeutet eine professionelle Arbeitsbeziehung im Umgang mit Menschen?

Zweierlei Wissen. – Die Aufstellungsarbeit fasziniert mich als Praktiker. Als Wissenschaftler führt sie mich wegen ihrer „Unglaublichkeit" oft an die Grenze dessen, was im Kontext der etablierten Wissenschaften argumentativ vertretbar ist. Es gibt einfach noch keine wissenschaftlich anerkannten Forschungen über das Aufstellungsphänomen. Bert Hellingers Geschichte „Zweierlei Wissen" (Hellinger 1996, S. 97 ff.) berührt diesen schwierigen Punkt. Er entwickelt in ihr ein Zwiegespräch zwischen einem „Gelehrten" und einem „Weisen". Meinen Zweifel an der empirischen Sozialforschung, „nicht alles einzeln wissen, sagen, haben, tun" zu müssen, um etwas Wesentliches – „Fülle" – zu begreifen, finde ich hier deutlich ausgedrückt. Sätze wie: „Nur von der alten Wahrheit wisse man sehr viel. Wahrheit, die weiterführe, sei gewagt und neu" haben mich ermuntert, auch in meiner Rolle als Wissenschaftler mit dem Einsatz der Aufstellungsmethode einen neuen Weg zu wagen, um Zugang zu tieferen Einsichten zu bekommen.

Der Höhepunkt in diesem Gedicht ist die Art, wie der „Weise" dem „Gelehrten" und seinen bohrenden Fragen „nach mehr" standhält und beiden auf ihrer Suche nach Weisheit und Wissen Zurückhaltung auferlegt: „Der Gelehrte meinte, das könne nur ein Teil der Antwort sein und er bitte ihn noch um ein bißchen mehr. Der Weise aber winkte ab, denn Fülle sei am Anfang wie ein Faß voll Most: süß und trüb. Und es braucht Gärung und genügend Zeit, bis er sich klärt. Wer dann, statt daß er kostet, trinkt, beginnt zu schwanken."

Dieses Buch ist nur ein Teil der Antwort auf die Frage, was Arbeitsbeziehungen wirklich sind. Manches, was hier steht, wird den Einwänden, die kommen, nicht standhalten, und manches werde ich selbst schon wieder neu gedacht haben, wenn das Buch gedruckt ist. Ich bin aber zuversichtlich, mit diesem Buch das eine oder andere aus meiner Hand zu geben, das auch für den Leser wesentlich ist.

Hinweis zur Schreibweise. – Selbstverständlich habe ich mir die Frage gestellt, welches grammatikalische Geschlecht ich beim Schreiben dieses Buches verwende. Ich bin mir bewusst, dass unsere Sprachformen Beziehungsrealitäten mitbestimmen. Da aber eine doppelte Nennung von weiblichen und männlichen Formen sehr umständlich und beim Lesen hinderlich ist, habe ich in diesem Buch die gewohnten grammatikalischen Bezeichnungen als „Neutralform" beibehalten, auch wenn sie eindeutig männlich sind. Nur wenn es um konkrete Personen geht (z. B. in den Fallbeispielen), werden die grammatikalischen Formen in Übereinstimmung mit dem Geschlecht der Personen verwendet. Für Leser und Leserinnen, die etwas anderes erwarten, schlage ich vor, dass in Zukunft Autorinnen dieses Verfahren umgekehrt anwenden und die weibliche Form als Neutralform verwenden.

2 Arbeitsbeziehungsaufstellungen und Arbeitsbeziehungen

2.1 WAS SIND ARBEITSBEZIEHUNGSAUFSTELLUNGEN?

Was ist eine Aufstellung? – Als „Aufstellung" bezeichnet man folgendes Vorgehen: Person A hat ein *Problem* und wendet sich damit an jemanden, der Aufstellungen leiten kann. Nachdem der *Aufstellungsleiter* das *Anliegen* verstanden hat, schlägt er Person A vor, aus einer *Gruppe* anwesender Menschen *Stellvertreter* für die Personen aus dem Beziehungssystem (z. B. aus der Herkunftsfamilie Vater, Mutter oder Geschwister) auszuwählen, die für das geschilderte Problem wesentlich erscheinen. Die wirklichen Familienmitglieder oder Mitglieder eines Arbeitsbeziehungssystems sind in der Regel nicht Teilnehmer der Gruppe.

Person A wird nun zum *Aufstellenden*. Er benennt die Stellvertreter, fasst sie an den Händen oder Schultern an und stellt sie – nur geleitet von seinem Gefühl – in einem freien Raum auf. Er achtet dabei auf den *Abstand* der Stellvertreter zueinander und auf deren *Blickrichtung*. Gesten, Mimik oder Körperhaltungen gibt er den Stellvertretern nicht vor. So entsteht eine Aufstellung seines Anliegens. Der Aufstellende nimmt dann wieder im Außenkreis Platz.

Die Stellvertreter, auch „Repräsentanten" genannt, spüren nun an ihren jeweiligen Plätzen nach, welche *körperlichen Empfindungen* sie haben, welche *Gefühle* in ihnen hochsteigen und welche *Gedanken* sich in ihrem Kopf bilden. Diese teilen sie nach Aufforderung dem Aufstellungsleiter und allen anderen Anwesenden mit. Der Aufstellungsleiter kann sie auch auffordern, ihren Bewegungsimpulsen zu folgen und ihre Körperhaltung oder ihre Position zu verändern.

Das Entscheidende ist, dass die Stellvertreter in einer Aufstellung nicht – zumindest nicht im Wesentlichen – durch ihr persönliches Empfinden geleitet werden, sondern sich plötzlich wie die unbekannten Fremden verhalten, die sie vertreten. Wir können heute mit Sicherheit davon ausgehen, dass es nicht ein Rollenspiel ist, in das die Stellvertreter sich hineindenken und das sie aufführen. Die Stellvertreter entwickeln in einer Aufstellung zum Teil heftige Gefühle, die mit ihrem Befinden vorher oft nicht das Geringste zu tun haben. Warum dies so ist, wissen wir nicht. Es gibt derzeit außer Spekulationen keine wissenschaftlichen Erklärungen dafür (vgl. Kapitel 2.9).

Von der Voraussetzung ausgehend, dass die Stellvertreter durch ihr Empfinden etwas Wesentliches über das wirkliche Beziehungssystem von Person A widerspiegeln, sucht der Aufstellungsleiter nach dem Ursprung des Problems. Durch *Umstellungen* der Stellvertreter, *Hinzunehmen* weiterer Stellvertreter für wichtige Personen im Beziehungssystem von Person A und durch *Sätze* und *Rituale*, die einer Beziehungsklärung der Stellvertreter untereinander dienlich sind, erarbeitet der Aufstellungsleiter eine *Lösung* des Problems (Näheres dazu in Kapitel 2.8).

Hat er diese gefunden, *tauscht* er den Stellvertreter von Person A gegen diese selbst *aus*. Person A nimmt ihren eigenen Platz in der veränderten Aufstellung ein und vollzieht nun innerhalb der Aufstellung die notwendigen Lösungsschritte für ihr Problem. Hat der Aufstellungsleiter den Eindruck, Person A ist der Klärung ihres Anliegens nahe gekommen, beendet er die Aufstellung. Die Stellvertreter werden dann aus ihren Rollen entlassen.

Dies ist der Normalfall einer Aufstellung. Es gibt davon Abweichungen, und es gibt Variationen. Zuweilen kann man z. B. auch nur eine Person auswählen lassen und sie aufstellen. Oft zeigt die Person dann Reaktionen – Hellinger nennt dies „Bewegungen der Seele" –, die für die Lösung des Anliegens wesentlich und ausreichend sind. So zu arbeiten, ist aber nur für erfahrene Aufstellungsleiter empfehlenswert.

Arbeitsbeziehungssysteme. – Unter Arbeitsbeziehungssystemen verstehe ich alle Formen von Beziehungen, bei denen es um das Erfüllen von Arbeitsaufgaben und das Erzielen von Arbeitsergebnissen geht. Dies kann innerhalb einer Organisation wie z. B. einem Unternehmen, einem Betrieb, einem Verein, einer Institution der Fall sein. Wir haben es dann mit Beziehungen zu tun zwischen

- Vorgesetzten und Mitarbeitern,
- Führungskräften untereinander,
- Mitarbeitern untereinander,
- Führungs- und Stabskräften,
- Stabskräften und Mitarbeitern,
- Mitarbeitervertretern und anderen Organisationsmitgliedern,
- Eigentümern und Angestellten.

Ein Arbeitsbeziehungssystem kann auch außerhalb von gewohnten Organisationsformen existieren, z. B. als Beziehung zwischen

- Mitarbeitern eines Unternehmens und Mitarbeitern einer anderen Firma („Fremdfirma"), an die extern ein Auftrag vergeben wurde,
- Dienstleistern und ihren Kunden/Auftraggebern (z. B. Architekt und Bauherr),
- freiberuflich Tätigen, die in Projekten kooperieren,
- angestellten Mitarbeitern und ehrenamtlich Engagierten,
- Lehrern und Schülern,
- Professoren und Studenten,
- Trainern und Seminarteilnehmern,
- Therapeuten und Patienten,
- Beratern und Klienten,
- Supervisoren und Supervisanden.

Meiner Ansicht nach haben also Architekten, Rechtanwälte, Trainer, Berater, Therapeuten oder Ärzte mit ihren Kunden, Klienten oder Patienten grundsätzlich eine Arbeitsbeziehung. Selbst da, wo es nur um Sachfragen zu gehen scheint, spielen Fragen der Beziehung eine große Rolle für die erfolgreiche Zusammenarbeit mit den Kunden oder Auftraggebern (vgl. Fallbeispiel 4.4.6).

Bei einigen Fallarbeiten mit Ärzten und Steuerberatern war der große Bedarf spürbar, das komplexe Geflecht von Beziehungen selbst in kleinen Büros und Praxen mit nur wenigen Angestellten besser zu verstehen. In manchen Fällen waren der Freiberufler und seine Angestellten so stark miteinander verstrickt, dass sie nicht mehr klar miteinander umgehen konnten.

Für Berufsgruppen wie Psychotherapeuten oder Sozialarbeiter ist es eine ihrer Hauptaufgaben, „Beziehungsarbeit" zu leisten und

„menschliche Nähe" herzustellen. Die Abgrenzung von Arbeitsbeziehung und privater Beziehung (Paar- wie Freundschaftsbeziehung) ist daher für Therapeut/Sozialarbeiter und Patient/Klient von großer Wichtigkeit.

Arbeitsbeziehungsaufstellungen: Begriff ... – Der Begriff der *Organisationsaufstellung* hat sich in „Aufstellerkreisen" inzwischen eingeprägt, um die Abgrenzung zur Familienaufstellung zu kennzeichnen und an den Ursprung dieser Methode zu erinnern. Sprachlich korrekter wäre es nach meinem Empfinden jedoch von Arbeitssystemaufstellungen oder Arbeitsbeziehungsaufstellungen zu sprechen, da nicht bei jedem beruflichen Problem die Organisation der zentrale Fokus ist. Zudem ist der Begriff „Organisation" doppeldeutig. Er kann sowohl strukturell (z. B. ein Großunternehmen als internationale Organisation) als auch prozesshaft verstanden werden (z. B. jemanden mit einer Kongressorganisation beauftragen) (Weinert 1981). Begreift man Privat- und Arbeitssphäre als die beiden großen Bereiche menschlichen Lebens, so könnte man auch sagen, dass alles, was nicht in den familiären Beziehungsbereich gehört, Gegenstand von Organisations- bzw. Arbeitsbeziehungsaufstellungen sein kann.

Inzwischen gibt es Ansätze, mit größeren sozialen Systemen wie Volksgruppen oder Staaten in systemischen Aufstellungen zu arbeiten und dadurch die Sphäre der „großen Politik" zu berühren. Auch hier würde der Begriff der Organisationsaufstellung nicht mehr zutreffen. Insa Sparrer und Matthias Varga von Kibed lösen das semantische Problem, um den Inhalt einer Aufstellung zu kennzeichnen, indem sie generell von systemischen Strukturaufstellungen sprechen und im Anhang ihrer Schrift mehr als 50 verschiedene Formen von Aufstellungen auflisten (Sparrer u. von Kibed 2000). Da ich persönlich eher zur Überschaubarkeit neige, habe ich mich entschlossen, für dieses Buch weitgehend den Begriff Arbeitsbeziehungsaufstellung zu verwenden, auch wenn sich das, was in den Fallbeispielen dargestellt wird, noch in Unterkategorien aufgliedern ließe.

... und Realität. – Die Realität der Arbeitswelt besteht – wie jede menschliche Wirklichkeit – zu einem großen Teil aus Beziehungsrealität. Das zentrale Thema von Arbeitsbeziehungsaufstellungen sind berufliche Probleme und Konflikte von Menschen. Eine Aufstellung soll helfen, die Beziehungswirklichkeit besser zu verstehen, die mit den Problemen und Konflikten einhergeht bzw. deren Ausgangspunkt darstellt. Sie soll gleichzeitig dazu beitragen, mögliche Problem- und Konfliktlösungen sichtbar zu machen. Die Anliegen für Arbeitsbeziehungsaufstellungen können sehr vielfältig sein, wie die Beispiele in diesem Buch zeigen werden. Oft geht es um

– Konflikte mit Vorgesetzten, Mitarbeitern oder Kollegen,
– Konflikte in einem „Team",
– Konflikte mit Kunden,
– Entscheidungskonflikte,
– nicht erreichte Arbeitsziele,
– Suche nach beruflichen Alternativen.

Arbeitsbeziehungsaufstellungen können zur Klärung aktueller wie vergangener Beziehungskonflikte genutzt werden. Sie sind auch geeignet für die Einschätzung zukünftiger Entwicklungen. Sie wirken korrektiv wie präventiv.

Beziehungen und Bezüge – Es können nicht nur Beziehungen zu konkreten Personen in einer Aufstellung thematisiert werden. Auch Bezüge zu abstrakten Gegebenheiten können durch Stellvertreter repräsentiert werden, z. B. der Bezug

– zur Arbeitsaufgabe,
– zu einer möglichen beruflichen Alternative,
– zu Gefühlen, die mit der Arbeit verbunden sind (z. B. Verantwortungsgefühl),
– zu beruflichen Kompetenzen und Ressourcen.

Zum Beispiel stellen in Fallbeispiel 4.3.1 vier Stellvertreter abstrakt benannte Gegebenheiten dar, zu denen ein Mitarbeiter einen wichtigen beruflichen Bezug hat: die „Freude an der Arbeit", „Das Neue", „30 Jahre Berufserfahrung" und „Gefahren". Der Sicherheitsbeauftragte, der bei diesem Mitarbeiter mehr sicherheitsgerechtes Verhalten erreichen möchte, muss diese Bezüge erkennen und in seine Überlegungen einbeziehen. Sonst scheitert er daran, mit diesem Mitarbeiter eine konstruktive Arbeitsbeziehung aufzubauen.

Konkrete und abstrakte Aufstellungen. – Im Allgemeinen tendiere ich zu konkreten Aufstellungen und damit zur offenen Aufstellungsarbeit. Das heißt, die Stellvertreter repräsentieren in der Regel die Personen, mit denen der Aufstellende wichtige Beziehungen hat. Bei abstrakten Aufstellungen werden – wie oben dargestellt – auch Stellvertreter für abstrakte Sachverhalte in eine Aufstellung genommen. Mit den abstrakten Größen sind Bezüge verknüpft, hinter denen Beziehungserfahrungen mit konkreten Personen stehen können. So kann ein als „Ressource" bezeichneter Stellvertreter in der Realität z. B. den Vater des Aufstellenden darstellen. Insa Sparrer und Matthias Varga von Kibed beschreiben 26 verschiedene Formen solcher abstrakten Aufstellungen: Problemaufstellung, sprachliche Oberflächenstrukturaufstellungen, Aufstellung des ausgeblendeten Themas usw. (Sparrer u. von Kibed 2000, S. 157 ff.). Diese Aufstellungsformen werden auch als „verdeckte" Aufstellungen bezeichnet, da die Beziehungen des Aufstellenden zu konkreten Personen nicht offen benannt werden. Sie eignen sich daher besonders für Aufstellungskontexte, in denen der Aufstellende nicht weiter aus seiner Anonymität heraustreten möchte (z. B. weil noch ein Arbeitskollege oder der Vorgesetzter in der Gruppe anwesend ist) oder die relevanten Beziehungen im Dunkeln liegen und es zu wenig Information dazu gibt.

Beziehungssystemebenen ... – Berufliche Probleme können von Menschen aus ihren ungelösten familiären und persönlichen Beziehungskonflikten in Arbeitsverhältnisse hineingetragen werden. Abbildung 2.1 zeigt die verschiedenen Systemebenen, mit denen wir es nach meiner Erfahrung bei Arbeitsbeziehungsaufstellungen zu tun haben: die Ebene des familiären Herkunftssystems eines Aufstellenden, die Ebene seiner privaten Gegenwartssysteme (Partnerschafts- und Freundschaftsbeziehungen) und die Ebene des Arbeitssystems, an dem er teilhat.

Das *familiäre Beziehungssystem* besteht im Wesentlichen aus der Eltern-Kind-Beziehung und Geschwisterbeziehungen. Die Arbeit mit Familienaufstellungen zeigt, dass auch frühere Partner der Eltern, nicht lebend geborene, manchmal auch abgetriebene „Geschwister" eine enorme Wichtigkeit für die lebenden Kinder haben. Dies sind völlig neue Aspekte, die von anderen psychologischen und psychotherapeutischen Schulen so bisher nicht erkannt wurden. Wer nicht selbst in Aufstellungen mit erlebt, wie z. B. eine früh verstorbene erste Frau des Großvaters das Leben seiner Enkelin gravierend beeinflusst, wird das nicht für möglich halten. Das familiäre Beziehungssystem ist geprägt von der Bindungsliebe und dem Wunsch nach Zusammenhalt der Familie.

Das *partnerschaftliche Beziehungssystem* umfasst im Wesentlichen Mann-Frau-Beziehungen und das Beziehungssystem gleichgeschlechtlicher Paare. Der Motor für diese Beziehungssysteme ist Sexualität und der Wunsch, den anderen als beständigen Sexualpartner zu haben. Partnerschaftliche Beziehungssysteme funktionieren nur dann erfolgreich, wenn sich beide Partner aus ihren familiären Ursprungsbindungen gelöst haben.

Ein *Freundschaftsbeziehungssystem* basiert auf Sympathie, gemeinsamen Interessen, Erlebnissen und gegenseitiger Unterstützung im Bedarfsfalle. Sexualität ist in der Regel ausgeschlossen. Freundschaften sind mehr als Bekanntschaften.

Die grundlegenden Prinzipien von *Arbeitsbeziehungssystemen* werden in Kapitel 2.7 näher erläutert. Sie sind Beziehungssysteme eigener Art und ihre Ausgestaltung folgt eigenen Regeln. Sie sind sachbezogener, rationaler und folgen stärker definierten Gerechtigkeitsmaßstäben als die anderen Beziehungssysteme.

... und ihre Verbindungen. – Durch die Lebensgeschichte eines Menschen werden diese vier großen Bereiche von Beziehungssystemen miteinander verbunden. Es gibt Lebensphasen, in denen der Übergang von einem System zum anderen gelingen und das Verständnis für seine ihm eigenen Regeln wachsen muss. Je mehr jemand in den Beziehungsstrukturen seines Herkunftssystems verhaftet und „verstrickt" bleibt, d. h. dort seelisch gebunden ist, desto schwieriger gestalten sich für ihn seine Beziehungen in den anderen Systemen. Zum Beispiel kann der Mann, der sich von seiner Mutter nicht gelöst hat, für seine Frau kein ebenbürtiger Partner sein. Auch in seinen Freundschaften bleibt er unreif. In beruflichen Beziehungen bleibt sein Entwicklungsdefizit spürbar. *Beziehungsknoten*, die in der Kindheit entstehen und sich nicht lösen lassen, erzeugen weitere Verknotungen im Erwachsenenleben und damit auch im Arbeits- und Berufsleben. Das eigene Beziehungsnetz und der Beziehungsraum, in dem jemand lebt, wird dann immer ungeordneter.

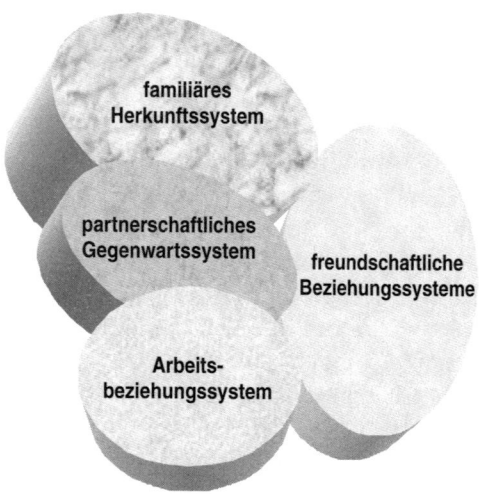

Abb. 2.1: Systemebenen, die in Arbeitsbeziehungsaufstellungen zum Tragen kommen

2.2 „PHÄNOMENOLOGISCHE" OFFENHEIT FÜR BEZIEHUNGSWIRKLICHKEITEN

Spektrum von Vorstellungen und Angeboten. – Es gibt derzeit weder für Familien- noch für Arbeitsbeziehungsaufstellungen verbindliche theoretische Konzepte. Jeder, der Aufstellungen leitet, macht dies auf dem Hintergrund seiner bisherigen Prägungen und beruflichen Ausbildungen. Das Spektrum der Theorien und Vorstellungen, die mit Aufstellungen verbunden werden, reicht von Wittgensteins Sprachphilosophie und der formalen Logik bis hin zu Reinkarnationsthesen. Die Arbeit mit Aufstellungen regt psychologische, pädagogische und soziologische ebenso wie philosophische oder theologische Überlegungen an.

Hellingers Haltung dazu ist eher einvernehmend als ausgrenzend. Es gibt daher, außer einigen Minimalvorgaben, keine Standards dafür, wer Aufstellungen leiten kann und wer weniger dazu geeignet ist. Im Grunde kann dies jeder aus eigener Verantwortlichkeit heraus tun. Das Angebot, Aufstellungen „nach Hellinger" zu machen, ist daher vage, da Hellinger selbst sein Vorgehen in den letzten Jahren mehrfach verändert und immer mehr auf Wesentliches verdichtet hat. Er hat bisher niemanden zum Aufsteller ausgebildet oder autorisiert. Aufstellungen gut zu leiten, ist die Frucht langjähriger praktischer Erfahrungen und intensiver geistiger Auseinandersetzungen damit.

Phänomenologischer Erkenntnisweg. – Hellinger ist prinzipiell zurückhaltend, die Arbeit mit Aufstellungen theoretisch zu begründen. Er befürchtet, dass durch Theorien das Schauen auf den Aufstellungsprozess blockiert wird. Die Versuchung sei groß, prüfen zu wollen, ob die eigenen Theorien stimmen, statt auf das zu sehen, was sich in einer Aufstellung zeigt. Neue Einsichten hätten auf diese Weise wenig Chancen, sich zu bilden. Theorien können nach Hellinger niemals die Fülle der lebendigen Wirklichkeit erfassen. Seiner Meinung nach nimmt der Theoretiker „die Münze für die Ware und aus Bäumen macht er Holz" (Hellinger 1996, S. 99). An anderer Stelle äußert er, dass sich Theorien zur Wirklichkeit verhielten wie „Asche zum Feuer" oder „der Zipfel zum gesamten Mantel" (Weber 1995).

Seinen Verzicht, Familienaufstellungen mit weitreichenden theoretischen Vorstellungen zu verknüpfen, nennt Hellinger den *phänomenologischen* Erkenntnisweg: sich der Wirklichkeit aussetzen ohne Absicht, etwas Bestimmtes bewirken oder beweisen zu müssen und ohne Angst vor den Einsichten, die sich im Prozess einer Aufstellung ergeben. Für ihn kommt in einer Aufstellung eine eigene Welt zum Vorschein, über die sich der Aufstellungsleiter nicht erheben kann, da auch er in ihre Gesetzmäßigkeiten eingebunden ist: „Der Weise stimmt der Welt zu, so wie sie ist, ohne Angst und ohne Absicht." (Hellinger 1996, S. 99 f.). Indem sich jemand in „Einklang" mit dieser Welt befinde, behalte er den Überblick und greife nur dort ein, „soweit der Fluss des Lebens es verlangt". Er könne dann unterscheiden, ob sein Eingreifen notwendig sei oder nicht. Nur das Handeln ohne eigene Absicht führe ans Ziel: „Die Weisheit ist immer auf dem Weg und kommt ans Ziel, nicht weil sie sucht. Sie wächst." (ebd., S. 100)

Der phänomenologische Erkenntnisweg ist für Hellinger eine Haltung und eine spirituell philosophische Methode: „… Es kommt nicht so sehr auf diese Methode des Familien-Stellens an, sondern auf die Haltung dahinter … Das ist der Verzicht auf Wissen und auf jegliche Sicherheit … Je mehr nun dieses Sich-Zurückziehen gelingt, desto mehr kann geschehen … Dieser Vorgang ist demütig und ist das Gegenteil von Wissenschaft. Aber er ist äußerste Empirie, reine Erfahrung dessen, was sich zeigt." (Hellinger 1998a, S. 17)

Hellingers philosophische Ansichten sind für viele provozierend, weil sie ihn wegen mancher seiner Aussagen der Verkündung von „allgemeingültigen Wahrheiten" und Dogmen verdächtigen. Viele seiner Kritiker sind auch davon überzeugt, dass sich Seriosität und Wissenschaftlichkeit nur an der Zustimmung zu einer bestimmten kenntnistheoretischen Schule (z. B. dem „Konstruktivismus") beurteilen lasse (Kasten 1). Hellinger hat nach seinem eigenen Bekunden aber kein Interesse an der Verkündung ewig gültiger Wahrheiten. Sie erscheinen ihm für seine Art der Therapie nur hinderlich: „Im Gegensatz zu dem, was viele Leute über diese Art von Therapie sagen, hat sie überhaupt nichts zu tun mit Theorien und allgemeinen Wahrheiten. Diese Form von Therapie geht rein empirisch vor. Bei einem Seminar wie hier merkt ihr auch, wie das, was ihr sagt, in den Prozess einfließt und der Weiterentwicklung dient. Deswegen werde ich auch nicht aus der Fassung gebracht, wenn mich einer darauf hinweist, dass etwas anders ist, als ich es gesagt habe. Das ist eine Bereicherung." (Neuhauser 2000, S. 327)

Wissenschaft als Bestandteil von Beziehungswirklichkeiten. – Wissenschaftler müssen sich in besonderem Maße darum bemühen, ihre Interessen und Vorurteile nicht zum Argument für diese oder jene Einsicht werden zu lassen. Daher resultiert der große Wert, den alle Wissenschaften auf die Empirie, also das Beobachten, Zählen und Messen legen. Aber auch die Wissenschaft ist Teil sozialer Prozesse und damit Bestandteil von Beziehungswirklichkeiten. Während in den Naturwissenschaften die Trennung zwischen Beobachter und Beobachtetem noch relativ gut gelingt – das Phänomen der Heisenberg'schen Unschärferelation hat den Glauben an die Objektivität der Physik nachhaltig erschüttert –, wird dies in den Sozial- und Humanwissenschaften ein unlösbares Problem: Wie können Menschen sich selbst erkennen und sich objektiv beurteilen? Oder von einem systemischen Standpunkt aus gefragt: Wie kann ein Wissenschaftler „objektive" Erkenntnisse über Beziehungssysteme gewinnen, wenn er selbst Mitglied dieser Beziehungssysteme ist? Selbst die Einhaltung wissenschaftlicher Standards und das Offenlegen der für die Erkenntnisgewinnung angewandten Verfahren kann diesen prinzipiellen Einwand nicht entkräften.

Methoden ohne Gewähr. – Diskussionen auf einer erkenntnistheo-retischen Ebene schaffen keine neuen Einsichten über seelische Pro-zesse oder soziale Strukturen. Methodische Vorgaben bieten keine Gewähr, eine nicht verstandene Wirklichkeit durch Therapie oder Beratung zu verändern – auch nicht durch Aufstellungen. Erst wenn die seelische und soziale Wirklichkeit tatsächlich erkannt ist, wissen-schaftlich gesprochen eine zutreffende Diagnose vorliegt, haben In-terventionen eine Chance auf Erfolg. Erst wenn wir auch unangeneh-me und schmerzliche Einsichten in die Hintergründe unseres Den-kens, Fühlens und Handelns nicht mehr durch Interessen und Ängste uminterpretieren, umdeuten und verdrängen, eröffnen sich in der Auseinandersetzung mit ihnen neue Freiheiten. Dies gilt für den privaten wie für den beruflichen Kontext, für Familien- sowie für Arbeitsbeziehungssysteme. Nur Methoden, die Abwehr- und Ver-drängungsmechanismen überwinden helfen, bringen in Therapie und Beratung den nächsten Schritt zur Lösung der Probleme.

Die phänomenologische Zurückhaltung Hellingers in der thera-peutischen Arbeit mit Beziehungssystemen verstehe ich als Versuch, als Therapeut und Berater nicht in das Interessengemenge dieser Systeme verwickelt zu werden – und sich den Beziehungssystemen nicht aufzudrängen. Damit bleibt der unabhängige Blick auf das ge-samte System erhalten und dem Beziehungssystem wird die Chance gegeben, sich zu öffnen. Nur so treten die Informationen ans Licht, die Veränderungen im Einklang mit allen am System Beteiligten er-möglichen.

Meine eigenen Erfahrungen mit dieser Zurückhaltung bewerte ich als sehr positiv und weiterführend. Ebenso schätze ich es aber auch, bei der therapeutischen wie beraterischen Arbeit theoretische Konzepte im Hintergrund zu haben, die Erfahrungen auf den Begriff bringen können und aus denen Hypothesen erwachsen, an denen neue Erfahrungen geprüft werden können.

Konstruktivismus?

Die moderne Variante des Erkenntnisvorbehalts und erkenntnistheoretischen Einwands gegen die Annahme, man könne die Wirklichkeit so erfahren wie sie tatsächlich ist, nennt sich *Konstruktivismus* und wird mit den Schriften von Maturana, Watzlawick, von Förster oder von Glasersfeld in Verbindung gebracht (vgl. z. B. Nardone u. Watzlawick 1994). Es gibt seitens der Anhänger des Konstruktivismus sowohl Versuche, Hellinger als unwissenschaftlich auszugrenzen (Retzer u. Simon 1998) als auch Vorschläge, ihn zu vereinnahmen und Brücken zwischen Phänomenologie und Konstruktivismus zu schlagen (Madelung 1998, S. 40 ff.). Ich finde diese Diskussionen anregend. Die Frage, ob wir das, was bei Aufstellungen in Erscheinung tritt, für „Wirklichkeit" erachten oder nur für *eine mögliche, subjektive* Sicht der Welt – so wie sie der Aufstellende aus seiner persönlichen Perspektive darstellt („kognitive Landkarte") –, ist meines Erachtens von weitreichender Bedeutung für die Arbeit mit Aufstellungen und dafür, in welcher „Tiefe" ein Aufsteller mit Beziehungen arbeitet – ob mehr auf der Ebene der Kommunikation oder der Ebene von Bindungen.

Wenn bei einem erkenntnistheoretischen Diskurs aber im Verhältnis zur „Sache" zu große Emotionen ins Spiel kommen, weist dies meines Erachtens auf nicht offen gelegte Interessen und Bindungen und damit auf unausgesprochene Ängste der Diskutanten hin. Hellinger hat sich diesbezüglich in einem Aufsatz mit dem Phänomen der sich widerstreitenden Richtungen innerhalb der Psychotherapie auseinander gesetzt: „Da gibt es Gründer, und es gibt Jünger, die sich zu ihnen und ihrer Lehre bekennen. An dieser Lehre mag vieles richtig sein, doch indem ich mich zu ihr bekenne, verengt sich mein Blick, und ich klammere anderes, das damit nicht übereinstimmt, aus oder bekämpfe es sogar. So entstehen psychotherapeutische Schulen ... Innerhalb solcher Schulen gibt es dann eine Orthodoxie, einen rechten Glauben und eine rechte Praxis, und es gibt Institute, welche die rechte Lehre und Praxis überwachen und Abweichler ausschließen." (Hellinger 1998b, S. 22)

Vor mehreren Jahren war ein Kollege in den von mir gegründeten Arbeitskreis *„Aufstellungen von Arbeitsbeziehungen"* an die Hochschule gekommen. Er wollte wissen, ob er sich weiterhin für die psychotherapeutische Richtung und das Institut engagieren solle, das ihn ausgebildet hatte und ihn weiterhin mit Kunden und Aufträgen versorgte, oder ob es für ihn besser wäre, sich in Zukunft nur noch der Aufstellungsarbeit zu widmen. Aus seiner Aufstellung wurde mir deutlich: Menschen sind nicht nur an ihre Familien sondern auch an die Denk- und Wertesysteme gebunden, in denen sie groß werden. Ohne schlechtes Gewissen kann niemand von seinen geistigen Lehrern abrücken. Er erlebt dies als einen Verrat. Daher verteidigt er sie oft blind bis zuletzt und löst sich – wenn überhaupt – als dann im Streit und mit Vorwurf und unter großen Gewissensqualen von ihnen.

Die gute Lösung ist, auch die geistigen Lehrer weiterhin zu achten und sich für das Neue, das sie einen erkennen ließen, zu danken. Wenn sie Fehler gemacht haben, lässt man diese in ihrer Verantwortung. Dann geht man seinen eigenen Weg, wo immer er einen hinführt. Berater und Therapeuten, die Fehler machen, und wie alle anderen auch auf der Suche sind, bleiben für ihre Klienten und Patienten menschlich.

2.3 Bindung und Beziehung

Soziale Beziehungen als Grundbedingungen menschlichen Daseins. – Hellinger stellt an den Anfang seiner Schrift „Zweierlei Glück" den Begriff der Beziehung: „Beziehungen dienen unserem Überleben und unserer Entfaltung, und sie nehmen uns zugleich für Ziele in die Pflicht, die jenseits unseres Wünschens und Wollens sind. Daher walten in Beziehungen Ordnungen und Mächte, die fördern und fordern, treiben und steuern, beglücken und begrenzen, und ob wir wollen oder nicht, wir sind ihnen ausgeliefert durch Trieb und Bedürfnis, durch Sehnsucht und Furcht und durch Leid." (Weber 1995, S. 21) Als die drei wesentlichen Bedingungen für das Gelingen von Beziehungen nennt er Bindung, Ausgleich zwischen Geben und Nehmen und Ordnung. Für ihn ist das Gewissen die Instanz, die darüber wacht, dass ein Mensch in den für ihn wichtigen Beziehungen bleiben kann.

Auch andere Autoren, die nicht in allen Punkten mit Hellinger übereinstimmen, sehen den Menschen als Wesen, das in höchstem Maße auf soziale Beziehungen angewiesen ist: „Das Streben nach Zugehörigkeit ist eine seit der Wiege der Menschheit bestehende existenzielle Triebkraft, eine Konstante des menschlichen Seins, die unser Handeln bestimmt. In archaischen Gesellschaften entschied alleine die Zugehörigkeit zum Stamm über Leben und Tod seiner Mitglieder. Die schlimmste Strafe, die solche Gesellschaften kannten, war nicht der Tod, sondern die Verbannung, der Ausschluss aus der Stammesgesellschaft … Aus dieser unbedingten Angewiesenheit … resultiert das menschliche Streben nach Verbundenheit, Zugehörigkeit, sozialer Akzeptanz und Anerkennung." (Mücke 2000, S. 179 f.)

Bindungen. – Es ist wichtig, die Begriffe „Bindung" und „Beziehung" zu unterscheiden. Bindung bedeutet, dass wir seelisch an etwas haften und mit ihm innerlich, d. h. mit Leib und Seele, verbunden sind. Eine Bindung muss uns nicht bewusst sein, und wir müssen unsere Bindung auch nicht frei gewählt haben. Eine zwischenmenschliche Bindung geschieht eher als dass sie gemacht wird. Bindung bedeutet Verflochtensein und seelische Abhängigkeit. Bindung ist ein höchst emotionales Geschehen. Bindungen werden durch die mächtigsten Gefühle abgesichert, die Menschen kennen: durch Liebe und durch Angst vor Liebesverlust, durch das Glücksgefühl, dazuzugehören und durch die Panik vor dem Ausgeschlossensein, durch Gefühle von Unschuld und Schuld, durch innigste Verbundenheit und durch abgrundtiefen Hass.

Bindungen können daher nur unter hohem emotionalen Aufwand verändert oder gelöst werden. Wenn sich zwischenmenschliche Bindungen auflösen, gehört dies zu den Veränderungen im menschlichen Dasein, die uns am tiefsten berühren. Der Preis für solche Veränderungen ist Wut und Verzweiflung, Schmerz und Trauer. Solange es geht, widersetzt sich die menschliche Seele der Auflösung einmal zustande gekommener Bindungen – auch wenn der Verstand längst anders möchte.

Bindungen an Menschen, Tiere, Gegenstände und Umstände. – Menschliche Bindungen entstehen nicht nur im Kontakt mit Menschen, die uns nahe stehen – an Eltern, Geschwister, Verwandte, Freunde, Lehrer, Partner. Wir entwickeln auch Bindungen an Menschen, die uns persönlich gar nicht kennen: an Popstars, Fernsehmoderatoren oder Fußballspieler. Viele Menschen bauen innige Bindungen an ihre Haustiere auf, an Katzen, Hunde oder Pferde. Kinder haben tiefe Bindungen an ihre Spielsachen, und oft bewahren Erwachsene die Puppen, Plüschtiere oder Cowboyfiguren auf, mit denen sie sich als Kind unterhalten haben, als wären es Lebewesen.

Unsere Fähigkeit zur Bindung kann uns auch mit Orten und Zeiten tief verbinden. Menschen fühlen sich an den Ort ihrer Geburt gebunden oder an Zeiten, in denen sie Wichtiges erlebt haben. Die Bindung an Vergangenes ist für ältere Menschen oft stärker als an das, was sie in ihrer Gegenwart erleben. Die Bindung an Gegenstände kann ein Ersatz für die fehlende Bindung an einen Menschen sein (z. B. Geld oder Drogen als Liebesersatz).

Bindung an soziale Zusammenhänge. – Bindungen entstehen nicht nur zu einzelnen Personen, Tieren oder Gegenständen. Sie richten sich auch auf größere soziale Systeme – zunächst auf die Familie, dann auf die Verwandtschaft, später auf den Kindergarten, die Schulklasse, die Clique, den Sportverein, den Staat, das Heimatland, die Kollegenschaft oder das Unternehmen, für das wir arbeiten. Auch über diese Bindungen wacht unser Gewissen und veranlasst uns zur Parteinahme für „unser" Beziehungssystem gegenüber anderen und konkurrierenden sozialen Beziehungssystemen.

Bindungen gehen über den Tod hinaus. – Der Tod ist keine absolute Schranke, und er löst Bindungen nicht automatisch auf. Manche Menschen sind an Tote sogar stärker gebunden als an Lebende und entsprechend gestalten sich ihre Beziehungen. Zum Beispiel kann sich eine Mutter ihrem früh verstorbenen Kind stärker verbunden fühlen als ihren noch lebenden Kindern. Sie hat daher wenig Kraft, die Beziehung zu den lebenden Kindern warm und herzlich zu gestalten. Ein Mann kann an seine früh verstorbene kleine Schwester noch immer stärker gebunden sein als an seine Partnerin. Familienaufstellungen zeigen, wo und wie sehr Lebende und Tote noch aneinander gebunden sind. Manchmal wirken die Bindungen an die Toten wie ein Sog auf die Lebenden, und diese haben den Drang, sich aus tiefer Verbundenheit mit gestorbenen Menschen ins „Reich der Toten" zu begeben. Über die Wechselwirkung zwischen Lebenden und Toten wird unter Aufstellern derzeit heftig diskutiert (Stark 2000). Ich halte das Einbeziehen der Toten in einem System für einen der wesentlichen Unterschiede der Aufstellungsarbeit im Vergleich zu anderen Therapie- und Beratungsmethoden. Die menschliche Fähigkeit zur Bindung bildet in meinen Augen die Brücke zwischen Vergangenheit und Zukunft, sie hält die Generationen zusammen und stiftet Traditionen – im Guten wie im Schlechten.

Bindung macht parteilich. – Wer gebunden ist, kann nicht objektiv sein. Daher ist das meiste, was wir Menschen fühlen, denken und tun von Interessen geleitet, die mit unseren Bindungen an soziale Systeme zusammenhängen. In diesem Sinne ist kein Mensch wirklich unparteilich. Unsere Teilhabe an sozialen Beziehungssystemen macht uns voreingenommen für die wichtigen Grundbedingungen unseres Lebens. Was wir Menschen daher auch lernen müssen, ist Toleranz gegenüber dem, was andere fühlen, denken und tun. Wir müssen einsehen: Andere sind an anderes gebunden als wir und fühlen mit gleicher Stärke das als richtig, was für den Erhalt ihrer Beziehungssysteme bedeutsam ist. Daher kommen wir und auch die anderen nicht umhin, unser Bindungsgewissen zugunsten von „vernünftigen" Einsichten zu relativieren. Das bedeutet, das enge Sippengewissen muss in ein allgemeingültiges Menschheitsgewissen transformiert werden, damit wir uns gegenseitig nicht das Leben streitig machen.

Bindungen als Grundlage für Beziehungen. – Bindungen sind die mächtigste Grundlage für Beziehungen. Durch Bindungen werden Beziehungen in Gang gesetzt und aufrechterhalten. Beziehungen auf der Basis tiefgehender Bindungen halten ein Leben lang und bestehen sogar über den Tod hinweg fort.

Beziehungen können auch ohne enge Bindungen „aufgebaut" werden. Wenn wir sagen: „Ich fühle mich meinem Partner tief verbunden", so ist das eine wesentlich stärkere Aussage, als wenn wir äußern: „Ich habe eine sehr gute Beziehung zu meinem Partner." Beziehungen können gesucht und frei gewählt werden. Sie können von vorneherein begrenzt und kurzfristig angelegt sein als Nachbarschafts-, Geschäfts-, Kunden- oder Kollegenbeziehungen. Ihre Beendigung kostet daher wenig seelische Energie und verursacht wenig Kummer und Schmerz.

Im Kontext von Arbeit und Beruf sprechen wir meist von Beziehungen zu Kollegen oder Vorgesetzten, kaum von einer Bindung an den Chef oder die Kollegin. Dennoch spielt auch in Arbeitsbeziehungen das Phänomen Bindung eine erhebliche Rolle, wie die späteren Beispiele zeigen werden. In Beziehungen mit geringen Bindungsanteilen können nämlich Beziehungen mit hohem Bindungsgehalt hineinwirken und sich gegenseitig überlagern. In manchen Berufen entstehen durch viel menschliche Nähe auch starke Bindungen in Arbeitsbeziehungen (z. B. zwischen einem Pfleger und einem Kranken, einer Erzieherin und einem Kind oder einem Therapeuten und einem Patienten). Die Beendigung solcher Beziehungen verursacht deswegen auch in gewissem Umfange Schmerz, Wut, Angst und Trauer.

Beziehungen ohne Bindung, Bindungen ohne Beziehung. – Bindung und Beziehung sind als unterschiedliche Phänomene zu betrachten. Es gibt Bindungsbeziehungen und Beziehungen ohne innere Bindung der Beteiligten. Ebenso gibt es Bindungen ohne eine Beziehung, wie das oben erwähnte Beispiel der Bindung an Verstorbene zeigt. Auch an Lebende, mit denen wir keine Beziehung pflegen, kann die Bindung stärker sein als an die Menschen, mit denen wir tagtäglich zu tun haben. Unsere Seele ist mehr mit den abwesenden als den unmittelbar anwesenden Menschen befasst. Zum Beispiel kann ein Mann stärker an seine abwesende Mutter gebunden sein als an seine Frau, mit der er zusammenlebt, oder die Frau ist seelisch stärker an ihren Vater gebunden als an ihren Ehemann. Die Partner können auch seelisch intensiver an frühere Partner gebunden sein als an die Menschen, mit denen sie in ihrer Ehe zusammenleben. Die Tatsache, dass Menschen manchmal an längst verstorbene Ur-Ur-Vorfahren seelisch tiefer gebunden sein können als an die Menschen in ihrer unmittelbaren Nähe, ist eine der zentralen und neuen Einsichten, die erst durch die Aufstellungsmethode ans Licht kommen konnte. Andere psychologische und psychotherapeutische Verfahren können solche Zusammenhänge nicht erfassen. In einem Arbeitsbeziehungssystem kann daher auch die Bindung an einen früheren Vorgesetzten stärker wirken als an den jetzigen Chef.

Bindungstheorie und -forschung. – Wegen der grundlegenden Bedeutung, die der Begriff Bindung meines Erachtens für das Verständnis von Aufstellungen hat, lohnt sich ein Blick auf das, was als moderne *Bindungsforschung* zunehmend Anerkennung findet. Die pränatale Forschung liefert viele Hinweise darauf, dass bereits vor der Geburt eine Bindung zwischen werdendem Kind und Mutter entsteht (Janus 1997). Das Kind wird z. B. durch die Herztöne und die Stimme der Mutter geprägt. Der Geruchssinn scheint unmittelbar nach der Geburt eine tragende Rolle für die Bindung zwischen Mutter und Neugeborenem zu spielen.

Die so genannte *Bindungstheorie* ist mit den Namen Bowlby und Ainsworth eng verbunden. In Deutschland wurde die Bindungsforschung vor allem durch das Ehepaar Karin und Klaus Grossmann und deren „Regensburger Schule" (z. B. Spangler u. Zimmermann 1995) bekannt gemacht und weitergebracht.

Der englische Forscher John Bowlby hat eine mehrbändige Abhandlung über das Phänomen der Bindung erarbeitet (1969; 1973; 1980). Er beschreibt Bindung als Fortsetzung und Ersatz des biologischen Bandes zwischen Mutter und Kind durch einen psychologischen Mechanismus. Er verweist auf die Notwendigkeit dieses Prozesses für das Überleben des Kindes und hat in seinen Forschungen herausgearbeitet, dass Störungen des Bindungsprozesses durch Trennungen und Verluste (z. B. Tod der Mutter) die weitere emotionale Entwicklung des Kindes wesentlich beeinflussen. Bowlby sieht eine warme, innige und dauerhafte Bindung eines Kleinkindes an seine Mutter als wesentliche Voraussetzung für dessen psychische Gesundheit an.

Durch ihre auf Bowlbys Theorien fußenden Experimente fand die amerikanische Psychologin Mary Ainsworth heraus, dass es drei Grundtypen von Bindungen gibt, die ein Baby in erster Linie zu seiner Mutter aufbaut: sichere Bindung, ambivalent-unsichere Bindung und unsicher-vermeidende Bindung (Ainsworth 1973; Kasten 2). Die Bindungsforschung kommt auch zu einigen Ergebnissen, die wir in Aufstellungen deutlich erkennen: Bindungsmuster werden über mehrere Generationen hinweg weitergegeben. Menschen behalten oft ihren Bindungstypus während ihres weiteren Lebens bei, den sie im Verhältnis zu ihren Eltern entwickelt haben (Brisch 1999). Die Bindungstheorie spricht von „inneren Arbeitsmodellen", die sich als Konsequenz früher Bindungserfahrungen in einem Menschen ausbilden und nach denen er die Gestaltung seiner späteren Beziehungen ausrichtet.

Bindung im Kleinkindalter

Ainsworth (1973) unterscheidet drei Bindungsarten anhand des Verhaltens der Kinder, wenn eine Bezugsperson (in erster Linie die Mutter) das Kind allein im Raum mit einer fremden Person zurücklässt und nach kurzer Trennung wiederkommt:

Kinder mit sicherer Bindung: Solche Kinder zeigen Kummer beim Allein-gelassen-Werden deutlich bezogen auf das Vermissen der Mutter; sie suchen und wahren die Nähe zur Mutter bei oder nach Belastungen, also z. B. bei ihrer Wiederkehr; Fremde können sie dann nicht trösten; sie begrüßen die zurückkommende Mutter mehr als nur beiläufig und wehren sich gegen das Absetzen von ihrem Arm.

Kinder mit ambivalent-unsicherer Bindung: Diese Kinder sind eher wütend bis passiv, wenn sie mit Fremden allein gelassen werden, sie suchen und halten Kontakt, wenn die Mutter zurückkehrt; sie widerstreben dann aber Kontakt- und Interaktionsversuchen der Mutter, als wollten sie diese für ihr Weggehen bestrafen.

Kinder mit unsicher-vermeidender Bindung: Kinder mit diesem Bindungsverhalten vermeiden bei der Rückkehr der Mutter auffallend deren Nähe und die Interaktion in den Wiedervereinigungsphasen (Wegwenden, Blickabwenden, Vorbeibewegen); beim Aufnehmen Klammern sie kaum; sie widersetzen sich dem Absetzen nicht; sie zeigen keinen aktiven Widerstand gegen Kontakt; allein gelassen zeigen sie kaum Kummer, eher Unmut über das Alleinsein; Mutter und Fremde werden fast gleichbehandelt.

Die Bindungsforschung brachte eine Reihe weiterer interessanter Einsichten:

– Im Zeitraum von sechs bis zwölf Monaten sind diese Zuordnungen nach den Erkenntnissen von Ainsworth sehr stabil. Auch bei Zwei- bis Vierjährigen trifft diese Klassifikation zu.
– Bindungssichere Kinder zeigen eine positivere Entwicklung im kognitiven Bereich und im Sozialverhalten (z. B. mehr Hilfsbereitschaft); bindungsambivalente Kinder zeigen eine verlangsamte kognitive Entwicklung, bindungsunsichere zeigen eher Störungen im Sozialverhalten.
– Komplementär zum Bindungsverhalten entwickelt sich das Erkundungsverhalten. Das bindungssichere Kind wagt sich weiter weg von der Bindungsperson zur Erkundung von Gegenständen und anderen Personen.
– Bei Kindern, die während des zweiten Lebensjahres von sicherer zu unsicherer Bindung wechselten, konnten familiäre Belastungen festgestellt werden.
– Die Kategorisierung des Bindungsverhaltens lässt sich auch auf die Vater-Kind-Bindung anwenden. Kinder können unterschiedliche Bindungsqualitäten zu ihren Müttern und Vätern entwickeln.

Unsichtbare Bindungen. – Ivan Boszormenyi-Nagy und Geraldine Spark haben das Bindungskonzept auf ganze Familiensysteme angewandt, „um die Gesetzmäßigkeiten multipersonaler Systeme zu enträtseln … Gewisse Familien wiesen leicht erkennbare, durch Generationen hindurchgehende Beziehungsmuster auf" (Boszormenyi-Nagy u. Spark 1993, S. 19). Sie haben in ihrem Buch Konzepte wie *Loyalitätsbindung* und *generationsübergreifenden Ausgleich von Verpflichtungen* ausgearbeitet und damit die Idee der Mehrgenerationenperspektive in die Familientherapie eingeführt.

Urliebe. – Bindung scheint der ursprüngliche und primäre Prozess zu sein, der uns Menschen zu sozialen Wesen macht. Bert Hellinger spricht von der „Urliebe oder primären Liebe", die in ihrer Kraft und Konsequenz nur mit einer „Prägung" zu vergleichen sei (Weber 1995, S. 21). Im Unterschied zur psychologischen Bindungsforschung spricht er nicht nur von der Bindung des Kindes an seine Mutter oder seinen Vater. Er sieht die Bindung als den seelischen Prozess an, der das Kind mit seiner „Sippe" vereint. Diese umfasst neben den Eltern auch die Geschwister und die Eltern der Eltern und auch solche Nicht-Verwandten, mit denen das Familiensystem über schicksalhafte Ereignisse verbunden ist. Das Kind sei wegen dieser Bindung an seine Sippe unbewusst sogar bereit, sein eigenes Glück im Leben zu opfern (z. B. kann eine im Kindbett gestorbene erste Frau des Großvaters noch einen großen Einfluss auf das Lebensschicksal eines Enkels ihres Mannes ausüben). Jenseits der engen Bezüge der eigenen Familie ist der Mensch nach Hellingers Ansicht noch mit einer „großen Seele" verbunden, die mit ihren Kräften den Fluss des Lebens steuert. In ihr sind Leben und Tod aufgehoben und Bestandteile eines größeren Zusammenhangs.

Psyche und Seele. – Der Begriff der Seele ist in der Psychologie aus der Mode gekommen. Durch die Arbeit mit Aufstellungen aber drängt sich der Seelenbegriff wieder auf. Die Psyche kann als etwas gesehen werden, das dem einzelnen Menschen zukommt und bestimmte Funktionen erfüllt: z. B. Wahrnehmen, Denken, Erinnern oder Fühlen. Die Seele ist mehr als nur die Psyche. Die Seele ist das, was über den Körper hinausgeht und mit anderen Seelen in Kontakt tritt. Sie ist das „Fluidum", das Menschen miteinander verbindet. Sie ist das Bindeglied zwischen „Ich" und „Du" im Sinne Martin Bubers (1997). Die Seele verströmt sich, und sie kann sich wieder zurückziehen. Sie wächst mit der positiven Erfahrung, und sie wird enger, wenn ihr Schlimmes widerfährt. Je reifer sie wird, desto größere Bindungs- und Beziehungsbereiche kann sie umfassen und integrieren. Die Seele gehorcht dem Willen nur bedingt, sie folgt ihren eigenen Gesetzen.

Konsequenzen. – Vieles erscheint mir aus dem, was Bindungsforschung und -theorie bereitstellen, für die Aufstellungsarbeit von Bedeutung:

- *Bedeutung der primären Bindung*: Die Qualität der primären Bindung eines Kindes (in erster Linie an seine Mutter und dann an seinen Vater) legt die Grundlage für alle weiteren Beziehungserfahrungen im Leben eines Menschen.
- *Unterschiedliche Bindungsqualität an Mutter und Vater*: Die Bindung an Mutter und Vater kann unterschiedliche Qualität haben. Ein Kind kann daher in das mütterliche oder väterliche „Bindungssystem" stärker „verstrickt" sein. Es kann z. B. zur Mutter eine sichere Bindung haben, zum Vater aber eine unsicher-vermeidende.
- *Spiegelung der primären Bindung in späteren Beziehungen*: Die sich aus der Qualität der primären Bindungen an Vater und Mutter ergebenden Beziehungen spiegeln sich in späteren Beziehungen wider. Das Kind ist nicht nur unsicher-vermeidend in Bezug auf seine Mutter, sondern auch seinen Spielkameraden, seinen Lehrern und später auch seinen Partnern, Vorgesetzten und Arbeitskollegen gegenüber.
- *Bindungen haben persönlichkeitsbildende Konsequenzen*: Bindungen entstehen aus dem Zusammenwirken mehrerer Einzelpersonen und finden ihren subjektiven Niederschlag bei den einzelnen Individuen. Diese subjektive Verarbeitung kann man als Persönlichkeitseigenschaft auffassen, da sich die primären Prägungen in der Beziehungsgestaltung immer wieder zeigen, insbesondere dann, wenn es sich um problematische ursprüngliche Bindungserfahrungen handelt. Die Einteilung von Menschen in Charaktere oder Persönlichkeitstypen (depressiv, schizoid, zwanghaft …) ist meines Erachtens unter diesem Aspekt vertretbar, sofern dies nicht zu einer Übergeneralisierung in Bezug auf soziale Situationen führt.
- *Gestaltung von Beziehungen auf der Basis der Bindung*: Ist die Bindung sicher, kommt es auch zu einem großen Umsatz im Geben und Nehmen zwischen den an einer Beziehung beteiligten Menschen. Ist die Bindung hingegen unvollkommen oder „gestört", so kommt es auch zu Problemen im Austausch und in der „Interaktion", die Beziehung wird eher konfliktgeladen. Sie wird von Angst und Wut und von gegenseitigem Misstrauen und Ablehnung bestimmt.
- *Bindungen sind auch an Objekte und Institutionen möglich*: Ein Mensch kann sich auch an ein Tier, ein Auto, eine Firma, einen

Sportverein, seinen Geburtsort, ein Land gebunden fühlen. Er fühlt es dann als zu ihm gehörig und als *seines*. Daher empfindet er eine Verpflichtung diesen Dingen und Sachverhalten gegenüber.

– *Unterschiedliche Bindungen in Beziehungen*: Aufstellungen machen Bindungen sichtbar. Darin liegt ihr spezifischer Wert, der sie von anderen beraterischen und therapeutischen Methoden unterscheidet. In einer Aufstellung tritt ans Licht, ob Beziehungen Bindungen einschließen und von welcher Qualität die Bindungen gegebenenfalls sind. Es gibt für Menschen daher wesentliche und unwesentliche Beziehungen. In den aufgestellten Beziehungen stecken unterschiedliche Größen an Lebensenergien und Emotionen. Beziehungen mit einem hohen Bindungsanteil prägen die Kommunikation und die Interaktion der Beteiligten wesentlich stärker als bindungslose Beziehungen.

2.4 Vermutungen über die Existenz eines „Bindungssinnes"

Eine Überlebensnotwendigkeit. – Angesichts der Bedeutung, die Bindungen und Beziehungen für Lebewesen wie uns Menschen haben, vermute ich inzwischen, dass wir Menschen über einen eigenen „Bindungssinn" verfügen, so wie wir Sinne für das Sehen, Hören, Riechen, Schmecken, Tasten haben. Menschen sind soziale Gattungswesen. Sie sind in höchstem Maße auf andere Menschen bezogen, können nur überleben und sich in der Natur behaupten, weil sie gegenseitig in engen Bindungen und nahen Beziehungen stehen. Bindungen sind die Basis für den Aufbau größerer sozialer Gemeinschaften, von Völkern und von Staaten.

Menschen müssen daher Beziehungen nicht nur denken und reflektieren, sie müssen sie unmittelbar wahrnehmen, spüren und fühlen können. Ich glaube nicht, dass der Bindungssinn nur eine Mixtur der anderen Sinne ist, sondern dass er wegen seiner grundlegenden Bedeutung für die menschliche Evolution völlig eigenständig ist. Auch mit Blinden oder Gehörlosen kann man Aufstellungen machen. Barbara und Hans Eberhard Eberspächer haben dies beschrieben (1998). Die Reaktionen eines Stellvertreters in einer Aufstellung kommen nicht aus dem Denken und Reflektieren, sie geschehen spontan und ohne Überlegung – wie es die Qualität von Wahrnehmungen ist. Wahrnehmung geschieht, wenn sie nicht verhindert wird.

Der Körper als Organ für den Bindungssinn. – Für einen Wahrnehmungssinn braucht es ein *Sinnesorgan*, das verarbeitet und ordnet und *spezifische Reize*, dieses Organ zu aktivieren. Ich bin überzeugt, wir tragen dieses Organ für den Bindungssinn im oder an unserem Körper oder am „Leib", wie es Thomas Fuchs ausdrückt. Fuchs macht durch viele Beispiele anschaulich, wie dieser Leib als Resonanzkörper für seine Außenwelt funktioniert (2000). Welche Körperteile das spezifische Sinnesorgan sind, könnte ich im Moment nicht sagen. Brust-, Bauch- und Herzbereich reagieren besonders deutlich auf beziehungsrelevante Informationen. Ein Zusammenhang des Bindungssinnes mit dem vegetativen Nervensystem liegt daher nahe. Als zentrale Verarbeitungsinstanzen könnte man Strukturen im limbischen System des Gehirns vermuten (z. B. die Amygdala).

Verteilungsmuster als spezifischer Reiz. – Jedes Organ ist auf einen spezifischen Reiz hin ausgerichtet (das Ohr z. B. auf Schalldruckwellen). Das Organ für den Bindungssinn nimmt nach meiner Vorstellung unablässig beziehungsrelevante Informationen auf, macht aus Einzelinformationen Muster, abstrahiert und generalisiert, schließt Lücken in der Wahrnehmung, erkennt Regelmäßigkeiten, verstärkt Eindrücke oder blendet sie aus, kann aus Teilinformationen auf die Ganzheit schließen, kann mit Redundanzen umgehen und Muster transponieren – kurzum macht all das, was auch andere Sinnesorgane im Zusammenwirken mit den Nerven- und Gehirnstrukturen machen. Der Bindungssinn reagiert möglicherweise spezifisch auf *Lage* und *Bewegungen von Körperteilen* und *räumliche Verteilungsmuster von Menschengruppen*. Er ist auch in hohem Maße dazu im Stande, deren emotionalen Qualitäten zu erfassen. Er speichert seine Informationen in *Strukturbildern* von menschlichen Körpern ab (Körperhaltungen, Gestik und Mimik).

Fühlen, spüren, empfinden. – Augen sehen, Ohren hören, Nasen riechen – der Bindungssinn fühlt, spürt und empfindet. Er ist körpernah und spricht daher auch durch körperliche Symptome zu uns: Die unerträgliche Nähe einer anderen Person schnürt uns den Hals zu oder lässt unsere Knie weich werden; die uns wohlgesonnene Person im Rücken richtet unseren Körper auf, lässt die Augen glänzen etc.

Sinnestäuschungen. – Wie für andere Wahrnehmungsvorgänge bekannt, unterliegt der Bindungssinn vermutlich auch Täuschungen, kann sich in den Kategorien von Raum und Zeit irren, kann manche Informationen zwar aufnehmen, aber nicht in ihrer Bedeutung verstehen. Er ist nur die Basis dafür, dass wir Menschen innere Modelle über soziale Situationen aufbauen können. Wenn die Wahrnehmung Widersprüchliches signalisiert, bleiben wir entweder darin befangen, oder es gelingt uns, durch bewusste Reflexionen solche Widersprüche aufzulösen.

Sender und Empfänger. – Ich stelle mir vor, dass Menschen sowohl Empfangsantennen als auch Sendestationen beziehungsrelevanter Informationen sind. Unablässig bauen wir ein Informations-/Energiefeld um uns herum auf und bewegen uns in den Informations-/Energiefeldern anderer Menschen. An bestimmte Menschen (v. a. unsere Eltern und Geschwister) sind wir über unsichtbare Bindungsenergien und Beziehungsräume in hohem Maße angekoppelt. Wir schwingen mit ihnen auf gleichen Übertragungsfrequenzen mit.

Resonanz. – Wir tragen diese Energiefelder und Muster von Beziehungsstrukturen mit uns und können andere Menschen mit ihnen in Kontakt bringen und sie damit zum Mitschwingen anregen, sodass auch sie die beziehungsrelevanten Botschaften in diesen Energiefeldern empfangen. Durch die Aufstellung markieren wir ein Informationsmuster, das der Bindungssinn anderer Menschen sofort verstehen und deuten kann. Der Begriff der „Empathie" deutet auf diese Fähigkeit des Mitschwingens in den Gefühlen anderer hin.

Allgemeine Grundmuster. – Der Bindungssinn scheint in hohem Maße anpassungsfähig zu sein. Er kann sich blitzschnell in Beziehungssysteme einfühlen, mit denen er selbst noch keine eigenen Erfahrungen gemacht hat. Wie das Auge einen Baum als Baum erkennen kann, obwohl es diesen bestimmten Baum zuvor noch nie gesehen hat, so kann unser Bindungssinn auch sofort Beziehungsmuster erfassen, die wir nie zuvor wahrgenommen haben und für deren Erkennen er als Wahrnehmungsorgan gut vorbereitet ist. Die Muster, die in menschlichen Beziehungssystemen vorherrschen, sind vermutlich auch von einem begrenzten Umfang. Muster, die wir aus eigenem Erleben kennen, rufen vielleicht ein stärkeres Mitschwingen hervor. Wenn wir uns aber öffnen ohne die Angst, uns dabei selbst zu verlieren, haben wir eventuell Zugang zu allem, was es an Menschlichem gibt.

Vorprogramierung. – Der Bindungssinn hat die Funktion, die Menschen zusammenzuhalten, die zusammengehören. Zur Veranschaulichung wähle ich hier das Modell eines Computers: Wie beim Bootsektor eines Computers bekommen alle, die ein gemeinsames Familienbeziehungssystem bilden, ein gleiches Arbeitsprogramm und haben ähnliche Startprogramme (eventuell per Datenfernübertragung). Den später Geborenen werden grundlegende Arbeitsdateien mit spezifischen Codes von ihren Vorfahren in die Festplatte geschrieben. Wir kommen so gesehen nicht als „tabula rasa" zur Welt. Erst später bauen wir Grenzsetzungsprogramme auf, die unsere eigene Festplatte – unsere „Identität" – vor fremden Zugriffen und Einflussnahmen schützen. Wir müssen den Einfluss der Bindungsprogramme allmählich reduzieren lernen. Nur die Lösung aus Bindungen ermöglicht dem Kind das Erwachsenwerden.

Besondere Aktivierung des Bindungssinnes in Aufstellungen. – Die Annahme eines eigenen Bindungssinnes erachte ich kompatibel mit dem, was wir sonst über Sinnesorgane und ihre Funktionen wissen. Man braucht einen Sinn nicht eigens wachzurufen. Er ist unablässig in Aktion. Sogar wenn wir schlafen, ist er mehr oder weniger aktiv. Der Bindungssinn tritt gegenüber den anderen Sinnen und unserem Denken in den Vordergrund – bei einer Aufstellung im Moment des Aufstellens, mitunter schon vorher bei der Auswahl der Stellvertreter. Er kann sogar in Aktion treten, wenn ein Aufstellungsleiter für den Klienten einen Stellvertreter auswählt und aufstellt. Vermutlich hat sich in diesem Fall eine wesentliche Information sofort vom Klienten auf den Aufstellungsleiter und die Gruppe übertragen.

Umgang mit dem Bindungssinn in Aufstellungen. – Verschiedenes folgt aus diesen Annahmen für den Umgang mit den Äußerungen der Stellvertreter in einer Aufstellung:

- Der Bindungssinn muss nicht eigens durch Rituale oder Aufforderungen an die Stellvertreter vom Aufstellungsleiter erzeugt werden. Im Gegenteil kann es eher störend wirken, wenn der Aufstellungsleiter meint, durch hypnotische Formeln den Aufstellenden und die Stellvertreter in eine Art „Aufstellungstrance" versetzen zu müssen. Ich sehe es als eine wichtige Aufgabe des Aufstellungsleiters an, dafür zu sorgen, dass niemand, auch er nicht, die freie Äußerung des Bindungssinnes stört. Jede Form magischer Handlungen rückt etwas anderes in den Mittelpunkt als die Bereitschaft, dem Wirken des Bindungssinnes Raum zu geben. Es ist dann, als würde jemand an das Ufer eines Flusses treten und beschwörend sagen: „Fluss fließe!" Auch der Aufstellende sollte die Aufstellung möglichst kommentarlos machen und ohne viel Aufhebens. Je weniger er die Stellvertreter zu beeinflussen versucht, desto freier entfaltet sich der Bindungssinn in ihnen. Aufstellungen kann man daher fast zu jeder Gelegenheit ohne große Vorbereitungen machen.
- Alles an Äußerungen ist erlaubt. Die Wahrnehmung ist, wie sie ist. Sie ist weder richtig noch falsch.
- Nonverbale Äußerungen (Blickkontakt, Körperhaltung) der Stellvertreter sind oft genauer als verbale Aussagen.
- Wenn man Stellvertreter auffordert, ihren Bewegungsimpulsen nachzugeben, erhält man oft klarere Informationen über die Beziehungsdynamik als durch sofortiges Abfragen.

Manche, die noch nie als Stellvertreter in einer Aufstellung standen, fürchten, sie müssten an einem Rollenspiel teilnehmen und zögern daher, sich zur Verfügung zu stellen. Stellvertreter aber müssen frei sein von dieser Angst. Dies verschafft umgekehrt dem Aufstellungsleiter die Freiheit, die Äußerungen der Stellvertreter als Hinweise zu nehmen, die in ihrem Kern eine Botschaft enthalten, die aber noch unscharf sein kann.

Wegen der Möglichkeit von Wahrnehmungstäuschungen wäre es vermessen anzunehmen, dass jede Äußerung eines Stellvertreters in einer Aufstellung das Eigentliche punktgenau trifft. Wir müssen damit rechnen, dass ein Stellvertreter Beziehungsinformationen empfängt, die mit dem aufgestellten Geschehen nichts zu tun haben und in einen anderen Kontext gehören. Der Beziehungsraum ist vermutlich vielschichtig aufgebaut, und die verschiedenen Ebenen können sich durchdringen. Daher ist Zurückhaltung bei der Interpretation vager Informationen geboten, die völlig neu während eines Aufstellungsprozesses auftauchen.

2.5 BELASTUNG, STRESS UND TRAUMA

Trauma als Schicksal. – Mein Verständnis für Familien- und Arbeitsbeziehungsaufstellungen hat sich vertieft, seit ich das Traumakonzept als Hintergrundtheorie verwende. Durch die therapeutische Arbeit kam ich in den letzten Jahren wiederholt in Kontakt mit Menschen, die schwere Unfälle, Vergewaltigungen, massive Missbrauchserfahrungen oder extreme Gewalt erlebt haben. Erst durch das Wissen, was ein „Trauma" kennzeichnet, welchen Verlauf es nimmt und wie es die „Seele" eines Menschen deformieren kann, fand ich Zugang zu diesen Patienten und konnte ihnen die richtige Hilfe anbieten.

Mir wurde klar: Alle wichtigen „Ereignisse", die wir in einem Gespräch mit einem Patienten vor einer Aufstellung wissen müssen, sind im Grunde die massiven Traumata in seinem Bindungssystem: früher Tod der Eltern, tot geborene Kinder, schwere Erkrankungen oder Behinderungen von Angehörigen, Kindsweggabe, Ausgrenzung, Vertreibung, Mord, Trennung von früheren Partnern etc. Von den Traumata, die anderen in seinem Beziehungssystem zugestoßen sind, sind die Ereignisse zu unterscheiden, die einem Patienten selbst widerfahren sind: Vergewaltigung, Missbrauch, Gewalt oder Unfälle.

Trauma und Arbeitsbeziehungen. – Ich halte es auch im Kontext von Arbeitsbeziehungsaufstellungen für notwendig, zumindest in Grundzügen über das Wesen von Traumatisierungen Bescheid zu wissen,

- da hinter den Problemen, die Klienten vorbringen, eigene Traumatisierungen verborgen sein können;
- weil Klienten unter der Traumatisierung anderer in spezieller Weise zu leiden haben (z. B. Mitarbeiter eines alkoholkranken Vorgesetzten);

– da die Folgen von Traumatisierungen in Systemen lange nachwirken und als diese Folgen sowohl in Familien- wie Arbeitsbeziehungssystemen richtig verstanden werden müssen.

Belastung – Stress – Trauma. – Ein Trauma ist nicht nur eine besonders belastende Lebenssituation oder eine extreme Form von Stress.
Weil es in unserer Gesellschaft zu wenig Wissen über Traumata und
ihre Folgen gibt – vielleicht wegen der kollektiven Traumatisierung
durch den Zweiten Weltkrieg –, treffen traumatisierte Menschen oft
auf wenig Verständnis bei ihren Mitmenschen. Traumaopfer werden
häufig weiter traumatisiert. Man spricht daher von einer „Sekundär-
traumatisierung" durch Angehörige, Freunde, Polizei, Justiz und öffentliche Meinung (Fischer u. Riedesser 1999).

Eine Unterscheidung zwischen Belastungs-, Stress- und Traumasituationen ist daher sehr wichtig: Bei *belastenden Lebenssituationen*
haben Menschen die Möglichkeit, sich anzustrengen, ihre Kräfte zu
mobilisieren und so zu handeln, um Belastungen zu beseitigen oder
zu verringern, damit sie erträglich werden. Durch zeitlich begrenzte
und dosierte Belastungen kann das „seelische Immunsystem" sogar
gestärkt werden. *Stress* bringt Menschen hingegen an die Grenzen
ihrer Belastbarkeit. *Chronischer Stress* führt zu Überforderungen und
Erschöpfung der Anpassungskapazitäten. Bei *extremem Stress* hat ein
Mensch nur noch Notfallprogramme zur Verfügung, die ein Handeln ermöglichen, um der Stresssituation zu entkommen. Wer hingegen aus einer extremen Stresssituation heraus oder ganz plötzlich in
eine *Traumasituation* gerät, ist und erlebt sich als völlig handlungsunfähig und hilflos. Er ist einem Ereignis machtlos ausgeliefert.

Belastungen, Stress und Trauma erzeugen „seelischen Druck"
und erschweren das Funktionieren von Wahrnehmen, Fühlen, Denken und Handeln. Diese Ereignisse gefährden die psychische Stabilität eines Menschen. Sie untergraben seine Bindungs- und Beziehungsfähigkeit. Sie erzeugen damit Probleme und Konflikte innerhalb seiner Beziehungssysteme. Im Extremfall kann bei Traumatisierungen die Bindungs- und Beziehungsfähigkeit gegen Null ten-
dieren (Abbildung 2.2).

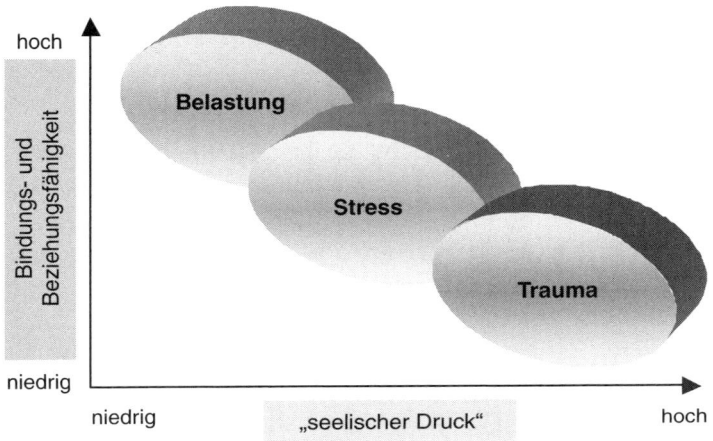

Abb. 2.2: *Abnehmende Bindungs- und Beziehungsfähigkeit bei wachsendem*
„seelischen Druck"

Starke Belastungen graben nachhaltige Erinnerungsspuren im seelischen Geschehen ein. Chronische Stressreaktionen verfestigen rigide
Reaktionsmuster. Traumata fixieren Teilpersönlichkeiten innerhalb
der Gesamtidentität.

Was traumatisiert? – In der Traumaforschung unterscheidet man
zwei Typen von Traumasituationen:

– Bei Traumatyp 1 handelt es sich um einmalige, kurzzeitige Ereignisse wie z. B. Verkehrs- oder Arbeitsunfälle, Erdbeben oder
  Stürme, Ermordung oder Vergewaltigung. Traumatisiert werden neben den unmittelbar Betroffenen auch die Menschen, die
  das Geschehen beobachtet haben, ohne helfen zu können.
– Bei Traumatyp 2 handelt es sich um soziale Situationen, die
  lange Zeit, manchmal über Jahre fortbestehen wie z. B. Folter,
  Kriegszustände oder sexueller Missbrauch in Familien.

Wie heftig ein Erlebnis sein muss, damit es traumatisierend wirkt,
darüber gibt es in der Literatur unterschiedliche Auffassungen
(Petry 1996; Levine 1998; Buttolo, Hagl u. Krüsmann 1999). Es hängt
unter anderem vom Entwicklungsalter eines Menschen ab, welche
Erlebnisse als Belastung oder starker Stress wirken und welche Ge-

schehnisse seine Anpassungskapazitäten weit überfordern. Kinder sind schneller traumatisiert, weil sie sich weniger als Erwachsene schützen können.

Notfallprogramm zum Überleben. – In Traumasituationen können Menschen nicht mehr handelnd reagieren, um die äußere Situation zu beenden oder sich ihrer zu entziehen. Was ihnen bleibt, ist die Möglichkeit, ihr psychisches Verarbeitungssystem zu verändern: Wie kann es gelingen, die traumatisierende Situation nicht in vollem Umfang wahrzunehmen, emotional zu spüren und in allen Einzelheiten immer wieder zu erinnern? Die Lösung für dieses Probleme: So wie eine Eidechse ihren Schwanz opfert, um sich zu retten, wenn sie von einem Feind erjagt wird oder wie ein Baum bei Wassermangel seine Blätter abwirft, um den Stamm zu retten, so ähnlich opfert unsere Psyche Teile ihrer Funktionsfähigkeit, um ein Überleben in der Traumasituation und danach zu ermöglichen.

Auf- und Abspaltungen. – Eine Traumasituation überschwemmt einen Menschen mit Wahrnehmungen, auf die er nicht mehr adäquat reagieren kann. Daher wird die Wahrnehmung in einzelne Bruchstücke aufgespalten. Kleine, unzusammenhängende Portionen des Traumas sind etwas leichter zu ertragen als das ganze Geschehen. Man nennt diesen Vorgang „Dissoziation" im Unterschied zur üblichen Form der Wahrnehmung, die durch Verknüpfungen („Assoziationen") ein umfassendes Gesamtbild von Situationen ermöglicht.

Gleiches geschieht mit Gefühlen. Eine Traumasituation ruft Gefühle von Angst, Wut und Schmerz hervor, die keine handlungsleitende Funktion übernehmen und keine Intelligenzleistungen provozieren können, um dieser Situation zu entgehen. Der Gefühlsmotor läuft auf Hochtouren, der betroffene Mensch kann sich aber nicht aus der Situation entfernen. Daher besteht die Notfalllösung darin, das Fühlen selbst auf ein überlebensnotwendiges Minimum zu reduzieren. Ebenso werden zusammengehörige Gefühle aufgespalten und gesondert verarbeitet, so weit dies überhaupt möglich ist.

Amnesie. – Auch das Erinnerungsvermögen wird in großen Teilen preisgegeben, um das Überleben einer Traumasituation besser zu ermöglichen (dissoziative Amnesie). Insgesamt wird durch diese Auf- und Abspaltungsvorgänge versucht, eine Kernpersönlichkeit zu er-

48

halten, die das *Überleben* organisiert. Alles, was die Grundfunktionen des Überlebens bedroht, wird von dieser Kernpersönlichkeit „abgespalten" und dem bewussten Erleben der Person entzogen.

Verlust der Identität. – In extremen Fällen, z. B. bei sexuellem und rituellem Missbrauch von Kleinkindern, gelingt es nicht mehr, durch das Trauma-Notfallprogramm die Kernpersönlichkeit zu retten. Diese grausam gequälten Menschen können psychisch nur überleben, wenn sie sich in mehrere Personen aufspalten. So entsteht das Phänomen der multiplen Persönlichkeit (Fröhling 1996; Huber 1998).

Somatisierung. – Das Trauma sinkt durch die Auf- und Abspaltungen ins Unbewusste. In körperlichen Erkrankungen (z. B. Asthma oder Rheuma) und scheinbar unerklärlichen Symptomen wie Panikanfällen oder Selbstverletzungen kommt seine nicht aufgelöste Energie zum Ausdruck. Die Erinnerung an das Trauma lässt sich aber selbst Jahrzehnte nach dem verursachenden Geschehen durch Parallelsituationen sofort wieder aktivieren.

Zerstörtes Vertrauen. – Das Traumaerlebnis zerstört das Urvertrauen eines Menschen in seine soziale und/oder natürliche Umwelt. Wer traumatisiert ist, kann anderen Menschen nicht mehr wie vorher vertrauen. Sein Trauma ist für ihn der Beleg, dass andere ihn nicht schützen können. Erst recht, wenn ein anderer Mensch Verursacher des Traumas war, wird das Zutrauen in andere Menschen massiv infrage gestellt. Am meisten wird die Bindungs- und Beziehungsfähigkeit beeinträchtigt, wenn die Eltern Verursacher für die Traumatisierung ihres Kindes sind.

Konsequenzen für den Traumatisierten. – Der Preis für den beschriebenen Überlebensmechanismus ist für traumatisierte Menschen sehr hoch. Sie leiden unter einer Gefühlsabstumpfung („numbing"), haben schon bei geringen Anstrengungen schnell das Gefühl völliger Erschöpfung, können sich an ihre Vergangenheit nicht bewusst erinnern, werden von Albträumen und Erinnerungsdurchbrüchen („Flash-backs" und „Intrusionen") geplagt, haben Gefühle, nicht wirklich sie selbst zu sein („Depersonalisation") oder nicht wirklich in der Gegenwart zu leben („Derealisation"), und sie werden, wie erwähnt, im Extremfall sogar eine multiple Persönlichkeit. Sie sind für bedrohliche Situationen hypersensibel. Missbrauchte Frauen entwickeln z. B. eine extreme Wachsamkeit, um die Stimmungen anderer möglichst frühzeitig zu erahnen.

Traumatisierte Menschen zeigen viele Symptome psychischer Erkrankungen (starke Ängste, Zwänge, Suchtverhalten, depressive Gefühle), die ihnen unverständlich erscheinen, da ihnen der Zusammenhang ihrer Symptome mit dem Trauma durch den Überlebensmechanismus nicht bewusst wird. Will ein Arzt oder Therapeut nur das Symptom kurieren, ohne seine Funktion für den Trauma-Überlebensmechanismus zu verstehen, führt das meist zu einer Symptomverschiebung.

Konsequenzen für andere Menschen. – Ein Trauma betrifft nicht nur den Menschen, der das Trauma unmittelbar erleidet. Es gibt mehrere Wege, auf denen das Trauma Menschen erfasst, die mit einem Betroffenen zu tun haben:

– Erstens wird der Betroffene durch das Trauma in seiner Persönlichkeit wesentlich verändert. Er ist nicht mehr der, der er früher war. Seine Kraft und Lebensfreude können sich auf ein Minimum reduzieren. Alles, was man früher mit ihm machen konnte, alles, was man an ihm früher wertgeschätzt und geliebt hat, wird jetzt infrage gestellt. Er ist nicht mehr in gleichem Maße leistungs- und liebesfähig wie früher.

– Zweitens bringt der Traumatisierte – ihm völlig unbewusst – andere in seinem sozialen Umfeld in eine ähnliche Situation, in der er selbst ist: Er macht sie macht- und hilflos, etwa wenn er anfängt zu trinken und sein Ehepartner und seine Kinder keine Möglichkeit haben, ihn davon abzuhalten. Extreme Gewaltausbrüche gegen andere sind häufig besser zu verstehen, wenn man sie als Folgen von Traumatisierungen deutet. Der Traumatisierte bringt Unschuldige in eine ähnliche Traumasituation, der er sich nicht erwehren konnte. Sexualdelikte können auf diesem Hintergrund besser verstanden werden.

– Drittens gibt es einen unbewussten Übertragungsmechanismus vom Traumatisierten auf die Menschen, die eng mit ihm zusammenleben. Seine Mitmenschen, die ihm nahe stehen und mit ihm verbunden sind, kommen seelisch in Kontakt mit seinen abgespaltenen Persönlichkeitsanteilen und nehmen sie zum Teil in ihre eigene Seele auf. Sie erleben dann bei sich die Gefühle, die der Traumatisierte abgespalten hat, um zu überleben und die er selbst nicht verarbeiten kann. Ich vermute hier die Quelle für die „übernommenen Gefühle", von deren Existenz auch Hellinger ausgeht (Weber 1995, S. 260 f.). Dieser Mechanismus ist besonders dort am Werk, wo eine enge Bindung zwischen dem Traumatisierten und anderen Menschen besteht, also in Partnerschaften und im Eltern-Kind-Verhältnis.

Transgenerationale Traumatisierung. – Traumata erzeugen Folgetraumatisierungen bei anderen Menschen. Mütter mit Missbrauchserlebnissen bringen unbewusst ihre Töchter wieder in Missbrauchssituationen (Fischer u. Riedesser 1999, S. 267). Auch innerhalb der Bindungsforschung wird, wie bereits erwähnt, das Phänomen der transgenerationalen Tradierung von Bindungsmustern diskutiert, insbesondere bei den Bindungstypen, die Bindungsstörungen bei Kindern hervorrufen (Ainsworth u. Eichberg 1991; Main u. Hesse 1990).

Unter Zuhilfenahme der Traumatheorie wird meines Erachtens verständlich, wie sich die Auswirkungen eines Traumas über mehrere Generationen erstrecken können. Kinder traumatisierter Eltern werden in einen Trauma-Verarbeitungsmechanismus (TVM) eingebunden, den die Eltern unter bestimmten Umständen bereits von ihren Eltern übernommen und „ererbt" haben. Familienaufstellungen zeigen die Auswirkungen eines Traumas über mehrere Generationen wie im Bilderbuch.

Trauma und Bindungsstörung. – Traumatisierungen führen bei den Betroffenen zu massiven Beeinträchtigungen ihres Bindungsverhaltens. Sie sind nicht mehr so bindungsfähig wie vor dem Trauma. Das Gefühl von Liebe und das Vertrauen in andere Menschen wurden durch das Trauma in seinen Grundfesten erschüttert. Daher versuchen sie sich so zu verhalten, dass Gefühle der Angst und Verzweiflung sie nicht erneut überschwemmen und sie ihren Gefühlen hilflos ausliefern. Traumatisierte brauchten eigentlich viel Zuneigung und Liebe, sie können die ihnen angebotene Hilfe aber oft nicht annehmen. Sie versuchen, sich eher abzulenken, stürzen sich auf Sachthemen oder entwickeln z. B. um sich herum eine Mauer aus betriebsamer Hektik und Geschäftigkeit. Wenn sie zur Ruhe kämen, hätten sie Angst, wieder in Kontakt mit ihren Gefühlen zu kommen. Sie meiden es, Gefühle anderer an sich herankommen zu lassen. Sie ziehen ihre Seele in sich zurück und werden emotional zunehmend unerreichbar. Obwohl sie viel Liebe und Zuwendung brauchten, suchen Traumatisierte von sich aus eher Kontakt zu anderen Menschen, die auch traumatisiert sind.

Die Ausweichversuche vor der Erinnerung und dem Wiedererleben des Traumas wirken sich daher nicht nur bei den unmittelbar betroffenen Menschen als Beziehungsstörungen aus. Partner kommen an den Traumatisierten nur noch schwer heran. Die Kinder von traumatisierten Müttern und Vätern kommen mit ihren Bindungsbedürfnissen und ihren Wünschen nach Nähe, Liebe und Geborgenheit nicht an. Sie entwickeln daher ihrerseits Bindungs- und Beziehungsstörungen. Auch noch Generationen später zeigen in Familiensystemen Kinder und Enkelkinder entsprechende Verhaltensweisen, die mit dem ursprünglichen Trauma in Verbindung stehen. Auf dem Weg durch die Generationen werden aus Traumata psychische Störungen wie starke Ängste, Depressionen oder Zwänge („Neurosen"), manchmal auch schwere psychische Erkrankungen mit Wahnvorstellungen und geistiger Verwirrung („Psychosen") (Ruppert 2000a).

Das nicht bewältigte Trauma bildet im negativen Sinne das Schicksalsband in Familiensystemen. Über den Weg von Bindungs- und Beziehungsstörungen kann es in Arbeitsbeziehungssystemen weiterwirken (Abbildung 2.3).

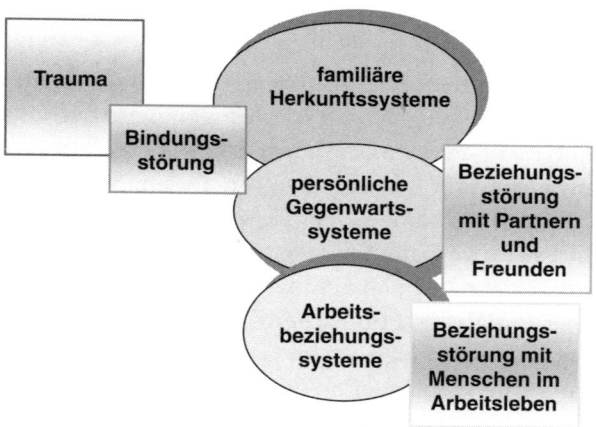

Abb. 2.3: Der Weg vom Trauma zur Bindungs- und zur Beziehungsstörung

Trauma und Familienaufstellungen. – Familienaufstellungen zeigen deutlich, wie Traumata über mehrere Generationen hinweg Wirkungen auf das Verhalten und Erleben der in einem Familiensystem miteinander verbundenen Menschen haben. Da Familienaufstellungen die Bindungsebene erreichen, sind sie eine geeignete Methode, auch den Menschen Entwicklungsimpulse zu geben, die aufgrund der Traumata ihrer Vorfahren Bindungsstörungen und später in ihrem Leben Beziehungsstörungen entwickelt haben. Anstelle der Negativdynamik des Traumas und seiner unbewussten Weitergabe, gilt es, in einer Aufstellung eine Verknüpfung der aneinander gebundenen Personen über die Liebe sichtbar zu machen und den Ausgleich im Guten statt im Schlechten zu fördern. Familienaufstellungen im klassischen Sinne sind meines Erachtens jedoch wenig geeignet, mit unmittelbar traumatisierten Menschen zu arbeiten.

Traumatherapie. – Die Therapie von Bindungsstörungen bei Kindern als Folge der Traumatisierung ihrer Eltern muss mit regressionsfördernden Maßnahmen arbeiten, um erfolgreich zu sein. Das heißt, der Erwachsene oder das ältere Kind mit seinen Symptomen sollte sich von einem Therapeuten helfen lassen, noch einmal an die Beziehungen herangeführt zu werden, die seine Bindungsstörung hervorgerufen haben, also z. B. an die traumatisierten Eltern und Großeltern. Das Erkennen der Probleme der Eltern und das Annehmen dessen, was an Bindung trotz allem vorhanden ist, und das „Fließenlassen liebender Gefühle" auch noch in kleinsten Dosen, ist ein wesentlicher Schritt zur Linderung der Bindungsstörung. Hellinger spricht in diesem Zusammenhang davon, die „unterbrochene Hinbewegung des Kindes an seine Eltern ans Ziel zu bringen". Da die Therapie der Bindungsstörung an den Wurzeln ansetzt, kann sie weitreichende Folgen für eine Persönlichkeitsveränderung bei einem Patienten haben.

Bei Traumatisierungen ist jedoch grundsätzlich Vorsicht geboten, damit die traumatisierte Person nicht unkontrolliert in regressive Zustände gerät und dadurch das Trauma wiedererlebt. Die Gefahr der so genannten Retraumatisierung ist groß, wenn durch die Therapie der Konflikt zwar aufgedeckt wird, der Therapeut aber keine hilfreiche Konfliktlösungsstrategie anbieten kann. Traumatherapie muss in erster Linie stützend und ressourcenschaffend sein. Nur auf der Basis wiedergewonnener psychischer Stabilität und wiedererlangter Gefühle von Kontrolle und Sicherheit über das eigene Leben, können dosiert Konfrontationen mit dem Trauma therapeutisch unterstützt werden. Traumata können nach meiner Erfahrung selten vollständig geheilt werden. Ob Methoden wie EMDR (Shapiro u. Silk-Forrest 1998) tatsächlich das Trauma völlig vergessen machen, bezweifle ich eher. Traumatherapie ist ein lange dauernder, oft frustrierender Prozess für Patient und Therapeut (Butollo, Krüsmann u. Hagl 1998; Butollo, Hagl u. Krüsmann 1999). Traumatherapie scheint am wirksamsten, wenn sie unmittelbar nach einer Traumatisierung einsetzt (Levine 1998).

In Aufstellungsgruppen kommen nicht selten Menschen, die ihr Trauma (z. B. sexuellen Missbrauch) völlig verdrängt haben. Sie leiden zwar unter vielen Symptomen (z. B. plötzliche Angstanfälle), die Wurzel ihrer Probleme können sie aber wegen der beschriebenen Abspaltungsprozesse nicht erkennen und benennen. In solchen Fällen können aufdeckende Aufstellungen keine Lösungen bewirken. Die durch die Aufdeckung z. B. eines sexuellen Missbrauchs hervorgerufenen Gefühle sind nicht heilsam. Es kommt nur zu einer Retraumatisierung. Bei nicht erkannten Traumata sollten regressionsfördernde Aufstellungen meines Erachtens daher von Aufstellungsleitern nicht angeboten werden.

Ein massives Trauma zeigt der Psychotherapie die Grenze auf, bis zu der „Heilung" möglich ist. Hinter dieser Grenze können nur noch religiöse Sinnwiederfindungsangebote weiterhelfen. Die an Religion erinnernden Rituale in manchen Familienaufstellungen – ein Verstorbener „segnet" einen später Geborenen, jemand verneigt sich demütig vor der Macht des Schicksals – erscheinen aufgeklärten Psychotherapeuten vielleicht als eine Zumutung. Sie zeugen aber tatsächlich von dem Mut, die Begrenztheit von Psychotherapie anzuerkennen (Hellinger 2000a) und können nur von erfahrenen Therapeuten durchgeführt werden. Ein Trauma kann nur durch eine Liebe geheilt werden, welche die engen Grenzen des Bindungsgewissens überwindet.

Körper und Seele

Da Traumata häufig „somatisiert" werden, d. h. nicht nur seelische, sondern auch körperliche Erkrankungen bewirken, besteht die Gefahr, bei der Arbeit mit Symptomen in Aufstellungen das Traumaerleben zu reaktivieren. Ohne die Kenntnis des verursachenden Traumas werden dadurch möglicherweise unkontrollierte seelische Prozesse ausgelöst.

Auch körperliche Erkrankungen können auf einen Menschen traumatisierend wirken (z. B. Krebs). Die Hoffnung auf etwas, was man selbst beeinflussen kann, ist in solchen Situationen sehr groß. Sie sollte nicht durch falsche Heilsversprechungen von Aufstellern verstärkt werden.

Generell ist meines Erachtens vor der Vorstellung zu warnen, Aufstellungen könnten psychosomatische Probleme zum Verschwinden bringen. Zwar sehen wir in Aufstellungen immer wieder, wie eine rätselhafte körperliche Erkrankung (z. B. ein Dickdarmgeschwür) die Folge eines ungelösten Beziehungskonflikts und damit einer Verstrickung ist (z. B. die abgespaltenen und „unverdauten" Gefühle der Mutter einem früheren Partner gegenüber liegen der Tochter wie ein Stein im Bauch). Wir verstehen jedoch die Zusammenhänge zwischen seelischen und körperlichen Funktionen viel zu wenig, um aus Bindungs- und Beziehungsstörungen kausale Zusammenhänge auf körperliche Erkrankungen abzuleiten. Ob seelische Probleme der primäre Auslöser sind oder bei bestehenden körperlichen Erkrankungen seelische Probleme die Krankheit verschlimmern, wissen wir in der Regel nicht.

Traumata in Arbeitsbeziehungssystemen. – Für Arbeitsbeziehungsaufstellungen ist im Zusammenhang mit der Traumathematik zweierlei von Bedeutung. Erstens können die Nachwirkungen eines familiären Traumas auch die Beziehungen im Arbeitssystem negativ beeinflussen. Nach meiner Erfahrung sind in Arbeitsbeziehungssystemen Traumatiserungen und ihre Folgen nicht selten wirksam,

- da solche Menschen oft auch berufliche Schwierigkeiten haben, die entweder selbst eine Traumatisierung erlitten oder in einem Trauma-Verarbeitungsmechanismus ihres Vaters oder ihrer Mutter verstrickt sind;
- weil an konfliktgeladenen Arbeitssituationen häufig Vorgesetzte, Mitarbeiter oder Kollegen des Aufstellenden beteiligt sind, die seelisch in ein Trauma verwickelt sind.

Zweitens können Traumata auch innerhalb des beruflichen Kontextes selbst entstehen. Ein klassisches Traumaereignis in der Arbeitswelt sind tödliche Arbeitsunfälle oder technische Störfälle mit weitreichenden Folgen. Auf der Organisationsebene könnte man auch Fehlentscheidungen mit bedrohlichen Konsequenzen für die Existenz des Unternehmens als Traumata bezeichnen. Mobbing, plötzliche, eventuell ungerechtfertigte Entlassung, Auflösung von Unternehmen nach Verkauf sind ebenso Ereignisse, die für die Menschen in ihrem Arbeitsleben traumatisierende Qualitäten haben. Gabriele Kraus hat in ihrer Diplomarbeit Fälle aus einem Aufstellungskurs dokumentiert, den ich mit Mobbingopfern gemacht habe. Mitunter scheint sich für die Betroffenen an ihrer Arbeitsstelle eine Situation zu wiederholen, die sie ähnlich bereits in ihrem Herkunftssystem erlebt haben (Kraus 1999).

Angst in einem Bergwerksbetrieb. – Bei einer Studie, die ich mit einer Forschergruppe vor einigen Jahren in einem Steinkohle-Bergwerksbetrieb durchführte, bat ich den Leiter der Abteilung Arbeitssicherheit und Ergonomie um eine Aufstellung seiner Arbeitssituation mittels kleiner Figuren (Abbildung 2.4).

Als wir dieses Aufstellungsbild in einem Seminar an der Hochschule mit Stellvertretern nachstellten, zeigte sich Folgendes: Der Stellvertreter für den Leiter der Abteilung Arbeitssicherheit fühlte sich äußerst unwohl, war sehr besorgt, sogar deprimiert. Er hatte Atembeklemmung. Der Werksleiter fühlte sich ebenfalls unwohl, spürte Ärger und Wut in sich über das Desinteresse der anderen an seiner Person. Er fühlte sich ohnmächtig. Nur zum Abteilungsleiter spürte er eine gewisse Solidarität – „aufgrund der Abgeschiedenheit von uns beiden hier hinten". Der Bereichsleiter fühlte sich sehr schlecht, weil er seinen direkten Vorgesetzten und seine Mitarbeiter nicht sehen konnte. Auch der Abteilungsleiter hatte ein „unwohles Gefühl, da ich nicht weiß, was zwei Stationen über oder unter mir läuft". Er müsse einfach nur Befehle von oben nach unten weitergeben. Die Vertreter der Arbeitssicherheit seien für ihn nicht erreichbar.

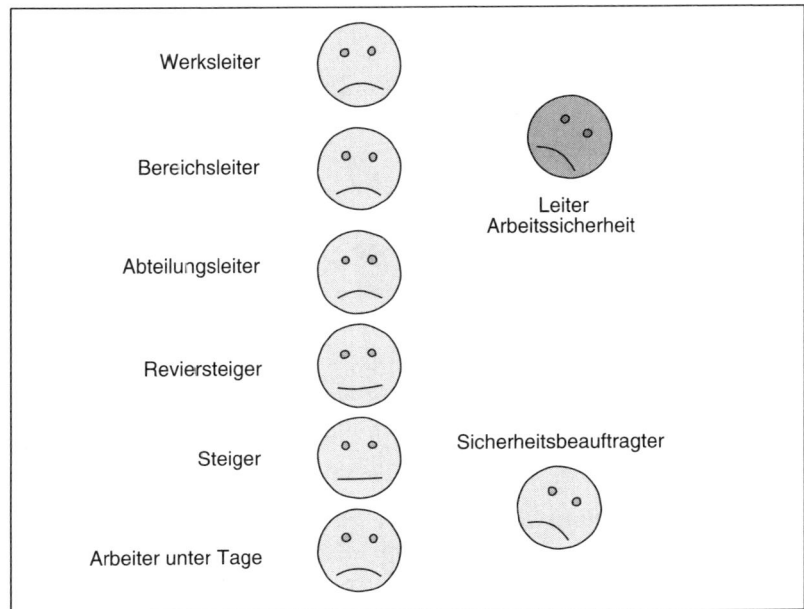

Abb. 2.4: Die Angst unter Tage und ihre Kompensation über Tage

Der Reviersteiger fühlte sich etwas wohler. Er meinte, den Steiger vor sich im Griff zu haben. Andererseits hätte er auch gerne noch mehr mit entschieden. Es sei für ihn nicht abschätzbar, was seine Vorgesetzten hinter ihm von ihm wollten. Der Steiger meinte ebenfalls, den Mitarbeiter vor ihm „steuern" zu können. Er wäre dem Mitarbeiter aber gerne direkt gegenübergestanden. Auch seinen unmittelbaren Vorgesetzten spürte er drückend in seinem Nacken und hätte ihn gerne gesehen.

Der Stellvertreter für die Untertagearbeiter – ganz vorne in dieser Reihe – hatte große Angst. Er wisse nicht, was da auf ihn zukomme. Daher suche er eigentlich Kontakt nach hinten und Unterstützung. Der etwas seitlich vorne stehende Sicherheitsbeauftragte fühlte sich ebenfalls völlig unwohl und meinte, offenbar für das Unternehmen aufpassen zu müssen, damit keiner aus der Reihe tanze. Er wolle „am liebsten ganz schnell hier weg!".

Als ich den Stellvertretern in dieser Aufstellung sagte, sie sollten ihrem nächsten Bewegungsimpuls folgen, stoben alle weit auseinander und suchten in sicherer Entfernung Blickkontakt zueinander aufzunehmen. Dort konnten sie alle erst einmal kräftig durchatmen.

Die traditionell strenge, teils starre Hierarchie der Betriebe des Bergwerks ist kein Geheimnis. Sie fördert Macht und Dominanzstreben und erzeugt gleichzeitig Angst und Isolierung, obwohl andererseits das Solidaritätsgefühl der Bergleute untereinander sprichwörtlich ist. Jeder Bergwerksbetrieb hat seine Katastrophen unter Tage und tödliche Arbeitsunfälle erlebt. Sind es vielleicht auch diese Traumata, die solche Organisationsstrukturen hervorbringen, in der Annahme, auf dem Weg von Befehl und Gehorsam die Gefahren „in den Griff" zu bekommen? Wird auf diese Weise versucht, Ängste zu verdrängen? Meidet man es unbewusst, in persönlichem Kontakt zu sein und den anderen anzusehen? Erzeugt das abgespaltene Trauma die Tendenz zu seiner Wiederholung?

Kriegstrauma in deutschen Unternehmen? – Beeindruckt hat mich und den gesamten Kurs bei einem meiner offenen Seminare eine Aufstellung, bei der sich deutlich zeigte, dass eine Firma in ihrer Führungsstruktur und damit in ihrer gesamten Effizienz auch im Jahr 2000 noch daran krankt, dass

– diese Firma Kriegsgeräte hergestellt hat, durch die Kriegsopfer geschaffen wurden,
– der Firmenerbe dieses Erbe nicht gut verwaltet, da er mit seinem im Krieg gefallenen Vater nicht im Reinen ist, sondern sich zum Ausgleich für das empfundene Unrecht in einer stärkeren Verbundenheit mit den Kriegsopfern erlebt als mit der Firma,
– selbst die Kunden der Firma mit Blick auf die Kriegsopfer es als Mangel erleben, dass die Firma mit ihrer Vergangenheit nicht wirklich abgeschlossen hat und ihre Schuld und die daraus entstehenden Verpflichtungen zu einem gerechten Ausgleich nicht anerkannt hat,
– sich sogar neu eingestellte Mitarbeiter unbewusst stärker mit diesen Opfern verbunden fühlen als mit den Zielen der Firma.

Hätte ich diese Aufstellung nicht miterlebt, würde ich solche Zusammenhänge in einer Organisation eher für erfunden oder zumindest für übertrieben halten. Das Trauma des Zweiten Weltkrieges scheint in deutschen Firmen jedoch auch nach 50 Jahren immer noch nachzuwirken. Der Aufstellende hatte nach dem Seminar beim Vorstand angefragt, ob sich das Unternehmen am Entschädigungsfonds für Zwangsarbeiter beteiligt. Dies wurde ihm positiv beschieden.

Im Moment gibt es noch zu wenig Wissen darüber, wie Traumata im Berufsleben und in Arbeitssystemen von einzelnen Menschen und ganzen Organisationen verarbeitet werden. Ich stelle immer wieder fest, dass sie in Aufstellungen eine nicht unerhebliche Rolle spielen (vgl. auch Beispiel 4.3.3). Forschung auf diesem Gebiet wäre sicherlich lohnend.

2.6 Arbeits- und organisationswissenschaftliche Grundkenntnisse

Kenntnisse über Bindungs- und Traumatheorie und Wissen über Psychotherapie und Traumabewältigung sind nach meiner Überzeugung wichtig, wenn wir Arbeitsbeziehungsaufstellungen einzelnen Menschen oder ganzen Organisationen anbieten. Darüber hinaus ist es von großem Wert, die wichtigste Literatur auf dem Gebiet der Arbeits- und Organisationspsychologie oder der Industriesoziologie zu kennen. Es gibt eine Vielzahl von Theorien und Modellen, die zentrale Themen wie Führung, Arbeitsgestaltung, Organisationsentwicklung, Arbeitssicherheit und Gesundheitsschutz, Qualitätssicherung, Kooperation und Kommunikation, Arbeitszufriedenheit und -motivation, Personalentwicklung und Unternehmenskultur zum Inhalt haben (z. B. von Rosenstiel, Molt u. Rüttinger 1995; Hoyos u. Frey 1999; Spieß u. Winterstein 1999). Es ist hier nicht der Raum, den Fundus der Einsichten auszuschöpfen und ihren Wert für das Aufstellen von Arbeitsbeziehungen entsprechend zu würdigen.

Einen knappen, aber informativen Überblick zur Entwicklung organisationspsychologischer Konzepte wie Arbeitszufriedenheit, Organisationsklima, Qualitätssicherung, Teamarbeit und Mitarbeiter-Feedback bietet ein Beitrag von Bungard (2000) in einem Sonderheft der Zeitschrift „Wirtschaftspsychologie". Er vertritt darin unter anderem die These eines zunehmenden Machtverlustes von Führungskräften durch steigende Flexibilitätsanforderungen an die Unternehmen. Durch Qualitätssicherungsmaßnahmen würde dann seitens des Managements versucht, die Kontrolle über die Mitarbeiter wiederzugewinnen.

Literatur zum Thema Arbeitsbeziehungen ist unter diesem Titel so gut wie nicht vorhanden. Nur vereinzelt finden sich Studien, wie z. B. die von Weibler (1994). Er fand heraus, dass die Beziehung eines Mitarbeiters zu seinem Vorgesetzten wesentlich durch dessen Beziehung zum nächsthöheren Vorgesetzten geprägt wird.

2.7 Wirkfaktoren in Arbeitsbeziehungssystemen

Im Folgenden gebe ich einige Hinweise zu Wirkfaktoren in Arbeitsbeziehungen, wie sie sich in Arbeitsbeziehungsaufstellungen gezeigt haben. Die dargelegten Grundprinzipien sind das Ergebnis meiner Erfahrungen mit Aufstellungen und der Versuch, allgemeinere Gesetzmäßigkeiten darin zu erkennen. Mit der Aufzählung der genannten Prinzipien verbinde ich keinen Anspruch auf Vollständigkeit. Andere, die auch Erfahrungen mit Arbeitsbeziehungs- bzw. Organisationsaufstellungen machen, kommen zum Teil zu übereinstimmenden, zum Teil zu eigenen Schlüssen (Siefer 1998; Weber u. Gross 1998; Weber 2000; Grochowiak u. Castella 2001; Sparrer 2001).

Aufstellungen von Arbeitsbeziehungen sind immer für Überraschungen gut. Aus jeder Aufstellung kann man etwas Wichtiges lernen. Die phänomenologische Offenheit, die Hellinger für das Aufstellen fordert, ist notwendig, um dem Einzelfall in seiner Komplexität gerecht zu werden und für jedes einzelne Anliegen eine Lösung zu finden, die weiterführt.

2.7.1 Zugehörigkeit und Ausschluss

Vertragsbeziehung. – Arbeitsbeziehungen kommen in einer zivilisierten Welt, die auf Sklaverei verzichtet und von der persönlichen Freiheit eines jeden Menschen ausgeht, durch mündliche Absprache oder schriftliche Verträge zustande. Durch solche Akte entscheidet sich die Zugehörigkeit eines Menschen zu einem Arbeitssystem, zu einem Betrieb, einem Unternehmen, einem Verein – kurzum zu einer „Organisation", deren Ziel es ist, bestimmte Arbeitsaufgaben zu erfüllen (Produktion, Dienstleistung, Verwaltung, Handel etc.). Mit der Zugehörigkeit sind für einen arbeitenden Menschen Rechte und Pflichten verbunden. Diese sind in Arbeitsverträgen, Betriebsvereinbarungen, Tarifverträgen und entsprechenden Gesetzen des Arbeits- und Sozialrechts geregelt. Das Recht und die Pflicht auf Zugehörigkeit zum Arbeitssystem kann nur durch die Kündigung des Arbeitsverhältnisses von einer der beiden Seiten aufgehoben werden. Zugehörigkeit oder nicht ist daher ein wichtiges Thema, das Arbeitsbeziehungen prägt. Einstellungen und Entlassungen sind daher Quelle von Konflikten im Arbeitsbeziehungssystem.

Kündigungen des Rechts auf Zugehörigkeit bringen meist sehr große Konflikte mit sich. Sie sind aber ein notwendiges Instrument, Arbeitsbeziehungssysteme funktionsfähig zu halten. Notwendige, aber nicht durchgesetzte Kündigungen führen zu Autoritätsverlusten der Führungskräfte. Ungerechte Kündigungen verunsichern die Mitarbeiter, die zurückbleiben.

Ein- und Ausstieg. – Der Neubeginn ist meist spannend. Die ersten Wochen entscheiden darüber, welche Position jemand in einem neuen System von Arbeitsbeziehungen einnehmen kann, welche er zugestanden bekommt. Neue Mitarbeiter werden am besten von ihren Vorgesetzten eingeführt und den anderen Mitarbeitern vorgestellt. Vorgesetzte sollten von der nächsthöheren Hierarchieebene angemessen vorgestellt werden. Günstig ist es, wenn der Vorgänger an der Übergabe der Position beteiligt ist. Neue Mitarbeiter sind besonders gefährdet, in vorhandene Konflikte und Machtkämpfe im Arbeitsbeziehungssystem hineingezogen zu werden. Sie können durch unbedachte Handlungen und Äußerungen Fronten gegen sich aufbauen, die überdauern.

Die zeitliche Begrenzung der Arbeitsbeziehungen, die wir eingehen, erscheint uns anfangs selbstverständlich. Dennoch fällt es oft nicht leicht, Abschied zu nehmen. Langjährige Zusammenarbeit verbindet. Versäumte Abschiede wirken in Arbeitssystemen manchmal lange nach. Wer sich nicht vollständig löst, wird nicht frei für das, was dann kommt – sei es eine neue Arbeitsstelle oder sei es der „Ruhestand". Wer seinen Platz in einem Arbeitsbeziehungssystem nicht völlig räumt, erschwert seinem Nachfolger den Einstieg und die Integration. Auch plötzliches Verschwinden ist keine gute Lösung. Den Zurückgebliebenen muss die Chance gegeben werden, die Beziehung aufzulösen – sogar wenn sie nicht besonders gut war.

Beispiel: Ein Student berichtet aus seinem Praktikum, dass die Kinder in der Einrichtung, in der er arbeitet, in jüngster Zeit sehr unruhig und unfolgsam geworden seien. Wie sich in der Aufstellung dann herausstellte, war die vor kurzem plötzlich ausgeschiedene Betreuerin der Kindergruppe Ursache für die Unruhe der Kinder. Den Kindern wurde nicht ausreichend Zeit zur Lösung ihrer Bindungen an die Betreuerin gegeben. Sie waren verunsichert und zögerten, sich an neue Betreuer zu binden. Womöglich verschwinden die neuen Bezugspersonen auch eines Tages ganz plötzlich.

Eine besondere Problematik gibt es mit der zeitlichen Begrenzung und damit dem Ein- und Ausstieg bei Arbeitsverhältnissen in Familienunternehmen. Mitunter versäumt es der Senior, die Geschäfte rechtzeitig an den Junior abzugeben. Dieser verliert irgendwann die Motivation, wenn er seine eigenen Ideen nicht verwirklichen kann. Die Rollenvermischung zwischen Eltern- und Vorgesetztenrolle ruft in Familienunternehmen ohnehin zahlreiche Konfliktpunkte auf den Plan.

Freiheit und Festlegung. – Das Abschließen von Arbeitsverträgen ist mit einer Aufgabe persönlicher Freiheiten verbunden und der Bereitschaft, sich an Regelungen des Arbeitsverhältnisses zu beteiligen. Wir geben durch das Eingehen von Arbeitsbeziehungen viele persönliche Freiheiten auf, stets hoffend, dass es sich für uns persönlich auszahlt – nicht nur in Geld, sondern auch in Lebenszufriedenheit. Der Doppelcharakter von Beziehungen kommt auch im Arbeitsleben zum Tragen. Wir müssen und wollen Arbeitsbeziehungen eingehen. Auch diese Beziehungen nehmen uns in ihren Dienst, fordern von uns Loyalität, bringen uns in Gefahr für unsere Gesundheit und manchmal sogar unser Leben. Selbst aus freiem Entschluss eingegangene Beziehungen können nicht willkürlich umdefiniert werden. Hierin liegt der Sinn von Bert Hellingers Mahnung: „Manche gehen mit der Wirklichkeit um, als wäre sie nur eine Meinung." Beziehungen haben eine objektive Qualität, auch wenn sie von Subjekten gemacht werden.

„Innere Kündigungen" sind zwar in Arbeitsbeziehungssystemen häufig anzutreffen, sie stellen aber einen Verstoß gegen deren Ordnung dar. Selbst vor einer anstehenden Pensionierung, einem geplanten Wechsel der Arbeitsstelle oder einer drohenden Schließung des Betriebs stellt die Verweigerung der vollen Arbeitsleistung eine Vertragsverletzung dar. Andererseits kann das Einfordern von Mehrarbeit durch einen Arbeitgeber jenseits der vertraglichen Vereinbarungen kein Dauerzustand sein. Dies ruft erhebliche Konflikte hervor.

Die Arbeitsformen der „New Economy" entfernen sich immer mehr von den üblichen Arbeitsverhältnissen mit festen Anstellungen und geregelten Organisationsstrukturen. Netzwerke von Kooperationsbeziehungen und „virtuellen Unternehmen" bringen neue Formen von Arbeitsbeziehungen hervor. Offenheit und Freiheit stehen auf der einen Seite, Unverbindlichkeit und Ungesichertheit auf der anderen. Die Folgen dieser Entwicklung für die Arbeitsbeziehungen sind im Moment noch schwer abschätzbar.

2.7.2 Leistung und Lohn

Aufgabe und Umsetzung. – Arbeitssysteme gibt es, damit Arbeitsaufgaben erfüllt werden. Aufgaben können mit Gegenständen etwas zu tun haben (z. B. Herstellen eines Autos oder einer Software), aber auch mit Personen (z. B. Beratung von Patienten oder Kunden). In der Arbeitspsychologie ist es bekannt, dass zwischen einer gestellten Aufgabe und ihrer „subjektiven Redefinition" erhebliche Unterschiede bestehen können. Die Orientierung auf die gestellte Arbeitsaufgabe und die Umdefinition dieser Aufgabe durch Führungskräfte oder Mitarbeiter ist daher ein mögliches Konfliktfeld.

In Arbeitsbeziehungsaufstellungen zeigt sich oft, dass durch Konflikte zwischen den Beteiligten die Aufgabe, für die eine Gruppe arbeitender Menschen eigentlich zusammen ist, aus dem Blick gerät. Die Auseinandersetzung mit einem Vorgesetzten oder Kollegen scheint manchmal wichtiger als die Arbeitsaufgabe. Beziehungskonflikte erzeugen immense Reibungsverluste und ziehen Zeit und Energie von der Erledigung der Aufgaben ab.

Personen, die von außen auf das Arbeitssystem blicken, z. B. Kunden, erkennen die Unordnung eines solchen Systems sofort. Sie suchen nach einem verlässlichen Ansprechpartner in der Organisation und wenden sich ab, wenn sie kein Vertrauen mehr in die Zusammenarbeit der Organisationsmitglieder haben. Sie erkennen, wenn die Organisation mit den gestellten Aufgaben überfordert ist, weil die Mitarbeiter mehr mit sich selbst beschäftigt sind.

Leistungserwartungen. – Man wird Mitglied eines Arbeitssystems und einer Organisation, weil Arbeitsleistungen erwartet werden bzw. Dienste, die der Organisation weiterhelfen. In Arbeitsverträgen oder Stellenbeschreibungen werden diese Erwartungen manchmal vage formuliert, manchmal bis ins kleinste Detail geregelt. Den äußeren Rahmen für die Leistungserwartungen geben Arbeitszeiten vor, auf deren Einhaltung in Organisationen viel Wert gelegt wird. Leistungskontrollen sind daher ein wichtiges Thema und Ausgangspunkte für Konflikte. Werden sie von Führungskräften vernachlässigt, hat dies mehr Unzufriedenheit als Zufriedenheit bei den Mitarbeitern zur Folge. Dies mag vordergründig paradox erscheinen. Unter dem Gesichtspunkt fehlender Gerechtigkeit wird dies aber verständlicher: Wenn es keine Leistungskontrollen gibt, kommt sich der als der Benachteiligte vor, der überhaupt etwas tut. Jeder misstraut bei fehlenden Leistungskontrollen dem anderen, weniger als er selbst zu arbeiten.

Lohnerwartungen. – Jeder, der seine Zeit und Kräfte zur Verfügung stellt, darf dafür eine angemessene Entlohnung erwarten. In modernen Gesellschaften bildet Geld als Lohn und Gehalt das anerkannte Äquivalent für Arbeitsleistungen. Die Verweigerung von Lohn ist ein grober Verstoß gegen den Ausgleich von Geben und Nehmen in Arbeitsbeziehungssystemen. Was als „angemessener Lohn" und was als „Ausbeutung" erlebt wird, hängt in erster Linie von den Alternativen ab, die jemand hat, seinen Lebensunterhalt zu verdienen. Dienen Arbeitsverhältnisse für die Arbeitenden kaum noch dazu, den Lebensunterhalt zu bestreiten, können sie nur mit Druck, Macht und Gewalt aufrechterhalten werden.

Erwartung von Anerkennung. – Lohn und Gehalt genügen Menschen oft nicht als Ausgleich für ihre Bereitschaft, sich für vorgegebene Ziele einzusetzen. In einer Befragung von über 600 Mitarbeitern in der chemischen Industrie haben wir festgestellt: Am meisten beklagen sich die Mitarbeiter über die mangelnde Anerkennung ihrer Leistungen durch ihre Vorgesetzten (Ruppert u. Gerstberger 1998). Mehr als 26 % der Mitarbeiter empfanden es als ein anhaltendes belastendes Gefühl bei ihrer Arbeit, dass ihre Leistungen nicht anerkannt werden.

Wer mehr für sich selbst und nach eigenen Zielvorgaben arbeitet, erwartet in geringerem Maße Anerkennung für sein Tun. So wünschten in der genannten Studie die befragten Arbeits- und Gesundheitsschutzexperten zu einem weit geringeren Prozentsatz (7 %) mehr Anerkennung für ihr Wirken im Betrieb.

Das Verhältnis zwischen den Leistungserwartungen auf der einen Seite und (Be-)Lohn(ungs-)erwartungen auf der anderen ist ein Grundkonflikt in jedem Arbeitssystem. Er tritt daher auch in Arbeitsbeziehungsaufstellungen in Erscheinung. Nach meiner Erfahrung steckt hinter der Klage über Unterbezahlung und Über- oder Unterforderung aber oft noch ein anderer Konflikt.

2.7.3 Über- und Unterordnung

Ordnung und Struktur. – Hellinger schreibt dazu: „Die dritte Grundbedingung für das Gelingen von Beziehungen ist die Ordnung. Damit meine ich zuerst die Regeln, die das Zusammenleben einer Gruppe in feste Bahnen lenken. In allen längerdauernden Beziehungen entwickeln sich gemeinsame Normen, Riten, Überzeugungen und Tabus, die dann für alle verbindlich werden. So wird aus Beziehungen ein System mit Ordnung und Struktur." (Weber 1995, S. 39)

Die geläufigste Struktur für eine Ordnung in Arbeitsbeziehungssystemen ist die von Anweisung und Erfüllung der aufgetragenen Aufgaben. Es gibt daher ein System von Über- und Unterordnung. Mitarbeiter haben in der Regel einen „disziplinarischen" Vorgesetzten, dem gegenüber sie „weisungsgebunden" sind.

Fürsorge und Loyalität. – Von Mitarbeitern ist Loyalität ihren Vorgesetzten gegenüber gefordert. Der Vorgesetzte hat zum Ausgleich eine „Fürsorgepflicht" seinen Mitarbeitern gegenüber. Zustimmung zur Unterordnung dem Vorgesetzten gegenüber und Bereitschaft zur Übernahme der Vorgesetzten- und damit Führungsposition ist daher ein zentrales Thema in Arbeitsbeziehungen.

Im Wunsch von Mitarbeitern nach Anerkennung steckt auch der Wunsch nach Würdigung ihrer Loyalität einem Vorgesetzten und einer Organisation gegenüber. Die Aufgabe der eigenen Freiheit und die Bereitschaft zur Unterordnung in Arbeitsbeziehungsverhältnissen geschieht in der Regel aus Not und Mangel an Geldmitteln. Viele suchen daher nach Möglichkeiten, sich durch ein Gewerbe oder einen freien Beruf nicht unmittelbar einem anderen Menschen unterordnen zu müssen. Bauern halten sich oft zugute, „frei" zu sein. Personale Abhängigkeitsverhältnisse werden dann aber gegen Sachzwänge eingetauscht. Und mancher Freiberufler musste schon erfahren, dass seine mangelnde Bereitschaft und/oder Fähigkeit, sich in

Beziehungssysteme zu integrieren, zum Scheitern seines Selbstständigkeitsprojektes führte.

Macht und Einfluss. – Mit dem Faktum von Über- und Unterordnung sind Fragen von Macht, Einfluss und Bedeutung verbunden. Manche streben möglichst an die Spitze einer Hierarchie, in der Hoffnung, dann nicht mehr die Weisungen anderer erfüllen zu müssen und als Person ein hohes Ansehen zu genießen. Je höher jemand in einem Arbeitsbeziehungssystem gelangt, desto stärker spürt er jedoch, dass die Gesetzmäßigkeiten anderer sozialer Systeme (z. B. Politik, Markt, Religion) in viel stärkerem Maße seine Macht beschneiden als ein Vorgesetzter. Macht ist auch vergänglich. Das Ansehen einer Person sinkt rapide, wenn sie ihre Position wieder verliert und damit für den Vorteil anderer nicht mehr wichtig ist.

Die allgemeinen sozialen und politischen Verhältnisse bestimmen, ob Arbeitsbeziehungen eher demokratischen oder diktatorischen Mustern gleichen. Respekt vor der Würde des einzelnen Menschen, seiner freien Willensentscheidung, Anerkennung von Leistung und Versuche des Interessenausgleichs durch Machtbalancen sind für demokratische Arbeitsbeziehungssysteme kennzeichnend. In diktatorischen Systemen finden wir auch in Arbeitsbeziehungssystemen Günstlings- und Sippenwirtschaft, Korruption und Druck gegenüber Abhängigen bis hin zum Terror.

Eigentum und Arbeit. – Ist die oberste Führungsebene nicht zugleich Urheber und Eigentümer des Unternehmens, sind die höchsten Führungskräfte (z. B. ein Geschäftsführer) dem Eigentümer, dem Aufsichtsrat einer Aktiengesellschaft oder dem Vorstand eines Vereins zur Rechenschaft verpflichtet. Unterschiedliche Interessenlagen zwischen Eigentümern und ihren Angestellten führen zu schwerwiegenden Konflikten. Oft geht es um die Existenz eines Unternehmens und die Frage, ob die Angestellten weiterarbeiten können, wenn der Eigentümer seine Erwartungen an den geschäftlichen Erfolg seines Unternehmens nicht mehr gewährleistet sieht. Aufstellungen zeigen daher Spannungen zwischen der Seite des Eigentums und der Seite der arbeitenden Organisation gegebenenfalls deutlich auf.

Formelle und informelle Rangordnung. – Das Thema Über- und Unterordnung ist auch für das Verhältnis von Organisationseinheiten zueinander von großer Bedeutung. Übergeordnete Abteilungen haben Zugriff auf untergeordnete und können an diese Arbeitsaufgaben verteilen. Sämtliche Führungskräfte stehen innerhalb einer Hierarchie in einer bestimmten Rangordnung. Die Position in dieser Rangordnung bestimmt das Ausmaß ihrer Führungsverantwortung. Wenn diese Rangordnungen nicht beachtet werden, kommt es zu Konflikten in den Arbeitsbeziehungen der beteiligten Führungskräfte wie ihrer Mitarbeiter.

Alt und jung, früher und später. – Unter den Mitarbeitern, die einer Führungskraft unterstellt sind, gibt es keine offizielle Differenzierung in der Rangordnung. Da jedoch alle Menschengruppen auch informelle Rangordnungen ausbilden, ist die Frage nach den unterschiedlichen Rangpositionen der Mitarbeiter für Arbeitsbeziehungen ein immer wieder auftauchendes Problem. Aufstellungen zeigen, dass als Kriterium für eine Rangordnung unter den Mitarbeitern die *Dauer der Zugehörigkeit* zum Arbeitssystem, zu einem Team oder einer Gruppe von erheblicher Bedeutung ist. Nach dem Muster der Ordnung in Familiensystemen möchten diejenigen, die früher in das System kamen, für sich mehr Rechte beanspruchen. Ihr längeres Dasein wollen sie von denen, die später kommen, anerkannt wissen. Dies ist eine erhebliche Quelle von Konflikten, da Jüngere oft beweisen wollen, dass sie als Neue etwas zu bieten haben. Die Älteren haben dann Angst, von den Jüngeren an die Seite gedrängt zu werden.

Wie die Aufstellungen zeigen, ist diese Konfliktlage meist im Spiel, wenn neue Vorgesetzte kommen oder wenn – von der Systemzugehörigkeit aus betrachtet – Jüngere in einer Abteilung zu Vorgesetzten werden für Mitarbeiter, die schon viel länger im System arbeiten als sie.

Übernahme und Ablehnung von Führungsverantwortung. – Durch den Arbeitsvertrag wird das Ausmaß an Verantwortung geregelt, das ein Arbeitender trägt. Da Verantwortung jedoch ein dehnbarer Begriff ist und „Dienst nach Vorschrift" ebenso wie „Überengagement" nicht ausschließt, haben wir hier viele Anlässe für Konflikte. In Arbeitsbeziehungsaufstellungen tritt deutlich zu Tage, wenn z. B. eine Führungskraft sich ihrer Verantwortung entzieht.

Das Aufsteigen in Führungspositionen ist nicht nur eine Chance auf Karriere. Manchmal ist sie auch Pflicht für langjährige Mitarbeiter. Eine Ablehnung von innerbetrieblichem Aufstieg kann zu Störungen in Arbeitsbeziehungen führen.

Position und Qualifikation. – Idealerweise ist in einem Arbeitssystem die höhere Position mit einem qualifizierteren Mitarbeiter besetzt. Diese Gleichung geht nicht immer auf. Zudem unterscheiden sich Führungsqualitäten von fachlichen Kompetenzen in vielerlei Hinsicht. Der fachlich Qualifizierte ist nicht automatisch derjenige, der Mitarbeiter gut führen kann. Auch an diesem Punkt zeigen Aufstellungen, wie es zu Konflikten in Arbeitsbeziehungssystemen kommt. Dieses Problem kann durch administrative Vorgaben verstärkt werden. Zum Beispiel wenn für die Besetzung von Führungspositionen formale Bildungsabschlüsse vorausgesetzt werden. Die vorhandenen Mitarbeiter, die keine solchen Bildungsabschlüsse haben, dennoch von ihrer fachlichen Seite, von ihrem Systemalter und dem Rückhalt, den sie unter ihren Kollegen besitzen, geeignet wären, den Aufstieg zum Vorgesetzten ihrer Gruppe zu machen, fühlen sich dann zurückgesetzt. Sie gehen in Opposition gegen den neuen Vorgesetzten, der ihnen in ihren Augen unterlegen ist. Diese Dynamik hat für Arbeitsbeziehungssysteme eine große Sprengkraft und führt zu lang anhaltenden Konflikten, Motivationsverlusten und Fluktuationen.

Linie und Stab. – Neben den Führungskräften gibt es im Unternehmen noch Stabskräfte, die Expertenstatus haben, z. B. als Fachkräfte für Arbeitssicherheit, Betriebsärzte, Personalentwickler, Qualitäts- oder Sicherheitsbeauftragte. Sie sind den Führungskräften teils zugeordnet und unterstellt, teils auch ohne ein Über- und Unterordnungsverhältnis zur Seite gestellt. Aus diesem ungeklärten Verhältnis und aufgrund unterschiedlicher Sichtweisen von Führungskräften und Fachspezialisten kommt es immer wieder zu Spannungen, die sich auf weitere Arbeitsbeziehungen in ihrem Umfeld ausdehnen können.

Je weiter Stabskräfte von der unmittelbaren Aufgabenerfüllung eines Unternehmens (z. B. der Montage) entfernt sind, desto größer können die unterschiedlichen Sichtweisen zwischen den Stabskräften als „Theoretikern" und den Arbeitenden vor Ort als „Praktikern" sein. Auch daraus entstehen Unstimmigkeiten in den Arbeitsbeziehungen.

Wenn durch betriebliche Umstrukturierungen Führungskräfte zu Stabskräften gemacht werden (z. B. ein langjähriger Abteilungsleiter wird jetzt Fachkraft für Arbeitssicherheit), so kann das zu Konflikten führen. Wer einmal Führungsverantwortung innehatte, gewöhnt sich oft schlecht an die Expertenposition.

Interessenvertretung. – Betriebs- und Personalräte haben qua Gesetz die Aufgabe, die Interessen der abhängig Beschäftigten in einem Unternehmen zu vertreten. Sie sollen damit für den Betriebsfrieden sorgen. Interessenvertreter müssen daher nach zwei Seiten ihre Beziehungen ausbalancieren: Der Betriebs- oder Personalrat darf sich nicht als heimlicher Herrscher im Betrieb fühlen, er darf auch die Mitarbeiter nicht entmündigen.

2.7.4 Vergleich der Beziehungssystemebenen

Berufliches und Privates. – Ein arbeitender Mensch verbringt einen Großteil seines Alltagslebens in der Arbeit und steht in intensivem Kontakt mit seinen Arbeitskollegen. Arbeitsbeziehungen sind für manche wichtiger als partnerschaftliche Beziehungen. Daraus entstehen Spannungen in den privaten Beziehungen, die wiederum in die Arbeitsbeziehungen ausstrahlen können.

Führungskräfte und Mitarbeiter bleiben als Arbeitende Menschen. Die menschlichen Grundbedürfnisse nach Zuneigung, Liebe und Anerkennung können nicht auf Befehl abgelegt werden, wenn wir uns „an die Arbeit machen". Der Versuch, in Arbeitsbeziehungen die im Privatleben nicht erfüllten persönlichen Bedürfnisse zu befriedigen, ist daher verständlich. In der Vermischung von Arbeit und Freizeit, Beruflichem und Privatem, Vorgesetztem und Freund, Geschäftspartner und Liebespartner stecken jedoch zahlreiche Probleme, die Arbeitsbeziehungen konfliktreich werden lassen.

Vergleich der Ebenen. – In Tabelle 2.1 (siehe S. 71) habe ich die vier Ebenen von Beziehungssystemen (Familie, Paar, Freundschaft, Arbeit) anhand der Kriterien Bindung, Austausch und Ordnung gegenübergestellt. Während Familiensysteme durch das Faktum der Abstammung/Elternschaft ihren inneren Zusammenhalt bekommen, entsteht in Partnerschaftsbeziehungssystemen die *Bindung* durch die gemeinsam gelebte Sexualität und die Selbstverpflichtung zur gegenseitigen Treue. In Freundschaftsbeziehungssystemen ist hingegen Sexualität nicht vorgesehen. Den Erhalt einer Freundschaft ermöglicht die gegenseitige Sympathie und Anteilnahme am Leben des anderen. In Arbeitsbeziehungssystemen ist der Arbeitsvertrag der Kern des Zusammensein und Zusammenhalts.

Der *Austausch* von Geben und Nehmen wird in Familien über das Gewissen gesteuert, das angesichts der Abstammungsbindung stets aktiv und wach ist. Was Eltern und Kinder austauschen, ist quantitativ nicht festgelegt. Es kann sich nur auf das Überlebensnotwendige beziehen, es kann auch viel mehr sein. Idealisierend möchten Eltern ihren Kindern „alles" geben und gehorsame Kinder ihren Eltern „unendlich" dankbar sein. In der Wirklichkeit aber ist alles begrenzt. Auch Paare haben in der Phase ihrer Verliebtheit die Vorstellung unbegrenzter Liebe und meinen, sie könnten sich gegenseitig alles geben. Der Austausch funktioniert dann am besten, wenn sich beide ihre Unterschiedlichkeit als Mann und Frau zugestehen und jeder das beiträgt, was er am besten kann. In Freundschaften basiert der Austausch auf dem Prinzip gegenseitiger Hilfestellung und gegenseitigen Gefälligkeiten. Niemand kann von einem Freund etwas einfordern, was dieser nicht freiwillig geben will. In der Zusammenarbeit mit Vorgesetzten und Kollegen sind Leistung und Gegenleistung Verhandlungssache. Das heißt, durch den Arbeitsvertrag wird in Grundzügen festgelegt, was, wie viel und wie lange jemand arbeitet und was er an Gegenleistung – als Lohn – dafür erhält. Verhandlungen von Tarifparteien gehen dem Ganzen voraus und bilden den historischen Boden für die aktuellen Verhältnisse von Leistung und Lohn.

Die *Ordnung* in Familien funktioniert nach dem Prinzip des Vorrangs der Eltern und der älteren Geschwister. In Paarsystemen gilt hingegen die Gleichrangigkeit der Partner auf der Basis ihrer Unterschiedlichkeit. Auch Freunde betrachten sich als gleichrangig. Im Arbeitsbeziehungssystem hingegen gibt es wie in Familien das Vorrangprinzip: Die höhere Position hat Vorrang vor der niedrigeren. Die Untergebenen müssen den Weisungen ihrer Vorgesetzten Folge leisten. Sie tun dies allerdings als Erwachsene. Ebenso wirkt in Arbeitsbeziehungssystemen das zeitliche Vorrangprinzip: Wer schon länger mitarbeitet, hat informell ein größeres Gewicht. Im Unterschied zur Familie ist der Vorrang nicht an das Lebensalter gebunden. Jüngere können Vorrang vor Älteren haben. In Familien kann man seine Position durch Leistung nicht verbessern – das jüngste Geschwister bleibt z. B. immer an seinem Platz in der Geschwisterreihe. Hingegen kann in Arbeitsbeziehungssystemen mehr Leistung auch zu einer Verbesserung im sozialen Rang führen.

Meines Erachtens entstehen in Beziehungen viele Probleme und Konflikte, weil die Regeln des einen Beziehungssystems auf ein anderes übertragen werden und die Systemebenen vermischt werden. Man kann z. B. beobachten, dass Studenten beim Berufseinstieg sich an freundschaftlichen Beziehungssystemen orientieren und deren Regeln am liebsten in ihr Arbeitsleben mitnehmen möchten.

Wenn man die großen Wirkfaktoren in Arbeitsbeziehungen betrachtet, ergeben sich einige bemerkenswerte Unterschiede, die im Folgenden angedeutet werden.

	Bindung	Austausch	Ordnung
Familienbeziehungssysteme	Abstammung, Bindungsgewissen	Fürsorge der Eltern, Liebe und Dankbarkeit der Kinder	Vorrang der Eltern, Vorrang der früher geborenen Geschwister
Partnerschaftsbeziehungssysteme	Sexualität, Selbstverpflichtung zur Treue	Liebe, Respekt vor der Unterschiedlichkeit des Partners	Gleichrang der Partner
Freundschaftsbeziehungssysteme	Sympathie	freiwillige Hilfe und Gefälligkeit	Gleichrang der Freunde
Arbeitsbeziehungssysteme	Arbeitsvertrag, Loyalität	Lohn und Leistung	Vorrang der höheren Hierarchieposition, Vorrang der zeitlichen Zugehörigkeit, Vorrang der Leistung

Tab. 2.1: Grundlagen von Bindung, Austausch und Ordnung in zwischenmenschlichen Beziehungssystemen

Unterschiede beim Faktor Zugehörigkeit. – Das Thema „Zugehörigkeit" markiert den größten Unterschied zwischen Familien- und Arbeitsbeziehungssystemen. Das Recht auf Zugehörigkeit zur Familie ergibt sich natürlich. Niemand kann dem Kind dieses Recht wegnehmen, auch wenn es in der Realität immer wieder versucht wird (z. B. möchte eine Frau in einer zweiten Ehe am liebsten, dass ihr Mann die Kinder aus seiner ersten Ehe/Beziehung nicht mehr als seine Kinder empfindet und ihnen z. B. kein Erbe zukommen lässt). Adoptionen erzeugen oft äußerst problematische Situationen. Umgekehrt können Kinder ihren Eltern nicht „kündigen", auch wenn viele Kinder meinen, dies sei möglich. Der Preis für Versuche, diese naturgegebene Ordnung nicht anzuerkennen und das eigene Lebensschicksal anzunehmen, ist hoch. Dies zeigen Familienaufstellungen immer wieder. Zwischen Eltern und Kindern gibt es eine unauflösbare Schicksalsbindung. Kindern dürfen und müssen aber auf Distanz zu ihren Eltern gehen, wenn diese sich nicht wie Eltern verhalten und sie mit ihren Problemen zu sehr belasten.

Im Unterschied zum Eltern-Kind-Verhältnis sind partnerschaftliche Verhältnisse, z. B. zwischen Mann und Frau, grundsätzlich auf Zeit angelegt. Sie sind Absprache- und Vertragsverhältnisse, auch wenn eine rechtliche Regelung den Gefühlen der Partner oft widerstrebt und eine Gleichberechtigung zwischen Mann und Frau in vielen Gesellschaften eher die Ausnahme als die Regel ist. Selbst nach dem Tod eines geliebten Partners verstößt es nicht gegen partnerschaftliche Ordnungen, sich wieder einen neuen Partner zu suchen. Die Übertragung der Unauflöslichkeit des Eltern-Kind-Verhältnisses auf Mann-Frau-Beziehungen ist eine Quelle großer Konflikte in partnerschaftlichen Beziehungen. Die Partner fühlen sich oft wie Gefangene in der Beziehung und wälzen die Verantwortung für ihre eigenen Gefühle (z. B. die Angst vor der Trennung und ihren weitreichenden Konsequenzen) auf andere ab, auf den Partner und auf die Kinder.

Freundschaften werden, wie gesagt, aufgrund gegenseitiger Sympathie und gemeinsamer Erfahrung geschlossen. Freunde haben ein besonderes Verständnis füreinander. Freundschaften lassen sich nicht erzwingen. Sie sind eher wie ein Geschenk. Der Bruch von Freundschaften kann auch erhebliches Leid mit sich bringen.

Unterschiede beim Faktor Leistung und Lohn. – Im Verhältnis zwischen Eltern und Kindern gibt es keine festen Regeln für das, was

Kinder von ihren Eltern erwarten und bekommen können – auch nicht für das, was Kinder ihren Eltern zurückgeben müssen. Fürsorge aus Liebe und selbstloser Dienst stehen als Idealvorstellungen aufseiten der Eltern und Liebe und Dankbarkeit aufseiten der Kinder. Da Ideal und Wirklichkeit in jeder Eltern-Kind-Beziehung mehr oder weniger weit auseinander klaffen, sind Familien selten ein Ort von Beziehungsharmonie. Hellinger meint sogar, dass Kinder danach streben, sich von ihren Eltern zu lösen, weil es für sie keinen angemessenen Ausgleich von Geben und Nehmen in diesem Verhältnis geben kann und für Kinder immer ein Schuldgefühl ihren Eltern gegenüber bleibt.

Auch in partnerschaftlichen Verhältnissen sind Leistung und Gegenleistung nur in Ausnahmefällen verbindlich festgelegt. Eheverträge regeln meist die Besitzverhältnisse, nicht jedoch, wer abspült oder wer die Wäsche bügelt. Viele Frauen klagen darüber, von ihren Männern bei der Hausarbeit und Kindererziehung im Stich gelassen zu werden. Für manche Frauen ist es ein Schritt in ihrer Emanzipation, wenn sie in einem Arbeitsverhältnis feststellen, dass sie für ihre Leistungen zum Ausgleich etwas Definiertes zurückbekommen.

Die Befangenheit eines Menschen, bei Leistung und Lohn mehr in den Kategorien von Eltern-Kind- oder Partnerschaftsverhältnissen zu denken und zu empfinden, ist von Arbeitgebern ausbeutbar. Manche Vorgesetzten verstehen es gut, die latenten Schuldgefühle ihrer Mitarbeiter zu aktivieren, um sie zu Extradiensten ohne Bezahlung zu überreden.

Unterschiede beim Faktor Über- und Unterordnung. – Im Familiensystem sind Eltern ihren Kindern naturgegeben vorgeordnet. Ansonsten gibt die zeitliche Reihenfolge des Erscheinens der Kinder in diesem System deren Rang vor. Eltern sind ihren Kindern über lange Zeit überlegen und sagen ihnen, was sie tun müssen. Sie tragen die höchste Verantwortung für das Leben ihrer Kinder. Ältere Geschwister bekommen Helferfunktionen und lassen sich von jüngeren Geschwistern daher nichts befehlen.

In partnerschaftlichen Verhältnissen gehen wir von einer Ranggleichheit aus, auch wenn manche partnerschaftlichen Verhältnisse zwischen Männer und Frauen noch eher an Leibeigentum erinnern. Die Emanzipation der Frau ist noch in allen Gesellschaften eine notwendige soziale Auseinandersetzung um die Anerkennung von

Frauen als gleichwertige und gleichberechtigte Partnerinnen. Die unterschiedlichen naturgegebenen Voraussetzungen, erworbenen Fähigkeiten und Kompetenzen von Männern und Frauen rechtfertigen meines Erachtens keine Über- und Unterordnungsverhältnisse zwischen den Geschlechtern in ihren privaten Beziehungen. Wenn der eine vom anderen etwas fordert und der andere gewährt ihm das, so funktioniert dies nur, wenn es aus gegenseitiger Liebe und Achtung geschieht.

Im Unterschied zu Familien- und Partnerschaftssystemen kann in Arbeitssystemen der Ältere dem Jüngeren weisungsgebunden sein und zwischen Vorgesetzten und Mitarbeitern kann es per definitionem keine partnerschaftliche Gleichheit geben.

In kleineren Orten kann es vorkommen, dass sich Arbeitskollegen schon seit ihrer Schulzeit kennen und ihre Freizeit miteinander verbringen. Es ist dann nicht einfach, die Regeln,. die eine freundschaftliche Beziehung von einer Arbeitsbeziehung unterscheiden, anzuerkennen und einzuhalten. Schon die Anrede – „Sie" oder „Du" – kann zum Problem werden, wenn Fremde, z. B. Arbeitskollegen dabei sind. Lehrerkinder erinnern sich vielleicht an das Unbehagen, den eigenen Vater oder die eigene Mutter als Lehrer zu haben. Die Arbeitsbeziehung verlangt ein Mehr an Gerechtigkeit. Deshalb kann der Vorgesetzte einen Freund in Fragen der Arbeit nicht bevorzugen (ihm z. B. Sonderurlaub gewähren). Liebe zwischen Vorgesetztem und Mitarbeiter sprengt ohnehin den Rahmen einer Arbeitsbeziehung und zieht massive Verstrickungen nach sich. Dennoch darf Sympathie auch in Arbeitsbeziehungen eine Rolle spielen, und niemand sollte sich ohne Not Mitarbeiter einstellen oder z. B. als Freiberufler mit Kunden zusammenarbeiten, die ihm völlig unsympathisch sind. Sympathie ist allerdings ein nachrangiges Entscheidungskriterium in Arbeitsbeziehungen. Manchmal stellt sich die Sympathie erst ein, wenn wir mit einem Arbeitskollegen die Erfahrung machen, dass er zuverlässig und loyal ist. Freundschaftliche Umgangsformen in Arbeitsbeziehungssystemen wirken sich nicht störend aus, wenn die Ordnungsstrukturen des Beziehungssystems klar bleiben.

Teamarbeitskonzepte, welche die Verantwortung für die Arbeitsaufgaben an alle gleichermaßen delegieren, scheitern oft an den unterschiedlichen Fähigkeiten, Motiven und Interessenlagen der Beteiligten. Statt formeller bilden sich umso schneller informelle Rangstrukturen heraus, um die vorhandenen Interessen- und Fähigkeitsunterschiede zu kanalisieren. Das Ausmaß von Konflikten in einem Arbeitsbeziehungssystem nimmt durch Teamarbeit meines Erachtens nicht ab.

2.8 Gute „Lösungen"

Problemlösungen. – Der Begriff der „Lösung" ist mehrdeutig. Ich verwende ihn im Sinne von *Lösungen finden für Probleme*. Dahinter steht die Vorstellung, ein Problem löst sich auf, so wie ein passendes Wort z. B. ein Kreuzworträtsel auflöst, eine richtige Antwort die Spannung löst, die mit einer schwierigen Frage verbunden ist oder das erste Gehalt die Frage löst, womit die Mietkaution bezahlt werden kann.

Lösungen aus Verstrickungen. – Wenn zwischenmenschliche Probleme zu lösen sind, so geht es meist um die *Auflösung von Verstrickungen*. Das heißt, zwei oder mehr Menschen sind so stark wechselseitig voneinander abhängig, dass sie ihre Möglichkeiten zu eigenständigem Handeln verlieren. Das Bild der Verstrickung stammt aus der Familientherapie und kann durch folgendes Spiel veranschaulicht werden. In einer Gruppen von Menschen bindet jeder das eine Ende einer Schnur um sein Handgelenk und das andere um das Handgelenk einer ihm nahe stehenden Person. Bald sieht man, dass mit der Zunahme der Verbindungen jeder Einzelne immer unbeweglicher wird. Er kann sich nur noch bewegen, wenn er andere mitzieht, oder er wird von anderen in deren Richtung gezogen.

Lösung bedeutet im psychologischen Sinne also das Gegenteil von Bindung. Alexander der Große soll den Gordischen Knoten gelöst haben, indem er ihn einfach mit dem Schwer durchtrennte. Solche Lösungen funktionieren natürlich nicht, wenn sich Menschen miteinander verstricken. Wenn sich Beziehungsverstrickungen auflösen sollen, so muss dies mit geeigneten psychologischen Methoden geschehen. Das Vorgehen richtet sich danach, um welche Form der Bindung es sich handelt:

– Loslösungen aus einer „Urliebe" des Kindes zu seinen Eltern kann es z. B. nicht geben. Hier besteht die Lösung darin, diese

Urliebe des Kindes zu achten und dem Kind bei einer schicksalhaften Verstrickung mit seinen Eltern oder früheren Verwandten deutlich zu machen, dass auch diese das Kind lieben und nicht möchten, dass es ihr schlimmes Schicksal durch sein eigenes Unglück wiederholt. Liebe wird hier mit Liebe erlöst. Bert Hellinger schreibt dazu: „Die gleiche Liebe, die das Problem bewirkt, führt auch zur Lösung." (Weber 1995, S. 191) Hellinger zeigt, dass selbst bei schweren Traumata nur die Achtung der Urliebe des Kindes zu seinen Eltern weiterhilft und Kraft für die Bewältigung eines schweren Schicksals gibt (Hellinger 2000). Für Außenstehende fällt es schwer, seine Botschaft zu glauben, dass in solchen Fällen Lösungen nur gelingen, wenn man nicht nur für die Opfer sondern auch für Vergewaltiger, Misshandler oder gar Mörder ein Herz und Mitgefühl hat. Für die Betroffenen scheint es jedoch eine gute Wirkung zu haben, wenn Lösungen jenseits der engen Grenzen des familiären Gewissens und jenseits von Gut und Böse gesucht werden, damit die Seele Frieden findet.

- Die Lösung von Kindern aus der Verstrickung in die Paarbeziehung der Eltern ist hingegen sehr wichtig. Das Kind darf sich aus Schuld- und Verantwortungsgefühlen lösen, weil es erkennt, dass es klein ist und die Eltern groß sind und die Eltern die volle Verantwortung für ihre Partnerschaft tragen. Kindliche Anmaßung wird hier durch Demut gelöst.
- Die Lösung eines Partners aus der Bindung an einen anderen ist nicht möglich, wenn beide ein gemeinsames Kind haben. Durch das Kind bleiben sie als Eltern immer verbunden. Hingegen können sie ihre Beziehung als Paar auflösen. Die beste Lösung besteht darin einzusehen, dass es für das Paar keine gemeinsame Zukunft gibt. Indem jeder seinen Teil der Schuld für das Scheitern der Paarbeziehung auf sich nimmt und dem anderen dessen Anteil belässt, gelingt die Lösung am leichtesten. Vorwürfe und Rachegelüste binden und machen unfrei. Lösungen gelingen am besten, wenn jeder einsieht, dass sich Glück nicht erpressen, erzwingen oder erkaufen lässt.
- Lösungen aus einer Arbeitsbeziehung haben wiederum eine eigene Qualität. Auch hier steht die Einsicht im Vordergrund, dass die Fortführung der Arbeitsbeziehung keine Zukunft hat. Es würde nichts bringen weiterzumachen. Die Kosten wären zu

hoch, die Erträge zu niedrig, gleich ob es sich dabei um materielle oder ideelle Werte handelt. Zum Beispiel muss ein Arzt oder Therapeut die Arbeitsbeziehung mit seinem Patienten beenden, wenn er ihm nicht weiter auf seinem Weg der Gesundung helfen und unterstützend begleiten kann. Ein Sozialarbeiter muss die Arbeitsbeziehung zu seinem Klienten lösen, wenn er von diesem funktionalisiert wird (z. B. ein Drogenabhängiger benutzt den Sozialarbeiter dafür, vor Gericht straffrei auszugehen, ist aber nicht bereit, seine Drogenabhängigkeit zu beenden). Ein freier Mitarbeiter tut gut daran, sich von seinem Auftraggeber zu lösen, wenn dieser ihn ausbeutet. Auch für gekündigte Mitarbeiter ist es besser, die Beziehung zu ihrer Firma zu lösen. Für Arbeitsbeziehungen gilt also ebenso: Negative Gefühle wie Angst, Wut, Hass oder Rache binden weiter. Besser ist es, das zu achten, was man selbst an Gutem, an Vorteilen und Gewinn aus der Arbeitsbeziehung gezogen hat. Man achtet, was man von Vorgesetzten, Lehrern, Kollegen an Wissen, Informationen, Hilfestellungen, Lohn erhalten hat und lässt für Dinge, die ohne eigenes Zutun schief gelaufen sind, die Schuld und Verantwortung bei anderen. Für eigene Fehler übernimmt man hingegen die volle Verantwortung. Eine Lösung aus einer verstrickten Arbeitsbeziehung, bei der jemand sein „Gesicht" verliert, gelingt nicht. Wenn jeder so handelt, dass er seine Würde behält und die des anderen nicht verletzt, kommt es zu guten Lösungen.

– Die vollständige Lösung aus einer Beziehung ist nur der Extremfall einer Konfliktlösung. Meist genügt es, die bislang nicht angesprochenen und tabuisierten Konflikte ans Licht zu holen. Aufstellungen sind ein hervorragendes Mittel, verdeckte Konflikte sichtbar zu machen. Erst wenn ein Konflikt wahrgenommen wird, kann er bewusst bewältigt werden. Die Arbeit mit Aufstellungen gleicht oft einem Ringen um tragfähige Konfliktlösungsstrategien. Selbst in verfahrenen Situationen öffnet die Schau auf das ganze System den Blick für die mögliche Lösung. Nur der vom System unabhängige Außenstehende, also vor allem der Aufstellungsleiter, hat die nötige Distanz. Wer mit Beziehungssystemen arbeitet, um sie zu verändern, darf nicht Teil dieses Systems sein.

Der Lohn der Lösung aus Verstrickungen und tabuisierten Konflikten ist eine neue Freiheit und das Gefühl von Unschuld. Diese Freiheit kann genutzt werden, unbelastet von den Wunden der Vergangenheit neue Beziehungen einzugehen oder eine alte Beziehung auf neuer Basis zu beginnen. Die alte Beziehung wirkt dann wie ein Schatz wichtiger Erfahrungen in die neue hinein.

Einstellung auf die Lösung. – Aufstellungen sind ein lösungsorientiertes Vorgehen. „Wenn man problemorientiert arbeitet, fragt man: ‚Was fehlt dem?' Arbeitet man lösungsorientiert, fragt man: ‚Was hilft ihm?'." (Weber 1995, S. 191) Diagnose und Intervention sind bei Aufstellungen ein Prozess, der sich gegenseitig stützt. Problembeschreibungen, die eine Lösung verhindern und ein Verharren im Problem fördern, muss der Aufsteller möglichst bald unterbrechen. Er merkt es auch an der Reaktion einer Gruppe, wenn ein Patient oder Klient seine Situation so darstellt, dass er noch nicht offen für eine neue Lösung ist. Das Problem verschafft ihm noch immer zuviel „sekundären Krankheitsgewinn". Oder wie Hellinger es ausdrückt: „… kann man feststellen, dass Klienten mit allen Kräften am Problem festhalten und die Lösung vermeiden … Die Lösung der Probleme wird von uns trotz gegenseitiger Beteuerung gefürchtet und gemieden, denn damit verbindet sich Furcht vor Verlust der Bindung und das Gefühl von Schuld und Verrat, Abfall und Treuebruch." (Weber 1995, S. 191) Daher auch Hellingers Aussage: „Leiden ist leichter als Lösen." (ebd.) Das Problem oder sogar eine Krankheit stellen das äußerlich sichtbare Symptom für den Versuch einer Konfliktlösung in einem Beziehungssystem dar, der auf andere Weise nicht gelingt. Wenn also in Arbeitsbeziehungen Verstrickungen aus dem Herkunftssystem eines Klienten hineinwirken, kann dieses Am-Symptom-Festhalten für ihn ein großes Hindernis für das Annehmen von Lösungen darstellen. Die grundlegenden Konflikte müssen daher zuerst gelöst werden.

Den Blick weiten. – Konflikte machen eng. Je länger sie da sind, desto mehr verengt sich das Bewusstsein. Bei schwer lösbaren Beziehungskonflikten besteht die Tendenz, sie auf scheinbar besser lösbare Ebenen zu bringen. Statt ein komplexes Beziehungsgefüge zu verändern, meint man, wenn nur der oder die sich ändern würde, wäre der Konflikt vorbei. Beziehungskonflikte werden auch oft auf die körperliche Ebene verschoben. Statt des unlösbaren Beziehungskonflikts scheint das eigentliche Problem dann eine körperliche oder seelische Erkrankung zu sein. Solche Erkrankungen erweisen sich dann folgerichtig als unheilbar, so sehr Ärzte und Therapeuten sich auch bemühen.

Wie die Fallbeispiele zeigen werden, liegt der wichtigste Übergang vom Problem zur Lösung darin, das betrachtete System zu erweitern. Das Problem entsteht, weil der Klient seinen Blick sehr verengt hat, eine andere Person nicht in all ihren Facetten sieht oder wichtige Personen, die etwas Wesentliches zur Problemlösung beitragen können, ausklammert.

Bei Arbeitsbeziehungsproblemen muss man zunächst über die Interaktion hinausschauen, auf die sich ein Problem reduziert hat (z. B. Vorgesetzter – Mitarbeiter), weitere Beteiligte einbeziehen und, falls nötig, auch den Blick auf das persönliche Gegenwartssystem oder Herkunftssystem lenken. Gute Lösungen gelingen in der Regel nur, wenn die Verengung auf das vorgebrachte Problem gestoppt wird und alle relevanten Beziehungen gesehen werden, die am Konflikt beteiligt sind. Es ist eine der wichtigsten Aufgaben eines Aufstellungsleiters, den Blick auf all das zu weiten, was in die Lösung einbezogen werden muss. Der Aufstellungsleiter braucht ein Herz gerade auch für die, die auf den ersten Blick als die Schuldigen und Bösen am Konflikt angesehen werden. Da er sich damit nicht selten jenseits der gewohnten Moralvorstellungen bewegt, ist dies eine der schwersten Herausforderungen für den Aufstellungsleiter.

Mit den Größeren und Stärkeren arbeiten. – In Arbeitssystemen muss berücksichtigt werden, dass jemand in einer unteren Hierarchieebene nicht die Probleme lösen kann, die von oben nach unten weitergegeben werden. Mit den Größeren und Stärkeren zu arbeiten ist daher wie bei der Arbeit mit Familiensystemen die bessere Variante, um grundlegende Konflikte zu lösen.

Wenn „schwächere" Systemmitglieder das Problem richtig erkannt haben und merken, dass sie auf seine Lösung keinen Einfluss nehmen können, weil eine höhere Ebene sich dagegen sperrt, bleibt für sie oft nur die Möglichkeit, das „Problemsystem" zu verlassen.

Bildhafte Impulse. – Der Bindungssinn lebt in der Anschauung. Er fühlt in seiner ihm eigenen Logik. Abstraktes Denken ist ihm fremd und man muss ihn vorsichtig zu „bewussterem Sein" führen. Der Bindungssinn ist nicht an Objektivität ausgerichtet, er will Interessen wahren. Seine Wahrheit ist die Wahrheit seines Systems, dem er dient. Daher wirken Bilder, Geschichten, eingängige Sätze weitaus stärker auf den Bindungssinn als abstrakte Theorien. Die Mehrdeutigkeit der analogen Kommunikation, die mehr dem Arbeitsmodus der rechten Gehirnhälfte entspricht (Franke 1996, S. 39 ff.), scheint für seelische Transformationsprozesse effektiver als abstrakte logische Erörterungen. In einer Videoaufzeichnung eines Kurses mit Suchtkranken sagt Bert Hellinger: „Ich rede mit der Seele."

Wir können mit Aufstellungen nicht wirklich die Beziehungsverstrickungen und damit das vorgetragene Problem eines Klienten oder Patienten lösen. Was wir tun können, ist, einen wichtigen *Impuls* in die richtige Richtung zu geben. Die Aufstellung soll ein Anstoß sein für einen seelischen Prozess, der weiter wirkt – und manchmal vielleicht erst nach Jahren ans Ziel kommt. Die Vorstellung ist, dass sich das Seelenleben selbst (Systemtheoretiker würden sagen „autopoetisch") anders organisiert, wenn es die Gelegenheit bekommt, ein neues „Bild" für seine zukünftige Ausrichtung zu erhalten. Es kann sich auf eine Lösung hin entwickeln.

Der Aufstellungsleiter sollte sich zurückhalten, unmittelbar nach der Aufstellung konkrete Hinweise zu geben, was der Aufstellende nun machen soll. Er würde die „Suchbewegung der Seele" – diesen Begriff übernehme ich aus Gesprächen mit Robert Langlotz – stören, das neue Bild in seinen Möglichkeiten auszuloten. Hat die Aufstellung das Problem getroffen und den richtigen Lösungsimpuls gesetzt, hat der Aufstellungsleiter seine Arbeit getan. Er kann seine intensive Arbeitsbeziehung zum Aufstellenden damit lösen. Engagiert er sich weiter, nimmt er der Seele des Aufstellenden die Möglichkeit, nach eigenen weiteren und konkreten Schritten zu suchen. Aufstellungen sind keine Verhaltenstherapie.

In Seminaren mit Arbeitssicherheitsexperten habe ich die Erfahrung gemacht, dass die anderen Teilnehmer denjenigen, der sein Anliegen aufgestellt hat, im Anschluss daran oft belehren möchten. Warum er z. B. in der Vergangenheit dies oder jenes noch nicht gemacht habe, um sein Problem zu lösen. In solchen Situationen muss man als Leiter eingreifen und die Teilnehmer bitten, bei sich zu bleiben und nur von ihren eigenen Erfahrungen zu berichten, vor allem darüber, ob sie gut waren oder nicht. Ein gutes Beispiel hat stets seine Nachahmer.

2.9 Ungeklärte Rätsel der Aufstellungsarbeit

Die theoretischen Erörterungen in diesem Kapitel schließe ich nun mit einigen Überlegungen zu den nach wie vor ungelösten Rätseln der Aufstellungsmethode ab.

Unerklärliche Selbsterfahrungen. – Als ich 1993 erstmalig selbst mit der Aufstellungsarbeit in Kontakt kam, war ich voller Zweifel und Skepsis. Ein Freund hatte mir das Buch *Ordnungen der Liebe* (Hellinger 1994) empfohlen, das mich faszinierte und zugleich verblüffte. Viele meiner gelernten psychologischen Beurteilungsmuster wurden durch die Lektüre dieses Buches in ihren Grundfesten erschüttert.

Wie der „Zufall" es wollte, hatte ich kurz darauf Gelegenheit, in der Münchener Universität an einem Kurs von Bert Hellinger teilzunehmen. Hier meldete ich mich zunächst mit vielen kritischen Beiträgen zu Wort und zweifelte immer wieder an, was sich an Inszenierungen vor meinen Augen abspielte. Erst als ich es in diesem Auditorium von über 300 Personen, weit hinten sitzend, dennoch erreichte, selbst als Stellvertreter auf der Bühne zu stehen, vollzog sich bei mir ein Wandlungsprozess, der bis heute anhält.

Ich wurde als Stellvertreter für einen Mann gewählt, der vom Vater des Aufstellenden erschossen worden war. Ich verstand zwar kaum, was im System des Patienten vor sich ging, hatte jedoch deutlich das Gefühl, in einer Schusslinie zu stehen und fühlte ganz deutlich ein großes Loch in meinem Bauch. Es ging mir dabei sehr schlecht. Ich konnte mir meine plötzliche Veränderung damals nicht erklären und kann es heute noch nicht. Ich habe es inzwischen immer wieder erlebt, dass ich als Stellvertreter in einer Aufstellung in etwas hineingezogen werde und mein Körpergefühl sich völlig verändert, was mit Sicherheit durch meine Position in diesem Beziehungssystem hervorgerufen wird. Dieses Erleben korrespondiert nicht mit meinem Befinden zuvor und danach. Und ich habe diesen Verwandlungsprozess inzwischen bei Hunderten anderer Menschen gesehen, wenn ich Aufstellungen leite oder mitverfolge.

Raumbilder einer verborgenen Welt. – Gunthard Weber und Brigitte Gross sprechen von zwei Geheimnissen, die mit der Aufstellungsarbeit verbunden sind: Das erste betrifft die Fähigkeit eines Aufstellenden, auf eine mehr oder weniger dem Bewusstsein entzogene Art und Weise ein „Raumbild" zu erzeugen: „Es scheint – denn wie sollten wir uns sonst solche Phänomene erklären –, dass Menschen nicht nur einzelne Elemente, Fakten und Zustände wahrnehmen können, sondern auch Beziehungsmuster und Systemkonstellationen. Diese komplexen Informationen müssen ‚gespeichert' werden können und dienen als handlungsleitende affektiv-kognitive Schemata ... Die unbewussten Abbildungen lassen sich beim Aufstellen offensichtlich in Raumbilder zurücktransponieren, also wieder externalisieren, und bestimmte systemische Zusammenhänge können so reinszeniert werden."

Das zweite Geheimnis besteht nach Weber und Gross darin, dass die aufgestellten Personen „die wieder externalisierte Systemkonstellation dann ebenfalls wieder repräsentativ erfassen und die Befindlichkeit dessen, den sie vertreten, sowie die Gesamtsituation hautnah wahrnehmen und nachempfinden können" (Weber u. Gross 1998, S. 405 f.).

Wer die Aufstellungsarbeit kennt, weiß, dass diese „Raumbilder" mehr Informationen enthalten als der Aufstellende bewusst in sie hineingegeben hat und dass die aufgestellten Stellvertreter einen Mehrwert an beziehungsrelevanten Informationen wiedergeben. Wie und warum das geschieht, dafür gibt es bislang keine schlüssige Erklärung, und es bleibt daher die Entscheidung jedes Einzelnen, sich dennoch auf die Aufstellungsarbeit einzulassen.

Der Bindungssinn in Raum und Zeit. – Wenn ich den von mir hypothetisch angenommenen Bindungssinn voraussetze, so ist das eigentliche und bisher noch nicht gelöste Rätsel von Aufstellungen das Wirken des Bindungssinnes in Raum und Zeit:

– Wie werden die relevanten Beziehungsinformationen in einem Beziehungssystem plötzlich auf Menschen außerhalb dieses Systems übertragen, die noch nie in Kontakt mit den realen Personen in diesem System waren?
– Wie können längst vergangene Erlebnisse über Jahrzehnte hinweg Fernwirkungen ausüben?

Alles, was wir im Moment angesichts solcher Fragen machen können, ist, das zu sammeln, was die Naturwissenschaften an Phänomenen zu Tage fördern, die auch sie mit ihren vorhandenen Theorien nicht mehr erklären können, z. B. die gegenseitige Beeinflussung von „verschränkten" Elementarteilchen (Kasten 4).

Die Naturwissenschaften haben ebenfalls ihre Rätsel, an denen ihre Vertreter herumknobeln: Was sind die „Bausteine" der Materie? Wie steht es um das Verhältnis von Festkörpern und Energien? Was ist Raum, und was ist Zeit wirklich? Was ist messbar und was nicht? Was unterscheidet lebendige Materie von toter? Wie entsteht aus einer Erbinformation ein Lebewesen mit einer bestimmten Form?

Wer bei der Physik, der Chemie, der Biologie näher nachfragt, stößt auf viele ungeklärte Fragen. Rupert Sheldrakes Buch über „Das schöpferische Universum" (1998) hat mir die Augen geöffnet, dass nicht nur wir Sozialwissenschaftler und Psychologen uns mit Schulenbildungen und Schulmeinungen herumschlagen, sondern auch die Biologie eine Wissenschaft voller Vorannahmen und Vorurteile ist.

„Teleportation" und „verschränkte Zustände", Strahlung und Resonanz

„Eines der entscheidenden Experimente ist nun einer Arbeitsgruppe um Dik Bouwmeester in den Innsbrucker Physiklabors von Anton Zeilinger gelungen. Er sorgte bereits im letzten Jahr mit der ersten Teleportation – dem ‚Beamen' – eines Quantenzustands für großes Aufsehen. Bouwmeester und seine Mitarbeiter realisierten jetzt einen Versuch, der zehn Jahre zuvor von Daniel Greenberger, Michael Horne und Anton Zeilinger vorgeschlagen worden war: Sie koppelten drei Photonen zum sogenannten GHZ-Zustand (nach den Initialen der drei Physiker). ‚Eine solche Situation führt zum eklatantesten Widerspruch zwischen der Quantenphysik und einem realistischen Weltbild, der uns bekannt ist', sagt Zeilinger. In einem GHZ-Zustand sind drei Quantenteilchen so eng miteinander verbunden – die Physiker sagen ‚verschränkt' –, dass sie zwar eine feste Beziehung untereinander, aber für sich selbst keine definierten Eigenschaften mehr besitzen. Vor dem nun geglückten Versuch war eine solche Verschränkung experimentell nur mit zwei Teilchen gelungen, beispielsweise mit Paaren polarisierter Photonen. Misst dann ein Forscher an einem der Lichtteilchen eine senkrechte Polarisation, so weiß er, dass das andere Teilchen waagrecht polarisiert sein muss und umgekehrt ... Das besondere daran: Dies geschieht auch dann, wenn die beiden an verschiedenen Enden des Universums sind, so dass der eine unmöglich erfahren kann, was der andere gerade antwortet ... Doch ein GHZ-Zustand zeigt laut Zeilinger noch einen Effekt: ‚Wenn wir uns alle möglichen Messzustände ansehen, stellen wir fest: Die Quantentheorie sagt voraus, dass die Eigenschaften des Dritten davon abhängen, welche Messungen wir an den anderen beiden vornehmen ... Die Tatsache, dass eine bestimmte Eigenschaft eines Quantenobjekts davon abhängt, welche Experimente ich mit anderen Objekten mache, widerspricht unserem Realitätsbegriff.'' (Süddeutsche Zeitung 1999)

Ein anderes Beispiel ist die Kommunikation von Zellen untereinander auf der Basis von bisher noch nicht erklärbaren Formen der Resonanz. Anerkannte Physiker wie Hans-Peter Dürr sehen Verbindungen zwischen Physik und Psyche, wenn man Molekularbiologie und Quantenphysik miteinander verbindet: „Dürr sieht die Quantenphysik nicht als Gegensatz zur Molekularbiologie, sondern als Ergänzung. So ließen sich Kettenmoleküle aus vielen Atomen wie die DNS und Proteine mit ihren Hunderttausenden von Elektronen als ‚Gesamtelektronenwolken' auffassen. Nach Berechnungen könnten solche Moleküle schwingen und einem Laser ähnlich Strahlung abgeben. Auch wenn eine solche Energie mit heutigen Methoden kaum nachweisbar ist, könnten Organismen empfindlich genug sein, um derartige Signale wahrzunehmen." (Süddeutsche Zeitung, 6. 6. 2000)

Rupert Sheldrakes Theorien von morphogenetischen Feldern, die formgebend auf Materie wirken, haben derzeit Konjunktur unter Aufstellern. Es wirkt befreiend, wenn wir uns nicht mehr nur an klassischen Weltbildern einer mechanistisch gedachten Natur orientieren müssen. Und sogar Bert Hellinger hat sich auf die Rede von einem „wissenden Feld", das Albrecht Mahr (1998) ins Gespräch gebracht hat, ein wenig eingelassen, obwohl er sich gleichzeitig immer wieder dagegen verwahrt, Spekulationen über Ursachen und Wirkungen von Aufstellungen Raum zu geben, anstatt bei dieser Arbeit bei der eigenen Wahrnehmung zu bleiben und dem, was sich unmittelbar in einer Aufstellung zeigt.

Es lässt sich für die Zukunft vielleicht hoffen, dass Physik und Biologie neue Erklärungsmodelle für die Art der Informationsübertragung, der „Fernwirkungen" und der „Eigenschaftsverschränkung" bereitstellen, die wir als Phänomene in Aufstellungen jederzeit erleben und erzeugen können. Bücher wie die von Ervin Laszlo (1997) oder Rupert Sheldrake (1999) werde ich zwar nie vollständig verstehen, doch zeigen sie mir, dass auch die Naturwissenschaft in Grenzbereiche vorstößt, in denen unser vertrautes Weltbild ins Wanken gerät und wir offener werden für „mehr Dinge zwischen Himmel und Erde als uns die Schulweisheit glauben machen will." Auch die Psychologie steht meines Erachtens noch vor ihrer „kopernikanischen Wende". Die meisten ihrer Vorstellungen über Geist und Seele sind zu einfach und basieren auf mechanischen Modellen. Ihre Theorien haben die Phänomene des Telekommunikationszeitalters noch nicht integriert. Ergebnisse aus der Traumaforschung (Fischer u. Riedesser 1999) und Erkenntnisse über die Existenz multipler Persönlichkeiten (Huber 1998) verweisen auf bislang unerklärte Formen der Entstehung psychischer Zustände, die unser Weltbild von der Identität und der Selbstbestimmtheit eines Menschen grundlegend erschüttern können.

Pragmatische Erwägung. – Zum Abschluss dieser Erörterungen möchte ich einen pragmatischen Gesichtspunkt zu bedenken geben. Wie vieler Dinge in unserem Alltag bedienen wir uns, ohne wirklich zu wissen, wie sie funktionieren? Weil ich kein Naturwissenschaftler bin, fällt die Liste solcher Gegenstände lang aus. Ich weiß nicht wirklich, was meinen Computer dazu bringt, all die wunderbaren Dienste zu leisten, die ich für die Erstellung dieses Buches brauche. Ich weiß nicht wirklich, wie mein Telefon mich in dieser ungeheuren Geschwindigkeit mit allen möglichen Menschen auf der Welt verbindet, wenn ich eine bestimmte Zahlenkombination auf der Tastatur eintippe. Ich weiß nicht wirklich, warum mein Auto mit dieser wunderbaren Gleichmäßigkeit auf meine Fuß- und Handbewegungen reagiert. Ein Ingenieur oder Techniker kann das alles erklären; schließlich werden Computer, Telefone und Autos auch von Technikern konstruiert. Vielleicht würde ich es verstehen, wenn ich mich in naturwissenschaftliche Formeln und technische Gleichungen hineindenke. Aber im Grunde benutze ich wie die meisten Menschen die Technik, ohne die wirklichen Ursachen zu verstehen. Wahrscheinlich müssen wir noch eine Weile damit leben, in den Aufstellungen eine Technik zur Verfügung zu haben, die wir ähnlich wie Licht zwar benutzen können, indem wir den Lichtschalter umlegen. Nur wissen wir nicht, warum es hell wird.

3 Technik und Kunst der Arbeitsbeziehungsaufstellung

3.1 ARBEIT IN GRUPPEN

Die Kraft der Intuition. – Ich habe das Aufstellen intuitiv gelernt und ich entwickle es intuitiv weiter durch den Besuch bei Hellingers Veranstaltungen, durch meine praktische Arbeit und durch die Probleme, die meine Patienten, Kunden oder die Studenten an mich herantragen. Jede Aufstellung ist ein neues Erlebnis, jede Aufstellung fügt einem intuitiven Erfahrungswissen Neues hinzu. Aus diesem Erfahrungsschatz bilden sich dann Hypothesen, mit denen neue Fälle angeschaut werden können. Es fällt leichter, die Beziehungsdynamik in einem System zu verstehen, wenn man einen ähnlich gelagerten Fall bereits erlebt hat. Jedoch muss man sich jedem Fall wieder neu widmen und sich vor übereilten Generalisierungen hüten. Manchmal glaubt man viel zu schnell, den Beziehungskonflikt zu erkennen, hat ihn aber nicht annähernd verstanden.

Laura Day bezeichnet die Intuition als sechsten Sinn. Sie definiert Intuition als einen „Prozess, bei dem Informationen gesammelt und interpretiert werden, um Fragen zu beantworten" (Day 2000, S. 132). Vieles, was sie über Intuition schreibt, korrespondiert mit dem, was Hellinger die phänomenologische Haltung nennt.

Intuition scheint mit der lösungsorientierten Grundhaltung eines Aufstellers eng verbunden zu sein. Hellinger meint dazu: „Die Wahrnehmung versagt, wenn ich das Problem als Problem anschaue. Intuition wird erst aktiviert, wenn ich mich auf Lösung einstelle ... Das Kreative wirkt nicht in bezug auf das Problem, sondern immer nur in bezug auf die Lösung." (Weber 1995, S. 193)

Verzicht auf theoretische Festlegungen. – Wie die Erörterungen in Kapitel 2 darlegen sollen, heißt Aufstellungen zu leiten nicht, völlig ohne theoretisches Rüstzeug zu arbeiten. In praktisches Handeln fließt stets all das mit ein, was wir schon gelernt haben und wissen. Viele Vorannahmen über Arbeitsbeziehungen aber musste ich schon verwerfen, weil sie sich in einer Aufstellungsarbeit ganz anders darstellten als ursprünglich vermutet. Erst durch die Erfahrung mit vielen Arbeitsbeziehungssaufstellungen wurde mir z. B. klarer, was Mitarbeiterführung eigentlich alles bedeutet.

Hellinger fasst seine Erfahrungen mit Aufstellungen so zusammen: „Schwierig wird es, wenn man nach der Lösung auch noch eine Theorie zur Lösung haben will. Dann verliert man die Lösung. Eine Theorie kann niemals die Fülle erfassen. Wenn ich für ein Geschehen die zusammenfassende Theorie suche, dann habe ich vom Ganzen nur noch den Zipfel. Deshalb bin ich langsam dazu übergegangen, auf Theoriebildung zu verzichten. Ich beschreibe verschiedene Situationen unterschiedlicher Art, und dann gibt es einen gewissen Erfahrungshintergrund, mit dem ich arbeite. Ich bleibe dann offen für Neues und brauche mich vor keiner Theorie zu rechtfertigen, ob ich es richtig oder falsch gemacht habe." (Weber 1995, S. 194)

Ich habe dieses Zitat ausführlich dargestellt, weil es zu den für einen Wissenschaftler am stärksten provozierenden Aussagen Hellingers gehört. Ausgerechnet der Verzicht auf Theorie soll weiterführen?! Als wissenschaftlich geschulter Aufsteller kann ich es jedoch ohne Abstriche bestätigen: Wenn ich z. B. gerade ein Buch über diese oder jene psychologische Theorie lese und unmittelbar versuche, diese Theorien auf die Aufstellungen zu übertragen, lenkt mich das bei der konkreten Aufstellungsarbeit ab. Die Versuchung, die Theorie in der Praxis wiederentdecken zu wollen, ist zu groß. Und Theorien erfassen in der Tat nur Ausschnitte und Facetten einer komplexen Wirklichkeit. Und es gibt keinen besseren Weg, als selbst durch die Aufstellungsarbeit zu lernen, wie zwischenmenschliche Konflikte entstehen und wie sie sich gegebenenfalls auflösen lassen. Der sparsame Umgang mit Theorie ist eine Erfahrung, die sich aus der Arbeit mit Aufstellungen ergibt. Wer gewohnt ist zu denken, die Theorie wäre der Gipfel der Weisheit, wird durch die praktische Aufstellungsarbeit schnell eines Besseren belehrt.

Bert Hellinger nennt diese wahrnehmungsorientierte, sich von Vorannahmen freimachende Vorgehensweise, wie schon erwähnt, „phänomenologisch". Er hat mehrfach beschrieben, was er darunter versteht (Hellinger 1999, S. 253 ff.): Es ist der bewusste Verzicht auf die Vorstellung von einer Lösung, bevor sie sich selbst in einer Aufstellung zeigt und wahrnehmbar wird. Gepaart mit dem Mut, das zu sehen und auszusprechen, wovor derjenige Angst hat, der um eine Aufstellung gebeten hat, und dann eine Lösung zu suchen, die die Wirklichkeit nimmt, wie sie ist, wird aus dieser Haltung eine kraftvolle Methode der Beratung und Therapie.

Orientierung am Anliegen. – Arbeitsbeziehungssaufstellungen haben eine technische Seite, die mit der bei Familienaufstellungen gut vergleichbar ist (vgl. Kapitel 2.1). Wer sich weiter informieren möchte, den verweise ich daher auf entsprechende Passagen bei Ursula Franke (1996, S. 27 ff.), Thomas Schäfer (1998, S. 26 ff.) und Berthold Ulsamer (1999, S. 13 ff.). Die Aufstellungstechnik eignet sich am besten für Gruppensituationen. Sie kann auch in Einzelsitzungen mit Kunden, Klienten oder Patienten zum Einsatz kommen (vgl. Kapitel 3.3).

In einer Gruppensituation meldet sich jeweils ein Teilnehmer mit seinem Anliegen zu Wort, und der Aufstellungsleiter entscheidet, ob er mit dem vorgebrachten Anliegen arbeiten kann. Bereits an dieser Stelle wird der technische Ablauf durch die Kunst des Aufstellungsleiters geprägt, den Seminarteilnehmer durch Nachfragen auf den Punkt seines Anliegens zu bringen und sein wahres Anliegen zu verstehen. Hier gilt die alte Supervisionsregel, nur mit dem Anliegen des Supervisanden zu arbeiten. Diffuse Anliegen führen nur zu diffusen Aufstellungen und unbefriedigenden Ergebnissen.

Das Gespräch mit dem Aufstellungsleiter ist für denjenigen, der ein Anliegen hat, bereits der erste Schritt zu Klärung. Manche Kursteilnehmer berichten, sie wären mit der Vorstellung von einer bestimmten eigenen Fragestellung in das Seminar gegangen und als sie dann an der Reihe waren, wurde ihnen plötzlich ihr wirkliches Anliegen klar. Der Aufstellungsleiter beweist seine Kompetenz, wenn er einem Kursteilnehmer hilft, sein „wirkliches" Anliegen zu finden. Er verliert seine Anerkennung in der Gruppe, wenn er sich verleiten lässt, mit vordergründigen Problemen zu arbeiten.

Orientierung an Fakten. – Bei Familienaufstellungen sind für Hellinger Fakten entscheidend: „... zum Beispiel war jemand von den Eltern vorher verheiratet, wie viele Geschwister hat er, ist eines seiner Geschwister gestorben ..." (Hellinger 1994, S. 516) Die Fakten, die wir für Organisationsaufstellungen oft brauchen, sind:

89

- Wem gehört das Unternehmen, der Betrieb, der Verein etc.?
- Wer ist Urheber oder Gründer?
- Wie sieht die Führungshierarchie aus?
- Wie sieht die Gliederung in Abteilungen und Bereiche eines Gesamtunternehmens aus?
- Wer gehört als Mitglied zum System?
- Wie lange ist jemand schon Mitglied dieses Arbeitssystems?
- Wer sind die Vorgänger und Nachfolger?
- Was ist die Arbeitsaufgabe dieses Systems?
- Wer sind die Kunden, Käufer, Patienten, Klienten, Mandanten etc.?
- Wer hat das System unter dramatischen Bedingungen verlassen?
- Gibt es traumatisierende Ereignisse (z. B. schwere Arbeitsunfälle, plötzlicher Tod von Firmeninhabern) oder Mythen und Geheimnisse?

Wie beim Familienaufstellen können von Aufstellenden zunächst ausschweifende Geschichten erzählt werden, um das eigentliche Problem zu verstecken. Dennoch gebe ich bei Organisationsaufstellungen den Teilnehmern genug Raum, um eine komplexe betriebliche Realität für alle Anwesenden plastischer werden zu lassen. Das Kernanliegen lässt sich meist in einem Satz zusammenfassen und ist in der Regel während der ersten paar Minuten im Dialog mit dem Aufstellenden, vielleicht sogar schon im ersten Satz enthalten.

Eingrenzung. – Ist das Anliegen ernsthaft und „energiegeladen", muss der Aufstellungsleiter erneut seine Kunst beweisen, bevor es mit der technischen Seite weitergeht. Er macht dem Seminarteilnehmer, der das Anliegen hat, jetzt einen Vorschlag, welche und wie viele Personen er aufstellen soll. Von Bert Hellinger kommt der Vorschlag, bei Aufstellungen mit dem Minimum zu arbeiten (Hellinger 1994, S. 517). Auch dieses Prinzip kann auf Arbeitsbeziehungsaufstellungen übertragen werden. Oft ist es kraftvoller, nur mit wenigen Stellvertretern zu arbeiten. Je mehr Personen aufgestellt werden, desto stärker verschwindet in der Regel der Kernkonflikt. Mit wenigen Stellvertretern zu beginnen und dann allmählich weitere hinzuzunehmen, die für die Lösung des Konflikts wichtig sind, ist besser als das umgekehrte Verfahren: alle aufstellen, dann nur wenige wirklich benötigen und den Rest „schmoren" lassen.

Bei Teamentwicklungsgruppen kann es sinnvoll sein, zunächst das gesamte anwesende Team aufzustellen, um alle angemessen einzubeziehen.

Keine Skulpturen. – Der Teilnehmer mit dem Anliegen wählt aus der Gruppe die vorgeschlagenen Stellvertreter aus und stellt sie im freien Raum auf. Er operiert nur mit den Dimensionen

– Nähe und Distanz,
– Zuwendung und Abwendung.

Auf die Körperhaltung, auf Gestik und Mimik der Stellvertreter darf der Aufstellende willentlich keinen Einfluss nehmen. Diese entwickeln die aufgestellten Stellvertreter ganz von alleine entsprechend der Beziehungsdynamik, die sie jetzt in dieser Konstellation erfasst. Sich dem Einwirken auf Körperhaltung, Gestik und Mimik zu enthalten, darin besteht ein großer Unterschied zwischen der Aufstellungsarbeit und der so genannten Skulpturtechnik, die von Virginia Satir entwickelt wurde und vor allem in der Familientherapie große Verbreitung gefunden hat (vgl. dazu Franke 1996, S. 55 ff.; Tillmetz 2000). Die Unterschiede zwischen Aufstellung und Skulpturen zu nivellieren, halte ich weder für Berater und Therapeuten noch für Kunden und Patienten für hilfreich, da beide Methoden zu unterschiedlichen Ergebnissen führen. Aufstellungen können tieferliegende Bindungskonflikte sichtbar machen, Skulpturen bleiben mehr im Gegenwärtigen und berühren mehr die Ebene der Kommunikation. Meine Versuche, das Anliegen eines Klienten einmal mit einer Skulptur und einmal mit einer Aufstellung zu bearbeiten, brachten völlig unterschiedliche Ergebnisse in Bezug auf die Diagnose des Problems wie auf die anzubietende Lösung. In der familientherapeutischen Skulpturarbeit sind z. B. Verstorbene oder frühere Partner nicht vorgesehen.

Der Hilfesuchende verzichtet bei einer Aufstellung auf die Kontrolle über die Stellvertreter. Er zwingt ihnen nicht seine Interpretationen der sozialen Wirklichkeit auf. Er setzt sich damit dem Risiko aus, dass die Stellvertreter anders reagieren als er es erwartet hat, dass sie Körperreaktionen bekommen, Gefühlsregungen zeigen und Äußerungen machen, die sonst hinter Abwehrvorgängen und Umdeutungen verschwinden. Dies ist zugleich die besondere Chance, die eine Aufstellung bietet: Sie zeigt die soziale Beziehungswirklichkeit ungeschminkt. Aufstellungen unterlaufen die Abwehrmechanismen, das anzusehen, was in der sozialen Realität wirkt. Die Furcht vor Aufstellungen auch in der Arbeitswelt ist daher berechtigt. Aufstellungen konfrontieren oft mit unangenehmen Wahrheiten. Sie zeigen z. B. deutlich, wenn ein Vorgesetzter seine Mitarbeiter nicht gut führen kann. Doch auch hier gilt nach meiner Erfahrung die Erkenntnis von Hellinger: „Die Wirklichkeit, auch wenn sie schlimm erscheint, macht stark und frei, wenn sie gesehen und anerkannt wird." (Hellinger 1994, S. 515) Nicht nur für die Mitarbeiter ist es besser, wenn der ungeeignete Vorgesetzte seine Position einem anderen überlässt, der mehr bewirken kann als er. Auch für ihn wird es befreiend sein, an einem Platz zu arbeiten, an dem er seine wirklichen Fähigkeiten zur Entfaltung bringen kann und nicht chronisch überfordert ist. Verständlich ist es allerdings auch, dass die Angst vor Arbeitslosigkeit dazu führt, sich an Arbeitsplätze und Positionen zu klammern.

Diagnose des Konflikts. – Nachdem er aufgestellt hat, ist der weitere Ablauf dem Einfluss des Aufstellenden entzogen. Er darf sich auf eine Beobachtungsposition zurückbegeben, in der er das Folgende gut miterleben kann. Nun kommt die Aufgabe der Stellvertreter. Durch ihre verbalen wie nonverbalen Äußerungen weisen sie den Aufstellungsleiter auf die grundlegenden Konflikte in diesem Beziehungsgefüge hin:

- Wer hat zu wem keine, eine zu enge oder eine feindselige Beziehung?
- Wer ist nicht zugänglich, auf anderes hin orientiert, in Vergangenes verstrickt?
- Wer fehlt?
- Wer leidet am stärksten?

Der Aufstellungsleiter befragt die Stellvertreter nach ihrem Befinden. Häufig veranlasse ich die Stellvertreter zuerst, ihren Bewegungsimpulsen nachzugeben, um die Dynamik dieses Beziehungsgefüges besser zu verstehen und erste Hinweise zu erhalten, in welcher Richtung die Lösung für das Anliegen zu suchen ist. Die Stellvertreter fühlen sich oft wie erlöst, wenn man ihnen ermöglicht, aus Positionen zu gehen, in denen sie unter einem enormen Druck stehen.

Struktur und Bewegung. – In einer Aufstellung kann beides zum Ausdruck kommen: feste Strukturen, in denen Beziehungen festgelegt sind als eine Momentaufnahme, und die Dynamik, wenn wir die Stellvertreter bitten, ihren Bewegungsimpulsen nachzugeben. Auf diese Weise wird z. B. sichtbar, dass eine Person sich aus der Beziehung entfernen möchte, die andere aber ihre Nähe und mehr Kontakt sucht.

Aufstellungen, in denen nur zwei Stellvertreter eine Beziehung repräsentieren, sind „dynamisierbarer" als Aufstellungen mit vielen Personen. Das heißt, man kann die Stellvertreter eher dazu auffordern, ihren Bewegungsimpulsen freien Lauf zu lassen. In einer Beziehungskonstellation mit mehreren Personen sind die Veränderungsmöglichkeiten eingeschränkter.

Entwicklung der Lösung. – Der Aufstellungsleiter entwickelt im Zusammenspiel mit den Äußerungen der Stellvertreter eine Lösung, mit der alle Beteiligten einverstanden sind. Eine Lösung, die jemanden ausgrenzt, ist keine gute Lösung. Wie bei Familienaufstellungen gebe ich als Aufstellungsleiter „lösende Sätze" vor.

Teilnehmer aus Industrieunternehmen, insbesondere Männer, empfinden die Vorgabe von Sätzen anfangs als Bevormundung. Sie müssen den Wert fremder Hilfestellungen erst durch praktische Beispiele erfahren. Daher lasse ich in Seminaren, in denen die meisten Teilnehmer keine Erfahrungen mit Aufstellungen haben, die Stellvertreter selbst nach Formulierungen zur Beziehungsklärung suchen, bis sie gegebenenfalls mit ihrem Latein am Ende sind. Dann erst schlage ich etwas vor, was meiner Erfahrung nach weiterhilft.

Ebenenwechsel? – Arbeitsbeziehungsaufstellungen bringen Ausschnitte sozialer Beziehungswirklichkeiten zum Ausdruck. Selbst wenn wir mit der Aufstellung einer Situation aus dem Arbeitsleben beginnen, schwingen darin vielfältige Bindungs- und Beziehungsebenen mit. Der Aufstellungsleiter sollte sich dessen bewusst sein. Der Aufstellende sollte ebenfalls darauf vorbereitet sein, dass hinter seinem aktuellen Problem tieferliegende Beziehungsstörungen bei ihm selbst oder bei anderen Menschen verborgen sein können. Wie in der Familientherapie die Aufstellung eines Gegenwartssystems oft in die Arbeit mit dem Herkunftssystem mündet, kommen wir bei

Aufstellungen von Arbeitsbeziehungssystemen oft an die Frage, ob wir zur Klärung des grundsätzlichen Konfliktes mit den familiären Beziehungssystemen weiterarbeiten sollen. – Die Zustimmung zu einem Ebenenwechsel muss immer vom Aufstellenden gegeben werden, sonst darf man nicht weitermachen.

Vollzug der Lösung. – Den Teilnehmer, um dessen Anliegen es geht, nehme ich in die Aufstellung hinein, wenn aus den Reaktionen der Stellvertreter die Richtung klar ist, in welcher der Lösungsweg liegt. Er stellt sich an den Platz, der durch die Arbeit mit seinem Stellvertreter als derjenige herausgefunden wurde, an dem eine gute Weiterentwicklung möglich ist. Durch verbale wie nonverbale Interaktionen mit den anderen Stellvertretern vollzieht er jetzt Schritte zur Lösung seines Problems. Als Aufstellungsleiter erkenne ich an seinen körperlichen wie sprachlichen Äußerungen und den Reaktionen der Stellvertreter, ob es ihm gelingt, die entwickelte Lösung anzunehmen. Danach ist die Aufstellung vorbei.

Nachwirken lassen. – Ich mache in Gruppensituationen den Vorschlag, jeder möge sich nach einer Aufstellung kurz zurückziehen und in sich hineinhorchen, was der gerade miterlebte Prozess in Bewegung gebracht und ausgelöst hat. Was kenne ich selbst bei mir und was habe ich an Neuem jetzt gerade erfahren? Diese „Meditationsrunde" dauert etwa eine Minute. Sie soll auch demjenigen helfen, um dessen Anliegen es gerade ging, innerhalb der Gruppe eine Rückzugsmöglichkeit zu bekommen.

Ich gebe diesem Teilnehmer danach noch Gelegenheit, bei den Stellvertretern nachzufragen, solange diese noch nicht aus ihren Rollen entlassen wurden. Nach meiner Erfahrung bekommt der Teilnehmer in der Regel weitere wertvolle Hinweise für die Lösung seines Problems. Allerdings ist es wichtig, dass er selbst bestimmen kann, von wem er noch etwas hören möchte.

Auf diese Weise zu arbeiten, sehe ich nicht im Gegensatz zu Hellingers Grundsatz, keine ausführlichen Nachbesprechungen zu dulden: „Sie würden die Betroffenheit abschwächen und anderen Teilnehmern die Gelegenheit geben, die Energie auf sich und ihre Probleme zu lenken." (Hellinger 1994, S. 518) Bevor eine Aufstellungsarbeit abgeschlossen ist, soll jeder nur das sagen, was der Lösung dient. Zwischen den Aufstellungen sind jedoch Fragen, Kommentare und Ergänzungen von jedem Teilnehmer möglich. Diese Regel wird in Gruppen meist ohne Probleme akzeptiert.

Stellvertreter entlassen. – Ein für die Stellvertreter wichtiger Vorgang ist das Entlassen aus ihren Rollen. Auch bei Arbeitsbeziehungsaufstellungen kommt es bei den Stellvertretern mitunter zu heftigen emotionalen Betroffenheiten. Intensive Gefühlseindrücke und -ausbrüche sind an der Tagesordnung, besonders dann, wenn ein Ebenenwechsel vom Arbeits- zum Familienbeziehungssystem vorgenommen wurde. Indem der Stellvertreter die Aufstellung verlässt und die Aufstellung als Energiefeld verschwindet, entzieht er sich zwar diesem Einfluss, dennoch bleibt für einige Zeit eine Erinnerungsspur in seinem Beziehungsgedächtnis haften, die als körperliches Empfinden länger nachwirken kann.

Indem der Teilnehmer, der den Stellvertreter für seine Aufstellung ausgewählt hat, zu diesem hingeht, sich bei ihm für seine Mithilfe bedankt, ihn bei seinem eigenen Namen nennt und ihn aus der Stellvertreterrolle entlässt, hilft er dem Gruppenmitglied zurück in seine eigene Beziehungsrealität.

Blitzlicht. – Nach besonders aufwühlenden Aufstellungen empfiehlt es sich, allen Gruppenteilnehmern kurz die Gelegenheit zu geben, ihr momentanes Empfinden zu äußern. Ich bin immer wieder verblüfft, wie vielschichtig die Wirkungen sind, die Aufstellungen selbst bei denen hervorrufen, die sie nur in der Zuschauerrolle miterlebt haben. Beim Blitzlicht kommt die Individualität der Teilnehmer zum Tragen: Jeder scheint auf seine eigene Weise etwas mitzunehmen. Gute Aufstellungen machen auch die Beobachter „weiter".

Resonanzverstärkung. – Möglicherweise hat unter dem Gesichtspunkt der unterschiedlichen Bindungsqualitäten (siehe Kapitel 2.3) auch die Auswahl der Stellvertreter für Aufstellungen eine gewisse resonanzverstärkende Wirkung. Bei Bert Hellinger habe ich live und in Videos mehrmals beobachtet, dass er die Aufstellenden dazu ermuntert, nicht allzu lange nach dem „richtigen" Stellvertreter zu suchen, da im Grunde jeder das machen könne. Auch ich stelle immer wieder selbst Personen aus der Gruppe in eine laufende Aufstellung dazu, wenn ich z. B. merke, dass noch eine wichtige Person fehlt.

Dennoch zeigen Rückmeldungen der Teilnehmer, wie genau die Aufstellenden bei der Auswahl der Stellvertreter nach den für sie passend erscheinenden Personen aus der Gruppe suchen. Sie sagen z. B. über ein anderes Gruppenmitglied: „Von dir wusste ich sofort, dass du meine Mutter (Vater, Schwester, Vorgesetzter, Arbeitskollege ...) in der Aufstellung sein wirst, als ich dich zum ersten Male hier gesehen habe und du zur Türe herein kamst." Umgekehrt sagen auch die ausgewählten Stellvertreter häufig: „Ich wusste sofort, dass du mich für XY auswählen wirst."

Unter dem Aspekt der Bindungsmodi ließe sich die Hypothese aufstellen, dass die Stellvertreter danach ausgesucht werden, welchen Bindungstypus sie am ehesten repräsentieren. Äußerliche Merkmale wie Aussehen, Körpergröße, Haarfarbe, Alter spielen demgegenüber eine sekundäre Rolle. Möglicherweise stört die Orientierung an solchen Äußerlichkeiten sogar den Auswahlprozess. Es ist ein gutes Zeichen, wenn ein Aufstellender sich davon unabhängig macht und z. B. für sich selbst eine kleine Person als Stellvertreter auswählt, obwohl er selbst relativ groß ist oder einen jüngeren nimmt, obwohl er selbst schon älter ist.

Vielleicht löst sich unter dem Vorzeichen der Bindungstheorie auch das Rätsel, warum Frauen auch Männern und umgekehrt Männer auch Frauen in einer Aufstellung repräsentieren können: Der frühkindliche Bindungsmodus scheint geschlechtsneutral zu sein.

Die Aufstellungsarbeit mit großen Gruppen (25 bis 30 Teilnehmer) hat den Vorteil, dass in solchen Gruppen in der Regel die wichtigsten Repräsentanten verschiedener Bindungstypen vorhanden sind. Die Möglichkeit, Stellvertreter auszuwählen, die dem jeweiligen Bindungstypus der realen Person sehr nahe kommen, vertieft vermutlich die Resonanz zwischen Stellvertreter und „wissendem Feld" bzw. die Resonanz der aufgestellten Personen untereinander. Dennoch: Im Grunde kann jeder Stellvertreter sein. Teilnehmer, die selbst schwere Traumata erlebt haben, sollten aber keine schweren Stellvertreterrollen übernehmen.

Die Übernahme einer Stellvertreterrolle ist eine große Chance, den eigenen Horizont zu erweitern und Zugang zum Erleben anderer Menschen zu bekommen. Für Therapeuten und Berater beschleunigt dies das Verständnis für die Symptome und die Beziehungszusammenhänge. Daher stelle ich mich bei Einzelberatungen oft selbst auf Positionen, die der Klient mit Kissen im Raum markiert. Es gibt meines Erachtens kaum einen effektiveren Weg, Zugang zum Problem eines Klienten zu finden.

3.2 AUFSTELLUNGEN ALS GRUPPENDYNAMISCHER PROZESS

Gegenseitiger Dienst. – Arbeitsbeziehungsaufstellungen wirken in einer Gruppensituation stärker als im Einzelsetting. Durch die Gruppenmitglieder als Stellvertreter potenzieren sich in Aufstellungen die Möglichkeiten, die soziale Realität in ihren für das Anliegen eines Ratsuchenden bedeutenden Ausschnitten ans Licht zu bringen. Gruppen bis zu 40 Teilnehmern bieten nicht nur dem Aufstellenden wie dem Aufstellungsleiter eine hohe Auswahlmöglichkeit an Stellvertretern, sie entwickeln bei gutem Verlauf auch eine eigene Dynamik, die der Lösung der eingebrachten Anliegen äußerst förderlich ist.

Stellvertreter müssen oft ein hohes Standvermögen beweisen, wenn Aufstellungen etwas länger dauern. Auch aus diesem Grund ist eine größere Gruppe nützlich, damit nicht Einzelne über Gebühr als Stellvertreter physisch wie psychisch strapaziert werden. Da jeder den anderen für sein eigenes Anliegen als Stellvertreter braucht und weil die Erfahrungen als Stellvertreter von unschätzbarem Wert für das Erkennen von Beziehungsdynamiken sind, findet innerhalb der Gruppe ein Austausch von Geben und Nehmen statt, der verbindet.

Die Gruppe ist das Reservoir für Stellvertreter. Es ist hilfreich, wenn sowohl Frauen wie Männer in ausreichender Anzahl vorhanden sind. Prinzipiell sehe ich es bei Arbeitsbeziehungsaufstellungen nicht als Hindernis an, wenn z. B. bei Männermangel eine Frau einen Mann vertritt. Ich achte jedoch darauf, was es bedeuten könnte, wenn z. B. trotz Vorhandenseins von Männern, eine Frau als Stellvertreterin für eine männliche Person vom Aufstellenden ausgewählt wird. Mitunter gibt dies Hinweise auf Verstrickungen im Herkunftssystem desjenigen, der aufstellt.

Soziale Resonanz. – Ich erlebe die Gruppe bei Aufstellungen als einen sozialen Resonanzkörper, der den Prozess fortlaufend bewertet und gegebenenfalls korrigiert, wenn ich als Aufstellungsleiter einmal unachtsam bin oder Gefahr laufe, mich in eine Abwehrdynamik des gerade aufgestellten Systems unbewusst zu verstricken. Die

Gruppe wird unruhig und verliert die Konzentration, wenn ein Gruppenmitglied sein Anliegen nicht klar genug benennt und der Aufstellungsleiter es zulässt, dass die Aufstellungsarbeit mit einem diffusen Auftrag beginnt. Die Gruppe beginnt sich zu langweilen, wenn es nur um Unwesentliches geht. Sie ist demgegenüber hochkonzentriert, wenn Entscheidendes passiert. Sie leidet beim Problem mit und sie bangt um die Lösung. Selten habe ich größere Mengen von Menschen in Seminarräumen so gesammelt und ausgerichtet auf eine gemeinsame Aufgabe erlebt wie bei Aufstellungen.

Die Gruppe gleicht bei Aufstellungen dem Chor in der antiken Tragödie, der mit dem Geschehen mitschwingt und es verbal wie nonverbal kommentiert. Im Verlauf eines Kurses bildet sich die Gruppe zu einer Gemeinschaft und nimmt ihre Aufgaben immer selbstständiger wahr. Sie entlastet damit den Aufstellungsleiter und gibt ihm die Freiheit, sich auf das Wesentliche zu konzentrieren.

Nach einer Aufstellung ist die Gruppe ruhig und gesammelt, wenn es eine gute Lösung gegeben hat. Es mehrt sich die Unruhe, wenn etwas schief gelaufen ist. Die dann gestellten Fragen und Hinweise aus der Gruppe sind sehr wichtig und der Aufstellungsleiter sollte sie nicht abwiegeln, eventuell aus gekränktem Stolz wegen Kritik an seiner Arbeit. Gegebenenfalls kann man die Situation oder Teile daraus noch einmal aufstellen und etwas Wesentliches ergänzen.

Bei sich bleiben. – In der Nachbetrachtung ist der Aufstellungsleiter aber auch besonders gefordert, damit gefundene Lösungen nicht zerredet werden. Dies ist meist dann der Fall, wenn ein Gruppenmitglied zwar vorgibt, einen Beitrag zur gerade gelaufenen Aufstellung zu machen, in Wirklichkeit aber verdeckt über sein eigenes Anliegen spricht.

Bedeutung von Pausen. – Die Qualität der Gruppe erweist sich nicht nur während der Aufstellungen, sie entfaltet sich in den größeren und kleineren Pausen weiter. In diesen kommen die Gruppenmitglieder, die eine Aufstellung machten, mit den ausgewählten Stellvertretern zusammen und tauschen sich aus. Wichtiges wird oft ergänzt. Die Stellvertreter können noch etwas mitteilen, was sie in der Rolle gespürt haben und sich in der Gruppe nicht sofort zu äußern trauten. Der durch die Aufstellung begonnene Transformationsprozess nimmt in den Pausen weitere Gestalt an.

Glaubwürdige Führung. – Der Aufstellungsleiter muss die Gruppe in jedem Moment sicher durch die auftauchenden Konflikte führen. Seine Autorität gewinnt er in erster Linie aus seiner Fähigkeit und der sich immer wieder aufs Neue beweisenden Kompetenz, Aufstellungen „zu einer Punktlandung"[1] zu bringen. Durch schlechte Arbeit verliert ein Aufstellungsleiter schnell das Vertrauen der Gruppe.

Bei Arbeitsbeziehungsaufstellungen, bei denen es oft um das Thema Führung geht, gibt der Aufstellungsleiter auch ein Modell für gute Führung ab,

– wenn er die unterschiedlichen Bedürfnisse der Gruppenmitglieder erfassen und zulassen kann,
– wenn er Entscheidungsprozesse gezielt und rasch herbeiführen kann,
– wenn er besondere Leistungen Einzelner in der Gruppe eigens würdigt,
– wenn er Sonderanliegen Einzelner für alle akzeptabel in den Fortgang der Arbeit integrieren kann,
– wenn er in der Lage ist, die Gruppe vor unangebrachten Forderungen Einzelner zu schützen,
– wenn er Außenseiter einbezieht.

Weil die systemische Arbeit die schlechten Wirkungen des Ausgrenzens und Ausklammerns zeigt, kann der Aufstellungsleiter an solchen Punkten beweisen, dass er diese Fehler nicht begeht und alle, die das Recht haben, zur Gruppe zu gehören, auch einbezieht, aber auch solche fernhält, die keine Bereitschaft zeigen, sich persönlich weiterzuentwickeln.

Wie in jeder Gruppe wird bei Aufstellungen der Leiter besonders danach bewertet, wie er kritische Situationen und Herausforderungen meistert. Und die Gruppe belohnt ihn, wenn er nicht nur andere Auswege aus verfahrenen und konfliktreichen Situationen aufzeigt, sondern selbst auf Basis seiner zu Handlungsroutinen gewordenen Erfahrungen gute Lösungen im Umgang mit konfliktgeladenen menschlichen Beziehungssystemen findet. So vollzieht und bewährt sich die Aufstellungsarbeit unmittelbar in einem praktischen Kontext. Die Gruppensituation ist der Transfer der Theorie in die alltäg-

---

1 Dieses Bild verdanke ich einer Äußerung von Lothar Mieniets.

liche Praxis. Wer als Aufstellungsleiter Defizite im Umgang mit einer Gruppe bemerkt, muss daran arbeiten, sie zu beheben, sonst leidet seine Glaubwürdigkeit.

Funktionen getrennt halten. – Da man bei der Aufstellungsarbeit in Gruppen oft auf Kollegen trifft, die selbst Aufstellungen leiten, ist es wichtig, deren Kompetenz zu würdigen, es andererseits aber nicht zuzulassen, dass sie in die Rolle des Aufstellungsleiters schlüpfen, wenn sie z. B. als Stellvertreter ausgewählt wurden. Daher arbeite ich manchmal lieber mit „naiven" Stellvertretern, die nichts aus Aufstellungskonstellationen ablesen können, als mit „Profis", denen es schwerer fällt, sich eigenen Bewertungen hinsichtlich der Problemdynamik sowie der von ihnen vermuteten Lösung zu enthalten. Auch hier gilt ein systemisches Grundprinzip: die Funktionen zu trennen, sich als Stellvertreter wie ein Stellvertreter zu verhalten und als Aufstellungsleiter wie ein Aufstellungsleiter. Dies bringt wesentlich mehr für die Bewältigung der schwierigen Aufgaben als die Vermischung von Rollen.

3.3 Arbeit im Einzelsetting

Durchwandern von Positionen. – Für die Beratung, die Supervision oder das Coaching einzelner Personen („Klienten") steht in vielen Fällen keine Gruppe zur Verfügung. Es ist jedoch auch möglich, im Einzelsetting systemisch zu arbeiten. Erstens weil auch hier die Erkenntnisse des Beraters aus der Aufstellungsarbeit mit Gruppen einfließen und zweitens, weil durch die Zuhilfenahme von Kissen oder Papierblättern Aufstellungen im Beratungszimmer inszeniert werden können (vgl. dazu Franke 1996, S. 32 ff.). In diesem Fall muss der Ratsuchende selbst die verschiedenen Positionen, die er auf dem Boden ausgebreitet hat, einnehmen und nach den Anweisungen des Beraters durchwandern. Nach meiner Erfahrung entdecken die Klienten häufig etwas für sie Neues, sie werden mitunter wie Stellvertreter in Gruppen von Gefühlen ergriffen und lernen so, die systemischen Verstrickungen in ihrem Arbeitsbeziehungssystem hautnah zu erfahren.

Manchmal stelle ich mich – wie schon erwähnt – als Berater selbst auf eine Position oder lasse mich vom Patienten aufstellen, um zu

100

erspüren, was für eine Dynamik hier im Gange ist. Ich erlebe es oft, dass man dadurch schneller zur Lösung findet. Zu einer Vermischung zwischen Berater- und Stellvertreterfunktion darf es aber nicht kommen.

Perspektivenwechsel und Dialoge. – Oft hilft auch die aus der Gestaltpsychologie bekannte Technik, zwischen dem eigenen Sitzplatz und einem gegenüberstehenden freien Stuhl hin und her zu wechseln, um den eigenen engen Blick auf das Problem zu erweitern. Auf diese Weise kann ein Vorgesetzter fühlen, wie ihn ein Mitarbeiter erlebt, mit dem er einen Konflikt hat. Oder ein Unternehmer sieht seine Firma einmal durch die Brille seiner Kunden. Ebenso, wie beim Gruppensetting beschrieben, können durch die Veränderung der Positionen der Kissen Lösungen auf den Weg gebracht werden. Der Klient kann selbst ausprobieren, wie die Positionsveränderungen wirken.

Im Einzelsetting fühlen sich Menschen freier, persönliche Hintergründe ihrer beruflichen Probleme preiszugeben. Wer psychotherapeutische Erfahrungen hat, kann Klienten auch einen Ebenenwechsel vom Arbeits- zum Familienbeziehungssystem anbieten.

4 Das Aufstellen von Arbeitsbeziehungen in der Praxis

4.1 KONTEXT DER FALLBEISPIELE

Fortbildungen und Vorträge. – Mit Arbeitsbeziehungsaufstellungen arbeite ich in unterschiedlichen Kontexten. Erste Ansatzpunkte, meine Erfahrungen mit Familienaufstellungen in nichtfamiliären Bereichen anzuwenden, ergaben sich bei Schulungstätigkeiten im Arbeits- und Gesundheitsschutz. Forschungstätigkeiten auf diesem Gebiet hatte bei mir immer mehr den Eindruck verstärkt, dass Unfälle und Sicherheitsmaßnahmen auch sehr viel mit den betrieblichen Beziehungsstrukturen zu tun haben.

So begann ich in Seminaren bei der Berufsgenossenschaft der chemischen Industrie damit, Unfallgeschehnisse aufzustellen, später dann die Vielfalt der Probleme, die sich im betrieblichen Arbeits- und Gesundheitsschutz für Sicherheitsfachkräfte, Sicherheitsbeauftragte, Betriebsräte, Abteilungs- oder Produktionsleiter ergeben. Die Teilnehmer dieser Seminare kommen aus verschiedenen Unternehmen und Betrieben und kennen sich vor Beginn nicht. Sie fühlen sich daher frei, offen über die Probleme aus ihrem Arbeitsalltag zu sprechen.

Auch in Vorträgen im Kontext des Arbeits- und Gesundheitsschutzes beziehe ich Aufstellungsfallbeispiele gerne mit ein – so etwa bei der Ausbildung für Arbeits- und Betriebsmediziner oder bei überregionalen Fortbildungen für Sicherheitsfachkräfte. Auch hier sind es Teilnehmer, die sich gegenseitig kaum kennen. In der Regel findet sich in solchen Gruppen immer ein Teilnehmer, der ein Anliegen aus seinem Berufsleben einbringt und anderen damit die Möglichkeit gibt, etwas über Beziehungsdynamiken in Arbeitszusammenhängen zu erfahren.

Offene Seminare. – In der Tradition der allgemein zugänglichen Kurse für Familienaufstellungen habe ich vor fünf Jahren damit begonnen, offene Seminarangebote mit Arbeitsbeziehungsaufstellungen zu machen. In der Regel sind dies zweitägige Seminare, an denen sich 15 bis 20 Personen beteiligen, die aus verschiedenen beruflichen Feldern und mit unterschiedlichen persönlichen Anliegen kommen.

In diesen Gruppen entsteht eine Vielfalt von Themen. Da sich schnell ein Gruppenzusammenhang herstellt, kann es in diesem Kontext auch zu einem Ebenenwechsel von der Arbeitsbeziehungs- zur Familienaufstellung kommen. Allerdings nur, wenn der Gruppenteilnehmer das Angebot annimmt, dem Ursprung seines Problems im Berufsleben in seinem familiären Herkunftssystem auf die Spur zu kommen.

Solche offenen Gruppen haben nach meinen Erfahrungen für viele Teilnehmer auch einen therapeutischen Effekt, der sich durch das Miterleben der Aufstellungsarbeit anderer einstellt.

Arbeitskreis Arbeitsbeziehungsaufstellungen. – 1997 habe ich an der Katholischen Stiftungsfachhochschule einen Arbeitskreis ins Leben gerufen, der sich mit Arbeitsbeziehungsaufstellungen beschäftigt. Ursprünglich aus einem Forschungsprojekt zum Thema „Sicherheits- und Gesundheitskultur" hervorgegangen, zog dieser Kreis immer mehr Interessenten an, die als Berater, Trainer, Therapeuten oder Supervisoren arbeiten. Es kamen auch Teilnehmer hinzu, die sich aus rein persönlichem Interesse systemisch mit Problemen in ihrem Arbeitsleben beschäftigen. Auch Studenten und Absolventinnen unserer Hochschule nutzen diesen Arbeitskreis für sich. Pro Abendtermin werden in diesem Zusammenhang drei bis vier Arbeitsbeziehungsaufstellungen gemacht.

Hochschulseminare. – Den Studierenden unserer Hochschule biete ich Arbeitsbeziehungsaufstellungen als Erfahrungsmöglichkeit zum Lernen in ihrem künftigen Berufsfeld, der sozialen Arbeit an. Familienaufstellungen gehen vielen Studierenden zu nahe. Sie fürchten sich, sich im Seminarkontext mit ihren seelischen Problemen zu outen oder haben die berechtigte Angst, es könnten bei ihnen zu stark eigene Prozesse angestoßen werden, die im Rahmen einer Hochschulveranstaltung nicht mehr aufzufangen sind.

Arbeitsbeziehungsaufstellungen sind für viele Studierende daher eine Chance, psychische und soziale Sachverhalte besser zu verstehen und die eigenen Berührungsängste der Aufstellungsarbeit gegenüber zu überwinden. Im 4. und 5. Semester sind die Studierenden unserer Hochschule im studienbegleitenden Praktikum und einmal pro Monat einen ganzen Tag im Seminar an der Hochschule. Diese Seminare eignen sich besonders, mit Arbeitsbeziehungsaufstellungen zu arbeiten, da die Studierenden vielfältige Probleme aus dieser berufsvorbereitenden Praxis zurück an die Hochschule bringen.

Im Zentrum stehen einerseits Konflikte mit Praxisanleitern oder Kollegen an der Arbeitsstelle, häufig auch schwierige Situationen im Kontakt mit den Klienten der sozialen Arbeit. Das Verstehen der seelischen Konflikte von Klienten kann dazu verhelfen, eigene berufliche Handlungsmöglichkeiten besser einzuschätzen, neue Möglichkeiten des beruflichen Handelns zu entdecken, sich selbst vor unangebrachten Anforderungen anderer zu schützen oder mehr zu wagen als bisher.

Themenzentrierte Supervisionen. – Supervisionen sind in den psychosozialen Arbeitsfeldern verbreitet und dringend erforderlich. Supervisionen mit Berufsgruppen bieten auch dem Supervisor die Möglichkeit zur vertieften Einsicht in Praxisfelder. So lernte ich durch die Arbeit mit einer Gruppe von Bewährungshelfern besser verstehen, welche Beziehungsdynamiken den Hintergrund dafür bilden, dass Menschen straffällig werden. Die Bewährungshelfer konnten mithilfe von Arbeitsbeziehungsaufstellungen lernen, welche Möglichkeiten sie haben, ein besseres Arbeitsbündnis mit ihren Klienten herzustellen.

Ebenso bereichernd war für mich die Arbeit mit einer Gruppe ehrenamtlicher Helfer in der Strafgefangenenhilfe. Auch hier konnten wir durch Aufstellungen erhellen, was sich durch Gespräch und Nachdenken allein nicht zeigt. Die Ehrenamtlichen lernten auf diesem Wege, seelische Konfliktlagen und die Bedürfnisse der Strafgefangenen sowie die Motive ihres eigenen Engagements besser zu verstehen. Die familiären Hintergründe von Sexualstraftaten traten auch für uns alle fassbarer ans Licht. Wir lernten gemeinsam, besser zu verstehen, wie sensibel Strafgefangene auf Kritik reagieren und wie schwer es ist, eigene Schuld einzugestehen.

Teamentwicklungsseminare. – Bis vor kurzem war ich der Meinung, man könne mit ganzen Arbeitsgruppen ebenso wenig Aufstellungen machen wie mit der gesamten Familie. Die gegenseitigen Abhängigkeiten erschienen mir zu festgefahren und die Abwehrmechanismen zu stark, als dass unangenehme Wirklichkeiten ans Licht kommen könnten. Erst nachdem von einem Industrieunternehmen die Anfrage kam, mit einem gesamten Führungsteam mit Aufstellungen zu arbeiten, überlegte ich mir, wie der Zielkonflikt zwischen geschütztem Entwicklungsraum und gleichzeitiger Beteiligung von Vorgesetzten und weisungsgebundenen Mitarbeitern an einem Aufstellungsprozess zu lösen ist. Ich habe dazu ein Vorgehen entwickelt, das in Kapitel 4.8 näher dargestellt wird.

Einzelarbeit. – Schließlich stellt die Einzelarbeit mit Klienten und Patienten für mich ein wichtiges Setting für Arbeitsbeziehungsaufstellungen dar. Einzelarbeiten, in denen sich der Einsatz von Arbeitsbeziehungsaufstellungen anbietet, kommen sowohl im beraterischen wie therapeutischen Kontext vor. Auch bei Aufträgen zur Teamsupervision biete ich den einzelnen Mitgliedern der Gruppe Einzelsitzungen an, wenn sie ihre persönliche Arbeitssituation ungestörter reflektieren möchten. In der Einzelsitzung können sie sich oft freier zu Beziehungskonflikten äußern als in der Gesamtgruppe. Übertragungen familiärer Verstrickungen auf Arbeitsbeziehungen können in der Einzelarbeit leichter thematisiert und bearbeitet werden.

Umgekehrt kommt es in der therapeutischen Einzelarbeit immer wieder vor, dass Patienten über Konflikte mit ihren Vorgesetzten oder Kollegen klagen. Die Darstellung des systemischen Zusammenhangs in ihrem Berufsfeld kann klären, ob bei ihnen Übertragungen vom privaten ins berufliche Leben eine Rolle spielen. Diese Arbeit kann helfen, die persönliche Problematik des Patienten besser zu verstehen. Es kann den Patienten auch entlasten zu sehen, dass es nicht seine Schuld sein muss, wenn bei ihm in der Arbeit einiges schief läuft.

4.2 Hinweise zur Auswahl und zur Darstellung der Fallbeispiele

Art der Aufzeichnung. – Es wird im Folgenden eine Reihe von Fallbeispielen aus den beschriebenen Kontexten ausführlicher dargestellt und kommentiert. Diese Aufstellungen habe ich selbst geleitet.

Es handelt sich um Arbeiten, die entweder in einem Gruppenkontext oder in Einzelsitzungen stattfanden. In den Gruppensitzungen habe ich die Anwesenden gefragt, ob sie mit einer Aufzeichnung der Aufstellung einverstanden sind. Sie wurden auf die Möglichkeit einer späteren Veröffentlichung hingewiesen, falls sie nach der Lektüre der Darstellung ihres Fallbeispiels dazu die Zustimmung geben. In Gruppensituationen haben andere Teilnehmer während der Aufstellung Protokoll geführt. Nach Einzelsitzungen habe ich eine Ausarbeitung der Aufstellung aus dem Gedächtnis vorgenommen.

Anfrage an Klienten. – Die Aufstellenden erhielten die Aufzeichnung ihrer Aufstellung per Brief oder per E-Mail zugesandt. Sie wurden um eine Entscheidung gebeten, ob sie einer Veröffentlichung ihres Fallbeispiels zustimmen und falls ja, darum ersucht, die Aufzeichnung auf ihre Stimmigkeit zu überprüfen, gegebenenfalls Korrekturen und Ergänzungen vorzunehmen.

Alle Namen von Personen und Institutionen wurden anonymisiert. Nur in wenigen Fällen wurde ich gebeten, ein Fallbeispiel nicht zu veröffentlichen aus Furcht, Leser dieses Buches könnten trotz Anonymisierung der Namen, Rückschlüsse auf eine Person oder ihre Arbeitsstelle machen. In manchen Fällen fügten die Angeschriebenen der Ausarbeitung noch Kommentare hinzu und berichteten, was für sie diese Aufstellung gebracht und wie sie weitergewirkt hat. Soweit mir diese Anmerkungen für den Leser interessant erschienen, habe ich sie bei den Fallbeispielen am Schluss zitiert.

Art der Darstellung. – Die Aufstellungen werden nicht in ihrer vollen Länge und in allen Einzelheiten wiedergegeben. Dies hätte einer anderen Form der Aufzeichnung bedurft, z. B. des Videomitschnittes. Auf diese habe ich bewusst verzichtet, da sie einen erheblichen technischen Aufwand mit sich bringen und nicht spontan eingesetzt werden können. Getreu dem Motto, dass es „zweierlei Wissen" gibt, habe ich darauf vertraut, dass auch das Gedächtnis bei der Aufstellungsarbeit anders funktioniert, als wenn ich mit einer analytischen Haltung genau beobachte und alle Details erfassen möchte. Beim Schreiben der Beispiele konnte ich die Erfahrung machen, dass sich selbst bei länger zurückliegenden Aufstellungen das Geschehen vor meinem geistigen Auge wieder entfaltete und die Niederschrift sich als mühelos erwies.

Ich habe also den Versuch unternommen, den Kern der jeweiligen Arbeit herauszustellen und mehr Gewicht auf die Grundstruktur als auf den Prozess zu legen. Dem Leser mag dies mitunter stark verkürzt vorkommen, doch kann man die Aufstellungsarbeit ohnehin nicht auf Grund der Lektüre von Büchern wirklich in ihrer ganzen Tiefe erfassen. Nur das eigene Miterleben als Beobachter und besser noch als Stellvertreter erschließt die volle Wirkung und Wirklichkeit des Aufstellens.

Form der Darstellung. – Die Form der Darstellung orientiert sich im Wesentlichen an dem Dreischritt: Anliegen – Aufstellung – Kommentierung. Ich versuche zunächst, das Anliegen der Klienten auf den Punkt zu bringen. Danach wird die Anfangsaufstellung als Bild dargestellt. Wesentliche Abläufe der Aufstellung werden verdichtet beschrieben, und es wird ein Schlussbild wiedergegeben, das die gefundene „Lösung" des Anliegens repräsentiert.

Ich habe mich bemüht, bei der Beschreibung sprachlich korrekt zwischen Stellvertretern und den repräsentierten Personen zu unterscheiden. Manchmal wäre es einfacher gewesen, statt „Der Stellvertreter des Vorgesetzten sagt ..." zu schreiben: „Der Vorgesetzte sagt ..." Es erscheint mir jedoch wichtig, durch die Form der Darstellung zum Ausdruck zu bringen, dass es nur die Stellvertreter sind, die etwas sagen oder tun und nicht die wahren Personen selbst. Wer die Aufstellungsarbeit kennt, hat schon hunderte Male die Bestätigung erhalten, dass man den Äußerungen der Stellvertreter trauen kann. Dennoch sollten wir den Unterschied zwischen Repräsentation und Realität nicht verwischen und nicht aus dem Auge verlieren.

Sollte an der einen oder anderen Stelle aus Gründen des Leseflusses nicht in jedem Satz deutlich zum Ausdruck kommen, dass es Äußerungen von Stellvertretern sind und nicht die des tatsächlichen Kollegen, Vorgesetzten etc., dass es in der Einzelarbeit der Klient war, der in verschiedenen Positionen etwas spürte und zum Ausdruck brachte, so bitte ich den Leser, dies vor seinem inneren Auge entsprechend dem Gesamtkontext der jeweiligen Aufstellung zu ergänzen.

Bilder. – Bei der Darstellung der Bilder habe ich mich für konkretere Symbole entschieden als dies in der sonstigen Literatur zur Aufstellungsarbeit üblich ist. Diese „Smiley"-Köpfe haben den Vorzug, dass sie die Blickrichtung nachvollziehbar machen. Sie lassen sich in ihrer emotionalen Ausdrucksform ein wenig variieren: zufrieden lächeln, neutral blicken, unzufrieden schauen. Daher blicken die Gesichter in der Anfangsaufstellung, die das Problem veranschaulicht, eher finster und unzufrieden, in der Schlusskonstellation eher heiter und gelöst, wenn eine Lösung gelungen ist. In den Aufstellungsbildern ist derjenige, der das Anliegen hat, etwas dunkler als die anderen dargestellt.

Kommentierung der Fallbeispiele. – Die Kommentierung der einzelnen Beispiele habe ich bewusst kurz gehalten. Ich wollte mich nicht allzu weit von der konkreten Arbeit entfernen und möglichst keine Verallgemeinerungen machen, die das Beispiel nicht mehr hergibt. Zu dieser Vorsicht haben mich auch Rückmeldungen der Klienten veranlasst, die mir zeigten, wo die Neigung zur Überinterpretation zu groß war. Ich vertraue daher eher darauf, dass die Fallbeispiele beim Leser selbst weiter gären „wie ein Fass voll Most".

4.3 Erfahrungen mit Seminaren im Bereich des Arbeits- und Gesundheitsschutzes

Wegen meiner empirischen Forschungen auf dem Gebiet der Arbeitssicherheit und des Gesundheitsschutzes werde ich immer wieder zu Fortbildungsseminaren für Sicherheitsfachkräfte und Führungskräfte im betrieblichen Arbeits- und Gesundheitsschutz eingeladen, insbesondere von der Berufsgenossenschaft der chemischen Industrie. Nachdem ich begonnen hatte, mit Arbeitsbeziehungsaufstellungen zu arbeiten, wurde mir klar, dass diese Seminare einen geeigneten Rahmen bieten, psychologische Themen mittels Aufstellungen zu bearbeiten. Die Teilnehmer kommen aus verschiedenen Unternehmen und Betrieben, und es eint sie das Interesse, „den Faktor Mensch" im Unfall- und Sicherheitsgeschehen besser zu verstehen. Die Seminarteilnehmer sind neuen Methoden der Erwachsenenbildung gegenüber aufgeschlossen. Im Folgenden stelle ich exemplarisch dar, mit welchen Anliegen die Seminarteilnehmer kommen und zu welchen Ergebnissen und Einsichten die Anwendung von Arbeitsbeziehungsaufstellungen in diesem Kontext führen kann.

4.3.1 Weigerung, Gefahren wahrzunehmen

Das Anliegen. – In ihrer Funktion als Fachkräfte für Arbeitssicherheit oder Sicherheitsbeauftragte beklagen sich viele Seminarteilnehmer, dass manche Mitarbeiter im Betrieb sehr uneinsichtig seien und die vorhandenen Unfallgefahren und Krankheitsrisiken nicht sehen wollten. So möchte auch Herr S. als Sicherheitsbeauftragter Hinweise bekommen, wie er mit einem Mitarbeiter weiter umgehen soll, der seine Arbeit zwar sehr gut macht, die Arbeitssicherheit aber immer wieder vernachlässigt. Dieser Mitarbeiter steht nach zwei Abmahnungen deswegen sogar vor der Kündigung. Der Mitarbeiter ist schon 30 Jahre in der Firma und macht seine Arbeit gern. Herr S. meint, dieser Mitarbeiter wolle die Gefahren einfach nicht sehen, sie seien ihm offenbar gleichgültig.

Die Aufstellung. – Ich bitte Herrn S., zunächst einen Stellvertreter für den Mitarbeiter und einen anderen als Repräsentanten für die Gefahren auszuwählen, mit denen es der Mitarbeiter bei seiner Arbeit zu tun habe (Bild 4.3.1a). Ich fordere dann beide Stellvertreter auf, ihren Bewegungsimpulsen nachzugeben. Der Stellvertreter für die Gefahren versucht daraufhin mehrmals, sich vor den Stellvertreter des Mitarbeiters zu stellen, sodass dieser in ansieht. Der Stellvertreter des Mitarbeiters wendet sich aber immer wieder von der Gefahr ab.

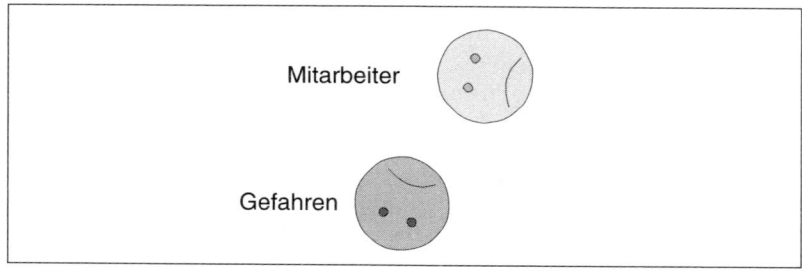

Bild 4.3.1a: Weigerung, Gefahren wahrzunehmen

Das Hinzunehmen von zwei weiteren Stellvertretern in die Aufstellung, die den Vorgesetzten des Mitarbeiters und Herrn S. selbst als Sicherheitsbeauftragten repräsentieren, bringt wenig Veränderung. Der Stellvertreter des Mitarbeiters weigert sich weiterhin beharrlich, den Gefahren bei seiner Arbeit ins Auge zu sehen.

Ich bitte jetzt Herrn S., einen Stellvertreter aus der Runde auszuwählen, der die Arbeit dieses Mitarbeiters repräsentiert, einen weiteren, der die 30 Jahre Berufserfahrung des Mitarbeiters darstellt sowie einen Repräsentanten für „das Neue bei der Arbeit". Daraufhin wird der Stellvertreter des Mitarbeiters wesentlich freundlicher und zugänglicher. Zu seiner Arbeit und seiner Beruferfahrung hat er einen sehr guten Bezug, „das Neue" aber macht ihm Angst. Der Stellvertreter des Sicherheitsbeauftragten tritt ihm jetzt gegenüber und sagt: „Ich anerkenne Ihre Freude, die Sie an ihrer Arbeit haben und ihre 30 Jahre Berufserfahrung." Später sagt er: „Ich sehe auch, dass Sie Angst vor Veränderungen haben und den neuen Anforderungen, die auf Sie zukommen könnten." Der Kontakt zwischen dem Mitarbeiter und dem Sicherheitsbeauftragten verbessert sich dadurch schlagartig. Zu einer weiteren Verbesserung im Verhältnis zwischen den beiden trägt es bei, als sich Herr S. – den ich mittlerweile in die Aufstellung hineingenommen habe – schützend vor die Gefahren stellt (Bild 4.3.1b).

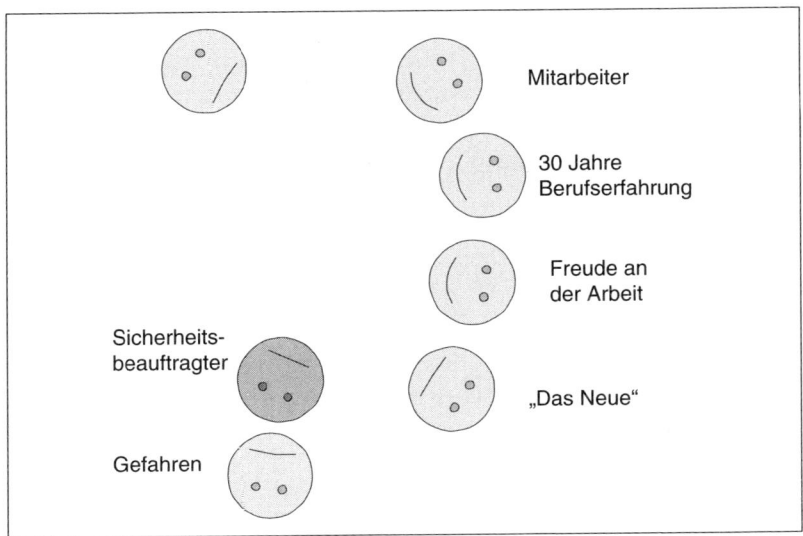

Bild 4.3.1b: Das Verschwinden der Gleichgültigkeit

Kommentierung. – Viele ältere Mitarbeiter sind in einer Zeit groß geworden, in der dem Arbeitsschutz im Betrieb wenig Beachtung geschenkt wurde. Man hat von ihnen Fleiß erwartet und das Erfüllen der Arbeitsvorgaben. Für die Einhaltung von Sicherheitsvorschriften hat man sie weder besonders qualifiziert noch motiviert, geschweige denn anerkannt. In ihrem beruflichen Wertesystem kommt die Arbeitssicherheit oft kaum vor. Wer sie damit konfrontiert, hält sie in ihren Augen nur von der Arbeit ab, von der sie annehmen, dass sie diese nach so vielen Jahren Berufserfahrung selbst am besten kennen.

Nur wenn ein Arbeitsschutzexperte dieses Wertesystem anerkennt, besteht für ihn die Möglichkeit, Zugang auch zu solchen Mitarbeitern zu bekommen. Belehrungen, Ermahnungen oder Abmahnungen fruchten nur wenig. Sie führen zu Verhärtung und begünstigen den inneren Rückzug. Um Mitarbeiter zu erreichen, muss man mit ihnen dorthin schauen, wohin sie blicken. Wenn der Arbeitsschutzexperte sich auf das Wertesystem solcher Mitarbeiter einstellt, kann er, wie die Aufstellung vermuten lässt, auch die Angst der langjährigen Mitarbeiter vor den betrieblichen Neuerungen erkennen und ihre Befürchtungen sehen, vielleicht bald mit den jüngeren Kollegen nicht mehr mithalten zu können. Verbindet er die Anerkennung des Wertesystems mit dem Angebot, durch die eigene Tätigkeit als Sicherheitsbeauftragter einen Schutz vor Unfallgefahren zu bieten, kann dies einen tragfähigen zwischenmenschlichen Kontakt zwischen beiden herstellen. Auf diesem Wege lassen sich vermutlich auch ältere Mitarbeiter dazu bewegen, ihre beruflichen Wertesysteme zu ergänzen und in Zukunft sicherheitsbewusster zu handeln.

4.3.2 Einstellungen ändern?

Das Anliegen. – Für Sicherheitsexperten sind auch Vorgesetzte und Führungskräfte häufig nur schwer von den Notwendigkeiten des betrieblichen Arbeitsschutzes zu überzeugen. So ist die Seminarteilnehmerin, Frau M., als Sicherheitsfachkraft in großer Sorge. In ihrem Zuständigkeitsbereich möchte ein Betriebsleiter die Verfahrensvorschriften in einer chemischen Anlage so verändern, dass dies nach Meinung von Frau M. sehr riskant wäre und eventuell einen Störfall verursachen könnte. Frau M. möchte wissen, wie sie die Einstellung dieses Betriebsleiters zur Sicherheit ändern könnte.

Die Aufstellung. – Ich bitte Frau M., die Aufstellung mit zwei Personen zu beginnen, mit einem Stellvertreter für sie selbst und einem für den Betriebsleiter. Sie stellt beide in Konfrontationsposition zueinander auf (Bild 4.3.2a).

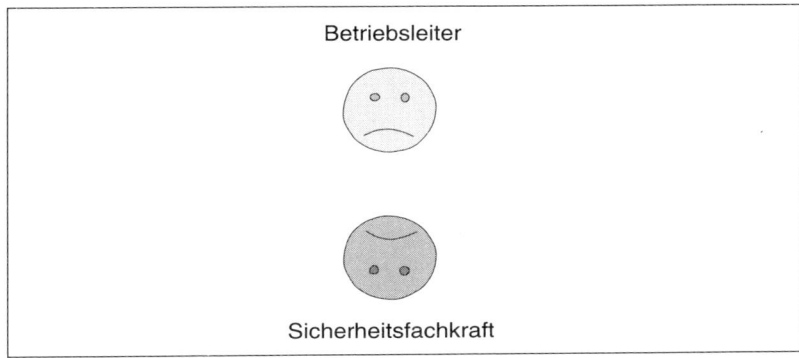

Betriebsleiter

Sicherheitsfachkraft

Bild 4.3.2a: Vergebliches Bemühen, eine Einstellung zu ändern

Es wird sofort sichtbar, dass auf diese Weise keine Lösung des Problems erreichbar ist. Die Dialoge, die die beiden Stellvertreter frei führen, zeigen nur die verhärteten Fronten auf. Das Hinzunehmen weiterer Betriebsangehöriger (Schichtmeister, Betriebsrat) sowie der „Öffentlichkeit", also Menschen außerhalb der Chemieanlage, deren Sicherheit bei einem Störfall bedroht wäre, kann den Betriebsleiter nicht von seinem Standpunkt abbringen, eine Änderung der Verfahrensvorschriften anzustreben, um mit dieser Anlage mehr produzieren zu können.

Erst als wir den Vertreter einer unabhängigen staatlichen Stelle hinzunehmen, der nach Aussagen von Frau M. etwas von dieser Störfallanlage und ihrem Verfahren versteht, zeichnet sich eine Lösung ab. Der Betriebsleiter ist bereit zuzuhören und von seinem Vorhaben gegebenenfalls abzulassen, wenn ihm unabhängige Experten nachweisen, dass das Risiko bei einer Verfahrensänderung zu hoch wird (Bild 4.3.2b).

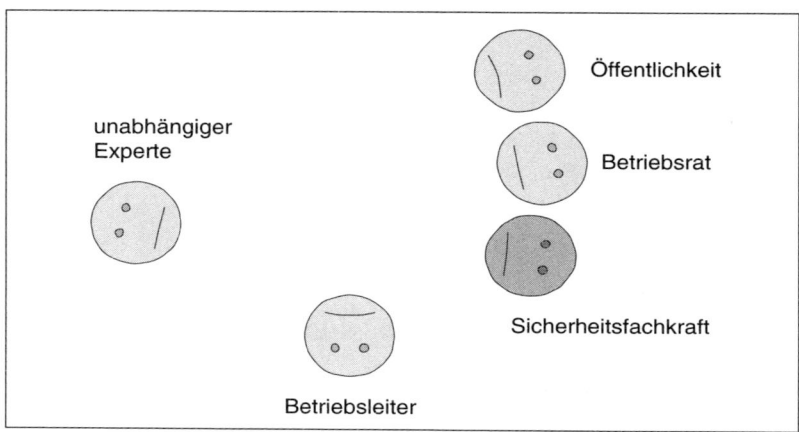

Bild 4.3.2b: Der Betriebsleiter hört zu

Kommentierung. – Dieses Beispiel zeigt, wie zu einfache Denkmodelle in die Irre führen können, wenn sie ohne den realen Beziehungskontext angewendet werden. Viele meinen, um sicherheitskonformes und risikobewusstes Verhalten zu erzeugen, müsse man Einstellungen von Menschen ändern. Bei einer Einstellungsänderung bewegen wir uns jedoch im Bereich von Werten und damit letztlich Loyalitäten. Eine Veränderung von Loyalitäten kann einem Menschen aber nur schwer abverlangt werden, weil es hierbei immer um Grundsätzliches geht. Die Gespräche werden dann emotional geführt, und es verhärten sich die Fronten. In diesem Falle steht der Betriebsleiter vermutlich vor allem loyal zu den Personen, die bessere Produktionsergebnisse erwarten.

Stabskräfte wie Sicherheitsfachkräfte sollten daher von den verantwortlichen Führungskräften im Betrieb keine grundsätzlichen Einstellungsänderungen einfordern. Allgemeine Bekenntnisse zur Arbeitssicherheit nutzen im konkreten Falle nichts. Besser ist es, am konkreten Beispiel zu bleiben und durch sachliche und fachliche Argumente zu überzeugen. Die Stärke von Sicherheitsfachkräften im Betrieb liegt in erster Linie in ihrer Fachkunde.

Die Einstellungen der Führungskräfte zur Arbeitssicherheit ändern sich, wenn sie positive Erfahrungen mit den Sicherheitsfachkräften bei konkreten Problemlösungen machen. Sichtbar wird in diesem Beispiel der Nutzen unabhängiger Fachleute, Wissenschaft-

114

ler und Institutionen. Sie sind für innerbetriebliche Konflikte eine wichtige Instanz, gute Lösungen zu finden.

4.3.3 „Kurzschlusshandlungen"

Das Anliegen. – Vorgesetzte haben mit ihren Mitarbeitern oft das Problem, dass diese sicherheitswidrig arbeiten und das Risiko von Unfällen in ihrem Verantwortungsbereich steigern. Der Seminarteilnehmer, Herr W., ist Abteilungsleiter. Er beklagt sich über Mitarbeiter, die sich häufig sicherheitswidrig verhalten und dann Ausreden verwenden, wenn er sie auf ihr Fehlverhalten anspricht. Er möchte wissen, warum das so ist. Er verwendet in seinen Ausführungen immer wieder den Begriff „Kurzschlusshandlungen" für das sicherheitswidrige Verhalten der Mitarbeiter. Der tiefere Sinn dieser Wörter erschließt sich erst im Verlauf der Aufstellung.

Die Aufstellung. – Ich bitte Herrn W., verschiedene Mitarbeiter zu benennen, die für ihn die typischen Problemfälle repräsentieren. Er wählt je einen Stellvertreter

- für Mitarbeiter, die in Gefahr sind, Stolperunfälle zu erleiden,
- für Mitarbeiter, die ohne Schutzkleidung am Hochofen arbeiten,
- für Mitarbeiter, denen bisher noch nichts passiert ist, die sich aber sicherheitswidrig verhalten.

Da mir die Betroffenheit, mit der Herr W. über seine Situation spricht, mit den Informationen, die er bisher gegeben hat, nicht nachvollziehbar ist, frage ich nach, ob in der Vergangenheit etwas Dramatisches im Betrieb passiert sei. Sofort berichtet Herr W. von einem tödlichen Unfall in seiner Abteilung. Ein Mitarbeiter einer Fremdfirma sei bei der Reparatur elektrischer Anlagenteile von der Kranbahn gestürzt und tödlich verunglückt.

Wie die Aufstellung dann zeigt, drückt dieser Todesfall wie eine schwere Last auf Herrn W. (Bild 4.3.3a). Sein Stellvertreter in der Aufstellung kann zu dem Unfalltoten zunächst nicht hinsehen und als ich ihn auffordere, sich ihm zuzuwenden, steigt in ihm ein Gefühl völliger Hilflosigkeit hoch. Er sagt, er habe den Unfall in seinem Verantwortungsbereich nicht verhindern können.

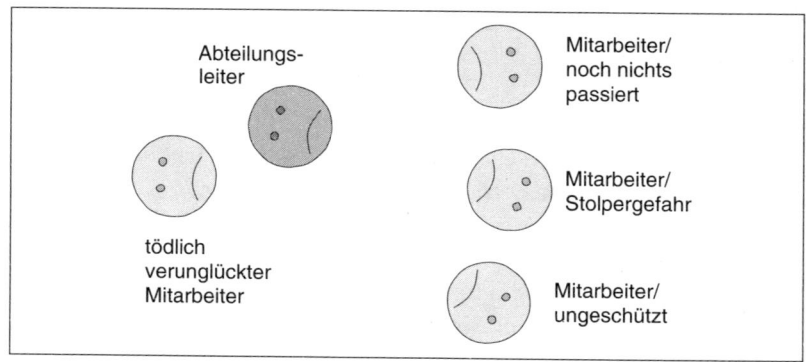

Bild 4.3.3a: Der „tödliche Unfall" im Hintergrund

Ich lasse daraufhin den Abteilungsleiter und seine Mitarbeiter sich vor dem Toten und seinem Schicksal verneigen (Bild 4.3.3b). Alle sind sehr berührt. Der Stellvertreter des toten Mitarbeiters kann seine Tränen nicht mehr unterdrücken.

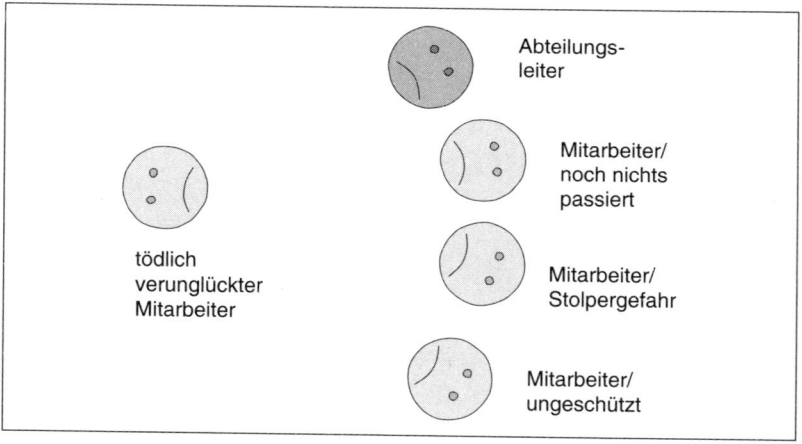

Bild 4.3.3b: Verneigung vor dem Schicksal des toten Arbeitskollegen

Kommentierung. – Dieses Fallbeispiel macht deutlich, dass tödliche Arbeitsunfälle im Betrieb traumatisierend wirken. Der Begriff „Kurzschlusshandlungen", den der Betriebsleiter eingangs wiederholt erwähnt hat, ist ein Symbol für das Trauma, das der Absturz des

116

Elektrikers von der Kranbahn bei ihm verursachte. Der Betriebsleiter ist hilflos und unsicher, weil der Unfall aufgezeigt hat, dass in seinem Verantwortungsbereich Mitarbeiter Gefahren unterschätzen und nicht genügend Schutzmechanismen ergriffen worden sind, das Unglück zu verhindern.

Der Optimismus eigener Unverwundbarkeit wird durch tödliche Unfälle in seinen Grundfesten erschüttert. Üblicherweise kommen dann Verdrängungsprozesse in Gang. Man spricht nicht mehr über den Toten und versucht die Angelegenheit zu versachlichen. Meist wird für kurze Zeit ein Aktionismus an den Tag gelegt, und es werden überzogene Sicherheitsmaßnahmen eingeführt, die sich schnell wieder abschleifen.

Auf den toten Arbeitskollegen mit offenen Augen zu blicken und sich vor seinem Schicksal zu verneigen, scheint demgegenüber wenig und wie ein Sich-Ergeben in Unvermeidbares. Sieht man jedoch auf die Äußerungen der Stellvertreter in dieser Aufstellung in der anschließenden Reflexionsrunde, so weist dies in eine andere Richtung: Das Anerkennen des schweren Schicksals eines Kollegen berührt sehr tief und macht nachdenklich über das eigene sicherheitswidrige Verhalten, welches das Schicksal oft gedankenlos herausfordert. Sich auf eine „Kurzschlusshandlung" herauszureden, fällt nach so einer Verbeugung wesentlich schwerer.

4.3.4 Die dritte Möglichkeit

Das Anliegen. – Der Kursteilnehmer, Herr K., ist sehr besorgt. Im Unternehmen, in dem er als Sicherheitsfachkraft tätig ist, gibt es Pläne, die Arbeitssicherheit als eigenen Dienstleistungsbetrieb auszulagern (Stichwort: Outsourcing). Er befürchtet, dass damit die Wirkungsmöglichkeiten für die Arbeitssicherheit im Unternehmen beschnitten werden. Er möchte wissen, wie er mit diesen Outsourcing-Plänen umgehen soll.

Die Aufstellung. – Ich lasse Herrn K. zunächst vier Personen aufstellen: eine Person für sich selbst, eine für „das Outsourcing", eine für „das Bestehende" und eine Person für eine „dritte Möglichkeit". Er stellt folgende Konstellation auf (Bild 4.3.4a):

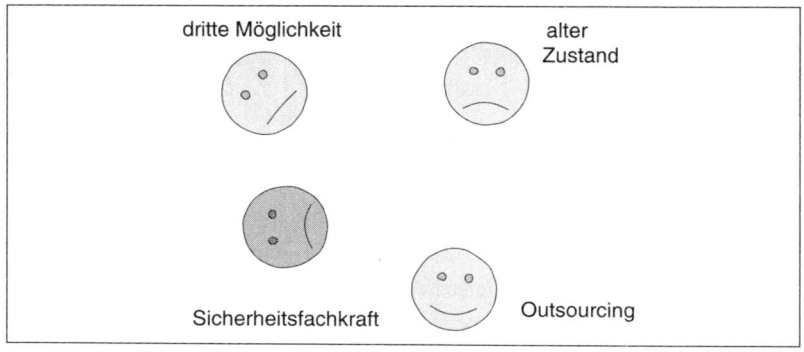

Bild 4.3.4a: Das Outsourcing stürmt weg

Der Seminarteilnehmer, der das Outsourcing darstellt, will gleich noch weiter nach vorne marschieren. Er hat keinerlei Verbindung mit den anderen Personen. Man gewinnt den Eindruck, dies könnten junge Mitarbeiter aus der Sicherheitsabteilung sein, die auch etwas ganz anderes machen können als Sicherheitsarbeit im Betrieb. Auch der Stellvertreter für den bisherigen („alten") Zustand hat das Gefühl, dass es nicht länger so bleiben könne und sich etwas verändern müsse. Die dritte Möglichkeit ist dem Sicherheitsingenieur erwartungsvoll zugewandt.

Die Aufstellung legt nahe, dass das Neue so, wie es momentan geplant wird, keine gute Lösung darstellt und wahrscheinlich wenig Bestand hat. Es ist mit dem Bisherigen nicht verbunden und kann es daher nicht nutzen und transformieren. Es ist nur eine neue Idee, aber ohne Kraft für das Unternehmen.

Für die Lösung wird daher noch ein Stellvertreter für die Entscheider dazugestellt, die etwas Neues für die Arbeitssicherheit planen und umsetzen wollen. Wenn der Sicherheitsingenieur sich nun auf die dritte Möglichkeit einlässt, bildet er die Brücke zum Bisherigen und kann das bisher Bewährte in den neuen Zustand mit übernehmen. Um eine gute Lösung zu finden, benötigen wir schließlich noch einen Stellvertreter für die Mitarbeiter. Der ist anfangs noch etwas mehr dem Neuen zugewandt und sieht darin eine attraktive Veränderung. Als der Sicherheitsingenieur ihm dann, neben dem „alten Zustand" stehend, die dritte Möglichkeit vorstellt, fühlt sich der Mitarbeiter gut betreut und sicher (Bild 4.3.4b).

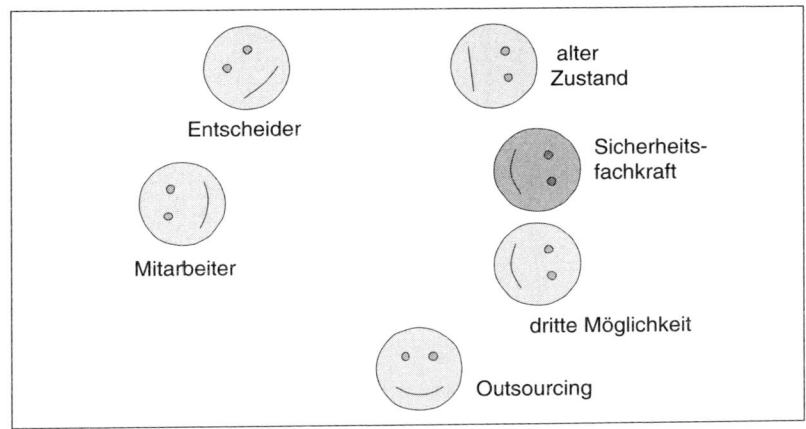

Bild 4.3.4b: Die Mitarbeiter sehen mit Erwartung auf die dritte Möglichkeit

Kommentierung. – Viele Unternehmen trennen sich derzeit von Abteilungen, die sie nicht zu ihrem Kernbereich zählen. Sie lagern sie aus und kaufen die entsprechenden Dienstleitungen dann wieder dazu. Sie erhoffen sich dadurch Kosteneinsparungen. Dieses aus betriebswirtschaftlicher Sicht verständliche Verfahren bedeutet für die Unternehmen aber einen Aderlass an betriebsspezifischem Knowhow und an Erfahrungen. Im Arbeits- und Gesundheitsschutz kann das zu einem Absinken der Qualität des Sicherheitsstandards führen.

Wir haben im Seminar nicht näher nachgeforscht, was für Herrn K. die dritte Möglichkeit konkret bedeutet, also weder das Alte so beizubehalten noch das Outsourcing, so wie geplant, umzusetzen. Es genügte, dass er selbst etwas damit verbinden konnte und durch die Aufstellung für ihn eine weitere Alternative zum Bisherigen in den Blick kam. Die Aufstellung half ihm, deren Wirkung zu testen. Er meinte in der anschließenden Runde, nun mit den Outsourcing-Ideen der betrieblichen Entscheider besser umgehen zu können.

Rückmeldung. – In seiner Rückmeldung auf den ihm zugesandten Text schrieb Herr K. einige Monate nach dem Seminar, die Aufstellung habe ihm persönlich weitergeholfen: „Zu meinem Beispiel möchte ich anmerken, dass Ihre Ausführungen für mich sehr gut nachvollziehbar sind, jedoch für Außenstehende schwerer zu verstehen sein werden." Dies ist also ein Beispiel für eine verdeckte Aufstellung, die für den Aufstellenden weiterwirkt, auch wenn Leiter und Gruppe – und hier auch der Leser – nicht wissen, was die „dritte Möglichkeit" ist.

4.3.5 Führungsschwäche ausgleichen?

Das Anliegen. – Welche Probleme auftreten, wenn der Arbeits- und Gesundheitsschutz nicht personell im Betrieb verankert ist, sondern als externe Dienstleistung in Anspruch genommen wird, kann die folgende Aufstellung verdeutlichen. Herr F. ist in einem überbetrieblichen Dienst für Arbeitssicherheit tätig. Er stellte in einem Betrieb, den er extern betreut, erhebliche Unterschiede im Verhalten der Mitarbeiter fest: „Einige dürfen dort sehr viel, was sicherheitswidrig ist (rauchen, Alkohol trinken, bei Maschinenarbeit Eheringe tragen usw.)." Der Firmeninhaber würde dies dulden. Er ist sich unklar, wie er in diesem Betrieb am besten vorgehen soll. Seine Sorge gilt auch den neuen Mitarbeitern, die durch das schlechte Vorbild der älteren Kollegen im Betrieb verleitet würden, sich ebenfalls gegen die Sicherheitsregeln zu verhalten.

Die Aufstellung. – Ich lasse Herrn F. folgende Personen als Stellvertreter aus der Gruppe auswählen:

- den Firmeninhaber,
- eine Person für die Mitarbeiter, die alles dürfen,
- eine Person für die Mitarbeiter, die „brav" sind,
- eine Person für die neuen Mitarbeiter,
- schließlich einen Stellvertreter für ihn selbst.

Er stellt die in Bild 4.3.5a dargestellte Beziehungskonstellation auf.

120

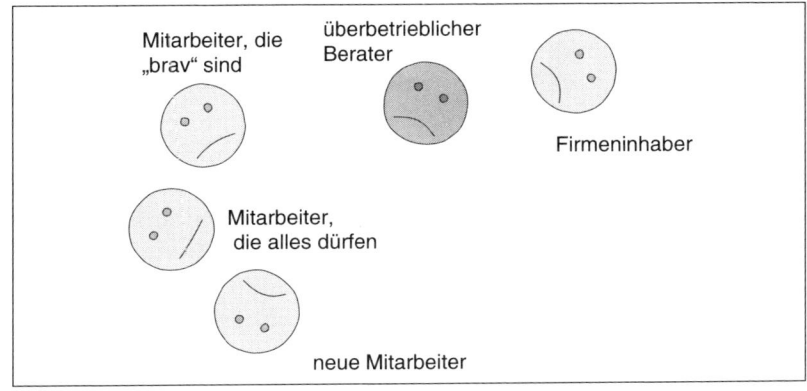

Bild 4.3.5a: Der Berater tritt an die Stelle des Firmeninhabers

Das Bild und die Äußerungen der Stellvertreter zeigen deutlich, dass der Firmeninhaber seiner Verantwortung nicht gerecht wird – vermutlich nicht nur für die Arbeitssicherheit. Nur die neuen Mitarbeiter orientieren sich noch erwartungsvoll an ihm, die anderen sind bereits von ihm abgewandt. Der Stellvertreter des Beraters spürt das Führungsvakuum und möchte es füllen. Er erreicht die Mitarbeiter aber nicht. Die Mitarbeiter werden im Prozess der Aufstellung immer unruhiger, je unklarer sich der Firmeninhaber verhält und sich nicht deutlich dazu äußert, ob man hier etwas dürfe, was gegen die Arbeitssicherheit verstoße oder nicht. Die erarbeitete Lösung besteht aus folgenden Schritten:

– Der Berater tritt aus der Quasi-Führungsposition zurück, die er nicht ausfüllen kann.
– Die Mitarbeiter fordern von ihrem Chef klare Richtlinien.
– Der Berater und der Firmeninhaber treffen klare Vereinbarungen über den Auftrag des externen Beraters.

Die in Bild 4.3.5b dargestellte Konstellation schält sich als Lösung heraus.

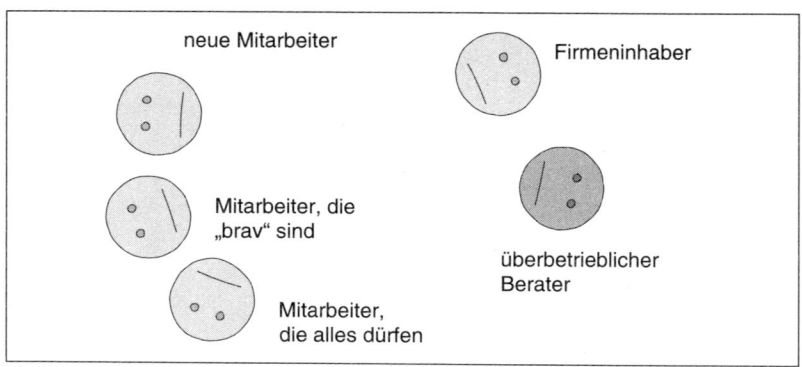

Bild 4.3.5b: Der Firmeninhaber nimmt seine Führungsposition ein

Kommentierung. – Mit Firmeninhabern zusammenzuarbeiten, die nicht bereit sind, ihre Führungsverantwortung zu übernehmen, ist für einen überbetrieblichen sicherheitstechnischen Dienst eine vergebliche Liebesmühe. Er kann und darf dem Unternehmer nicht die Verantwortung für seinen Betrieb abnehmen. Mangelnde Führungsqualitäten haben nicht nur für den Bereich des Arbeits- und Gesundheitsschutzes negative Konsequenzen. Bei diesem Thema tritt Führungsschwäche unter Umständen besonders deutlich hervor.

Dieses Beispiel macht deutlich, dass externe Berater keine mangelhafte Führungsstruktur ersetzen können. Ähnliches gilt auch für das Verhältnis zwischen betriebsinternen Sicherheitsfachkräften und den Führungskräften des Unternehmens. Sicherheitsexperten können darauf hinweisen und durch Argumentation und Überzeugungsarbeit etwas dafür tun, dass Führungskräfte klare Richtlinien vorgeben. Verantwortung kann nicht an Fachkräfte und externe Dienstleister wegdelegiert werden.

4.3.6 Gefahrstoffe sind heiß

Das Anliegen. – Herr F. hatte in diesem Seminar noch ein weiteres Anliegen. Er hat für einen Betrieb die Funktion des externen Gefahrstoffbeauftragten übernommen. Sein Anliegen war: „Wie kann ich es erreichen, dass die Mitarbeiter dieses Betriebes die Verantwortung für die Gefahrstoffe noch stärker selbst übernehmen?"

Die Aufstellung. – Ich gebe ihm fünf runde Moderationskarten: drei grüne für die Mitarbeiter dieses Betriebes, eine blaue für ihn als externen Gefahrstoffbeauftragen und eine rote Moderationskarte, welche die Gefahrstoffe symbolisieren soll. Ich bitte ihn, ähnlich wie bei einer Aufstellung, die Karten auf dem Boden auszulegen (Bild 4.3.6).

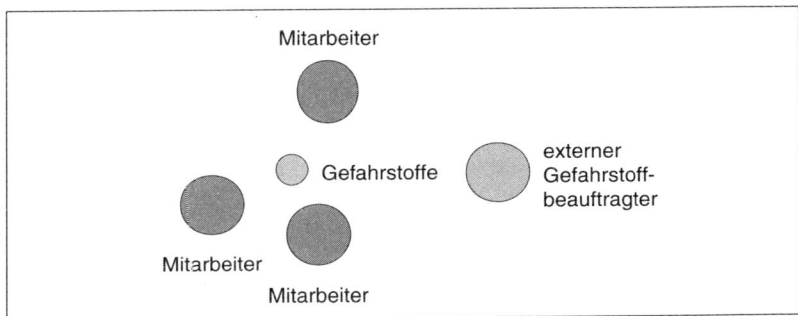

Bild 4.3.6: Die Gefahrstoffe sind zu nahe bei den Mitarbeitern

Nun fordere ich ihn auf, sich zunächst auf die Karten zu stellen, welche die Mitarbeiter symbolisieren. Die Information, die er dabei für sich erhält, ist im Kern folgende: Die Mitarbeiter wollen arbeiten und die Gefahrstoffe sollen am besten hier weg. Ich lasse Herrn F. sich nun auf die Position der Gefahrstoffe stellen. Er sagt, dass es ihm auf dieser Position sehr warm werde und dass sich dies unangenehm und bedrohlich anfühle. Alle in der Runde sehen nun die Dynamik. Auch Herr F. meint, nun sei ihm etwas sehr Wichtiges über Gefahrstoffe klar geworden, und er habe etwas dazugelernt. Er will jetzt die Mitarbeiter vor den Gefahrstoffen besser schützen.

Kommentierung. – Experten und Berater leben in einer gewissen Distanz zu denen, die sie mit ihrem Fachwissen unterstützen. Die wirklichen Probleme und Nöte der Menschen, für die sie etwas tun wollen, erkennen sie oft nicht. Deswegen entwickeln sie oft Problemlösungsvorschläge, welche die Realität nicht wirklich erfassen und daher nicht gut funktionieren. In diesem Fall hatte der Experte zwar eine Aufgabe übernommen, möchte sie aber unmittelbar weiterdelegieren und durch den Appell an die Mitarbeiter zu mehr Selbstverantwortung wieder los werden. Die Aufstellung kann ihm das Ausmaß seiner eigenen Verantwortung nachfühlbar machen, das er für die Mitarbeiter übernommen hat. Er kann daraus eine andere Kraft für neue Problemlösungsvorschläge ziehen.

4.3.7 Teamarbeit?

Dieses Fallbeispiel ist einer Studie über das Management des betrieblichen Arbeits- und Gesundheitsschutzes entnommen, die wir vor einigen Jahren durchführten (Ruppert u. Gerstberger 1998). Wir baten damals unsere Interviewpartner, unter anderem Aufstellungen mit kleinen Figuren über ihr Arbeitsbeziehungssystem zu machen. Diese Figurenaufstellungen zeichneten wir auf und stellten sie später an der Hochschule mit Repräsentanten nach. Das folgende Fallbeispiel zeigt, zu welchen Problemen Organisationsentwicklungsmaßnahmen, wie hier die Einführung von Gruppenarbeit, führen können. Da einige Jahre später ein Mitarbeiter aus diesem Unternehmen an einem berufsgenossenschaftlichen Seminar teilnahm, füge ich an dieser Stelle beides zusammen.

Der Ausgangspunkt. – In einem Unternehmen der chemischen Industrie mit einem ausgezeichneten Sicherheitsmanagement wurde Gruppenarbeit als neue Form der Arbeitsorganisation eingeführt. Die alte Meister-Gruppenleiter-Mitarbeiter-Hierarchie wurde aufgelöst und mehr Eigenverantwortung an die Mitarbeiter delegiert. Die ehemaligen Meister wurden nun zu Beratern („Coachs") und entsprechend geschult. Die folgende Aufstellung machte einer dieser Coachs.

Die Aufstellung. – Der Coach stellt fünf Figuren in einem Kreis auf: einen Anlagenleiter, einen Anlagensicherheitsingenieur, einen Werkssicherheitsbeauftragten, einen Feuerwehrkommandanten und einen Mitarbeiter. Die Betriebsärztin und den Werkssicherheitsingenieur stellt er abseits mit Blick auf diese Gruppe (Bild 4.3.7). Auf den ersten Blick wirkt diese Aufstellung harmonisch und geordnet.

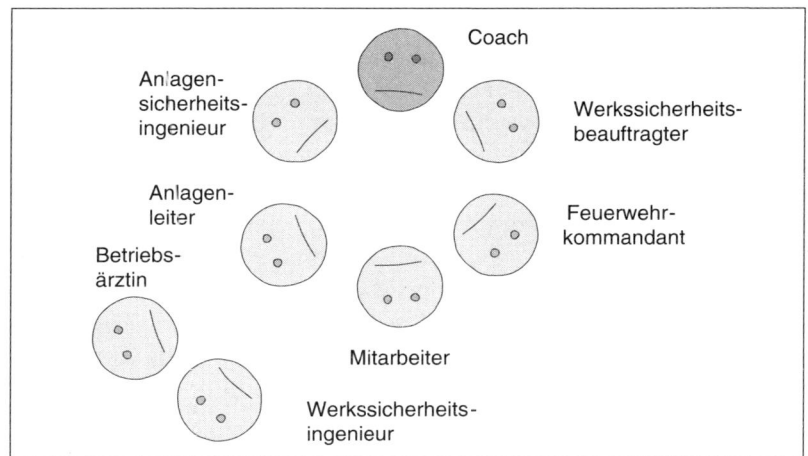

Bild 4.3.7: Wer hat was zu sagen, und wer gehört dazu?

Die Empfindungen und Äußerungen der Repräsentanten ergeben jedoch ein anderes Bild. Der Stellvertreter für den Anlagenleiter hat nicht das Gefühl, man stehe hier als Team. Jeder schaue nur herum. Es gebe zwar im Kreis keine Konfrontation, aber vom Werkssicherheitsingenieur und der Betriebsärztin fühle er sich sehr beobachtet. Ansonsten habe er nicht den Eindruck, „der Chef" zu sein.

Der Anlagensicherheitsingenieur ist verwirrt und fragt sich, „ob hier die Sicherheit der Chef ist?" Er habe den Eindruck, hier der Chef zu sein. Die Betriebsärztin und der Werkssicherheitsingenieur da hinten kämen ihm völlig hilflos vor. Auch frage er sich, „worin der Coach ihn denn beraten solle und wozu es diesen überhaupt brauche".

Auch der Werkssicherheitsbeauftragte kann kein Teamgefühl feststellen. Jeder verschließe sich eher vor dem anderen. Der Stellvertreter für den Mitarbeiter fragt sich, „was er hier soll" und versucht sich auf den Anlagensicherheitsingenieur zu konzentrieren. Von diesem fühlt er sich „ziemlich abhängig". Die anderen inner- und außerhalb des Kreises seien ihm gleichgültig. Er verspüre auch starke Anspannungen in seinem Körper (Schmerz in der Schulter, Druck auf dem Ohr).

Der Stellvertreter für den Feuerwehrkommandanten weiß nicht so recht, was er in diesem Kreis soll. Er empfindet eher Gleichgültigkeit. Einzig der Stellvertreter für den Coach zeigt Optimismus: „Wir sind ein Team. Zumindest wir fünf – bis auf den Mitarbeiter." Er nimmt seine anfängliche Euphorie dann wieder zurück und schwächt ab: „Wir können ein Team sein. Ich hoffe es zumindest." Zum Werkssicherheitsingenieur und zur Betriebsärztin gewandt, meint er: „Die beiden da hinten gehören eigentlich raus."

Der Stellvertreter für den Werkssicherheitsingenieur fühlt sich nur mit der Betriebsärztin verbunden, ansonsten außen vor und sehr beobachtend. Der Kreis sehe zwar wie eine Einheit aus, sei es offenbar aber nicht. Er selbst habe keine Macht.

Die Stellvertreterin für die Betriebsärztin hat zwar einen guten Blickkontakt zum Coach und Kontakt zum Werkssicherheitsingenieur neben sich. Aber auch sie hat das Gefühl, in diesen Kreis nicht hineinzukommen. In der Tendenz gehe sie eher aus dem Betrieb hinaus.

Kommentierung. – Die Vorstellung „Wir sind ein Team!" verleitet Aufstellende dazu, alle Beteiligten im Kreis aufzustellen. Selten jedoch sind dann die Arbeitsbeziehungen der Aufgestellten untereinander harmonisch und produktiv. So wird in diesem Fallbeispiel deutlich, dass die Vorstellung von einem Team gleichberechtigter und verantwortlicher Mitarbeiter die Frage nach Führung, Einfluss und Macht nicht verdrängen kann und keine Gleichheit der Positionen schafft. Es entsteht unterschwellig eine Konkurrenzsituation und die Frage taucht auf: Wer ist wichtig und wessen Position eventuell überflüssig? Nur der umgeschulte und mit der Gruppenarbeitsphilosophie vertraut gemachte Coach hofft auf die Entwicklung eines Teamgeistes und verbreitet Zweckoptimismus, um seine ihm neu übertragene Position zu rechtfertigen. Aber auch er grenzt andere aus. Zum Mitarbeiter hat er keinen Bezug.

Der Mitarbeiter ist isoliert in dieser Runde und auf der Suche nach einer Person, an der er sich orientieren kann. Er steht unter dem stärksten Druck. Dies ist insofern plausibel, da sich durch die Einführung der Gruppenarbeit für die Mitarbeiter das Arbeitspensum erhöht hat. Bei verringerter Mannschaftsstärke den vorgegebenen hohen Sicherheitsstandard des Werks einzuhalten, scheint eine starke Belastung darzustellen. Das Ergebnis dieser Aufstellung steht in Einklang mit den übrigen Beobachtungs- und Befragungsdaten, die wir in unserer Betriebsstudie erheben konnten.

Zwei Jahre später. – In einem Seminar der Berufsgenossenschaft bat ein Mitarbeiter aus dieser Firma um eine Aufstellung. Er ist in einem Betrieb des Unternehmens als Projektmanager tätig. Sein Anliegen war, gegenüber den Kollegen und Mitarbeitern die Sicherheitsstandards des Unternehmens mit mehr Selbstsicherheit zu vertreten. Auch dann, wenn er nicht unmittelbar als Vorgesetzter für eine Gefährdungssituation verantwortlich ist. Aktueller Anlass war für ihn, dass er Mitarbeiter bei Reinigungsarbeiten an hochliegenden Rohrleitungen beobachtet hatte. Er befürchtete, dass diese von ihrer, seiner Meinung nach nicht ausreichend gesicherten, Arbeitsbühne stürzen könnten. Er fragte sich, ob es richtig war, den zuständigen Kollegen in diesem Bereich nur darauf anzusprechen, oder ob es besser gewesen wäre, sofort die Arbeit einstellen zu lassen. Später sah er nämlich, dass die Schutzmaßnahmen dennoch nicht verbessert wurden. Hätte er also die Reinigungsarbeiter sofort dazu veranlassen sollen, ihre Arbeit zu unterbrechen, bis die ihm erforderlich erscheinenden Schutzmaßnahmen ergriffen wurden?

Die Aufstellung brachte im Kern folgende Einsicht: Die Trennung von *Verantwortung* für Arbeitssicherheit und *Position* in der betrieblichen Hierarchie funktioniert nur, wenn jeder Unternehmensangehörige verbindlich eingreifen und gegebenenfalls die Unterbrechung unsicherer Arbeitsweisen bewirken kann. Diese Möglichkeit muss von allen Beteiligten anerkannt und akzeptiert sein. Das ist in diesem Unternehmen gegeben. Neben der „weichen" Methode, andere auf Sicherheitsmängel hinzuweisen und ihnen entsprechende Maßnahmen zu raten, muss auch der „harte" Weg offen stehen, Arbeitsunterbrechungen zu veranlassen, damit die erforderlichen Sicherheitsmaßnahmen ergriffen werden. Dies setzt die Fähigkeit zu einer verantwortungsbewussten Risikoeinschätzung bei allen Beteiligten voraus.

Rückmeldung. – Zu dem obigen Text schrieb mir der Seminarteilnehmer folgenden Kommentar: „Ihrer abschließenden Analyse stimme ich voll zu. Neben dem ‚weichen' Weg muss auch der ‚harte' Weg der Stilllegung der Arbeiten möglich sein. Mitarbeiter empfinden Gefahrenpotenziale jedoch unterschiedlich. Diskussion darüber, natürlich solange keine akute Gefahr besteht, schafft einen einheitlichen Sicherheitsstandard – im vorliegenden Fall leider nicht, da ein abschließendes Gespräch zwischen dem Kollegen und mir noch nicht geführt wurde. Dies macht aber deutlich, wie wichtig effektive Kommunikation bis zum Ende ist, wenn Sicherheitsarbeit auf jeden einzelnen Mitarbeiter übertragen wird."

4.3.8 Sicherheit wächst von unten

Das Anliegen. – Frau M. ist Sicherheitsbeauftragte in einem Chemielabor. Sie möchte mehr Zugang zu ihren Kollegen finden und sie mehr für die Sicherheitsarbeit sensibilisieren. Vor kurzem hatte sie mit ihrem Vorgesetzten vereinbart, auf einer Mitarbeiterversammlung einen Beitrag zum Thema Arbeitssicherheit im Labor zu gestalten. Bei der Mitarbeiterversammlung hatte ihr Vorgesetzter dies aber vergessen und Frau M. kam nicht zu Wort. Sie fragt sich jetzt, ob sie den Vorgesetzten darauf ansprechen oder lieber doch nichts sagen soll.

Die Aufstellung. – Ich bitte Frau M., zunächst sich und ihre vier Arbeitskollegen aufzustellen. Der Stellvertreter von Kollege A sieht sich in einer Konfrontation zur Stellvertreterin von Frau M. Auch diese spürt die starken Spannungen, ebenso Kollege B. Die Kollegen C und D fühlen sich auf ihrer Position hingegen relativ wohl (Bild 4.3.8a).

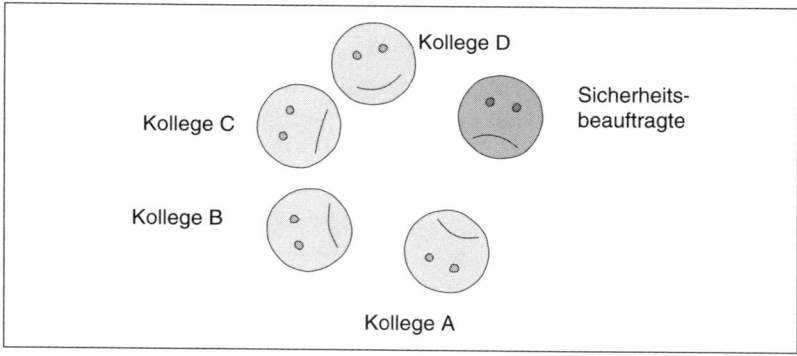

Bild 4.3.8a: Spannungen unter Kollegen

Befragt nach einem möglichen Konflikt zwischen ihr und dem Kollegen A sagt Frau M., es gebe in der Tat Spannungen mit diesem Kollegen. Sie beide würden ungefähr gleich lange in diesem Labor arbeiten, sie zehn Jahre, der Kollege neun Jahre. Sie hätten beide eine weitere Ausbildung gemacht. Sie sei damit etwas früher fertig geworden und hätte daraufhin eine etwas höher bezahlte Tätigkeit im Labor bekommen.

Ich lasse daher die Stellvertreter diesen Konflikt klären. Die Stellvertreterin von Frau M. sagt: „Wir haben beide die gleiche Qualifikation und arbeiten ungefähr gleich lange in diesem Labor. Ich hatte Glück, etwas früher mit der Ausbildung fertig zu werden. Man hat mir dann die besser bezahlte Tätigkeit gegeben. Ich hoffe, dass auch du Glück hast, wenn wieder eine höher dotierte Stelle besetzt wird." Diese Sätze entspannen das Verhältnis der beiden. Die Ressentiments des Stellvertreters von Kollege A der Stellvertreterin von Frau M. gegenüber schwinden. Er könne jetzt sehen, dass seine Kollegin Glück gehabt habe und die Besetzung der besser bezahlten Tätigkeit von höherer Stelle im Betrieb getroffen worden sei.

Die anderen Kollegen haben die Konfliktklärung mit Interesse verfolgt und sehen sie positiv. Wir können die Gruppe nun unter Bezugnahme auf die unterschiedliche Betriebszugehörigkeit umstellen (Bild 4.3.8b). Die Sicherheitsbeauftragte bietet dem Kollegen neben ihr jetzt an: „Ich bin schon länger Sicherheitsbeauftragte. Wenn du möchtest, kannst du diese Funktion übernehmen." Der Kollege fühlt sich von dem Angebot geehrt, meint aber, Frau M. solle diese Funktion weiter ausüben. Sie habe viel Erfahrung mit der Arbeit im Labor. Auch den anderen Kollegen bietet die Stellvertreterin von Frau M. an: „Ich mache noch eine Weile die Sicherheitsbeauftragte. Dann kann jemand von euch dieses Amt übernehmen." Die Kollegen finden dieses Angebot gut, sehen darin einerseits eine Chance für ihre berufliche Entwicklung, andererseits nehmen sie auch die damit verbundene Zusatzarbeit wahr.

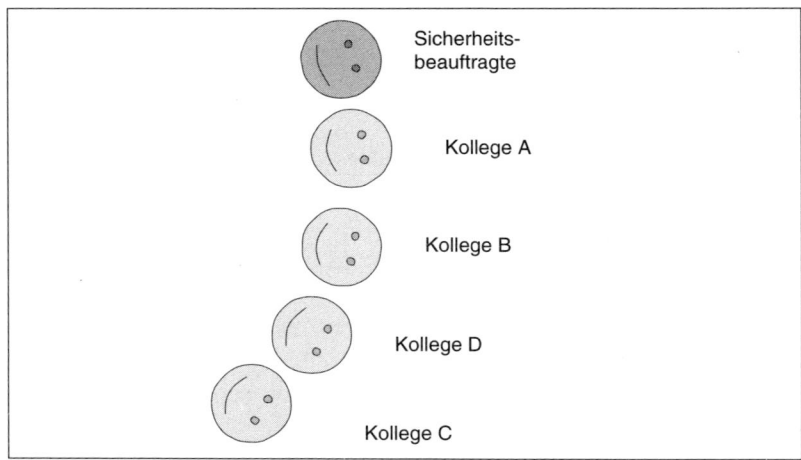

Bild 4.3.8b: Entspannung unter den Kollegen

Nun stellt Frau M. den Vorgesetzten in die Aufstellung dazu. Sie stellt ihn zunächst zu nahe an die Gruppe. Auch die gemeinsame Arbeitsaufgabe in diesem Labor positioniert sie so, dass sie nicht für alle im Blick ist. Die Aufgabe verschwindet neben bzw. hinter dem Vorgesetzten. Mein Umstellungsvorschlag wird dann von allen Stellvertretern für gut befunden (Bild 4.3.8c).

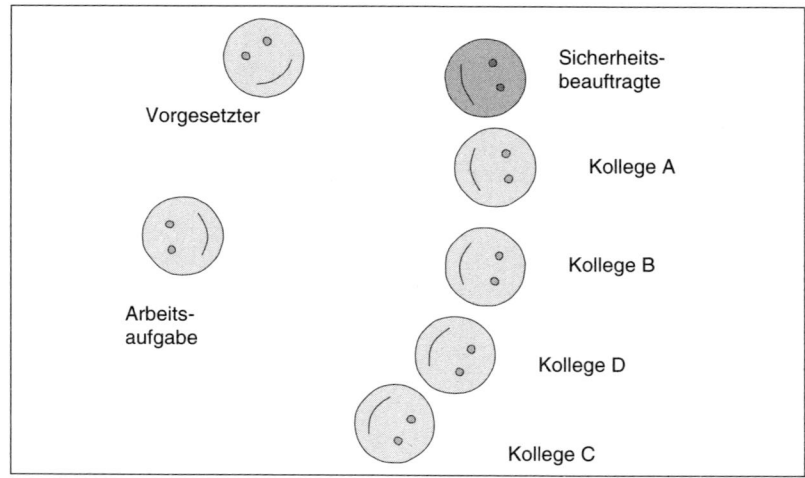

Bild 4.3.8c: „Die Aufgabe ist wichtiger als der Vorgesetzte."

130

Der Stellvertreter der Arbeitsaufgabe sagt jetzt: „Ich merke, dass ich für alle sehr bedeutsam bin. Ich bin eigentlich wichtiger als der Vorgesetzte." Ich wechsle Frau M. ein und lasse sie die Lösungsschritte „Konfliktklärung mit Kollege A" und „Einholen der Zustimmung zu ihrer Sicherheitsbeauftragtenfunktion bei den Kollegen" vollziehen. Zum Vorgesetzten sagt sie dann: „Ich habe als Sicherheitsbeauftragte die Zustimmung meiner Kollegen. Ich sorge jetzt mit dafür, dass wir im Labor sicher arbeiten." Der Stellvertreter des Vorgesetzten meint, er könne sich den Forderungen von Frau M. nun nicht mehr entziehen. Er sei froh, dass sie Sicherheitsbeauftragte sei.

Kommentierung. – Sicherheitsbeauftragte befinden sich in einer schwierigen Position. Sie leisten unentgeltlich Sonderaufgaben. Ihre Kollegen sind misstrauisch, ob sie sich damit nicht zu sehr profilieren wollen. Sicherheitsbeauftragte handeln zum Schutz der Kollegen, müssen dafür aber auch Maßnahmen unterstützen, die für die Kollegen oft lästig sind (z. B. Schutzbrille tragen). Dem Vorgesetzten sind sie manchmal auch unbequem, wenn sie die Einhaltung von Sicherheitsvorschriften oder bessere Schutzmaßnahmen fordern. Dies kostet meist Zeit und Geld.

Sicherheitsbeauftragte können also leicht zwischen die Fronten geraten. Daher ist es wichtig, dass sie mit ausdrücklicher Zustimmung ihrer Kollegen diese Funktion übernehmen. Dann haben sie den erforderlichen Rückhalt, dem Vorgesetzten selbstbewusst gegenüberzutreten und von den Kollegen die Einhaltung von Sicherheitsvorschriften in ihrem eigenen Interesse einzufordern.

Sicherheitsbeauftragte dürfen nicht als Hilfstruppe der Abteilung Arbeitssicherheit aufgefasst werden. Die umgekehrte Sichtweise führt weiter: Die Sicherheitsbeauftragten brauchen die Sicherheitsfachkräfte als Experten, die ihre Arbeit vor Ort unterstützen. So wächst Sicherheit von unten.

4.3.9 „Wir haben gelernt!"

Das Anliegen. – Herr F. ist Betriebsmeister. Er möchte gerne wissen, was er tun kann, damit auch Fremdfirmenpersonal die Schutzkleidung korrekt trägt. Aktueller Anlass ist die Situation, dass vor einigen Tagen in seinem betrieblichen Zuständigkeitsbereich Tankreinigungsarbeiten von einer externen Firma durchgeführt wurden. Er selbst habe den Erlaubnisschein für die Arbeiten ausgestellt. In der

Auftragsvereinbarung zwischen seinem Vorgesetzten, dem Betriebsleiter und der Reinigungsfirma sei ausdrücklich auf die Einhaltung
der Sicherheitsvorschriften hingewiesen worden. Während der Arbeiten hatte Herr F. die Mitarbeiter der Fremdfirma aber wiederholt
ohne Schutzbrillen angetroffen. Das Risiko von Augenverätzungen
beurteilte er als hoch. Er habe den Kolonnenführer der Fremdfirma
daher auf diesen Mangel aufmerksam gemacht. Dies hätte das
sicherheitswidrige Verhalten der Reinigungsarbeiter aber nicht verändert. Er habe sich in dieser Situation sehr unwohl gefühlt. Von seinem Vorgesetzten habe er sich in diesem Moment keine Unterstützung holen können.

Die Aufstellung. – Ich lasse Herrn F. die Situation aufstellen. Neben
den Akteuren – Betriebsleiter, Betriebsmeister, Kolonnenführer, Reinigungsarbeiter – nehmen wir auch Stellvertreter für „die Unfallgefährdung" und „das Geld" hinzu, das diese Reinigungsmaßnahme
kostet (Bild 4.3.9a).

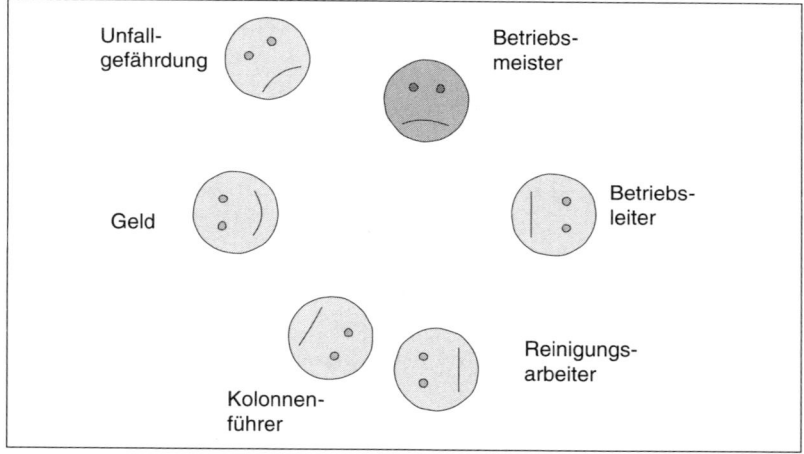

Bild 4.3.9a: Auf das Geld fixiert

Die Stellvertreter des Betriebsleiters und des Kolonnenführers sind
sehr auf „das Geld" fixiert, das diese Reinigungsmaßnahme kostet
bzw. einbringt. Vom anderen um sich herum nehmen sie wenig wahr.
Der Mitarbeiter der Fremdfirma spürt nur, dass er hier seine Arbeit
machen soll. Von einer Unfallgefährdung nimmt er nichts wahr. „Die

Unfallgefährdung" hat spontan den Impuls, zum Arbeiter hinzuge-
hen. Sie beeindruckt den Arbeiter aber immer noch nicht. Er sieht
keine Veranlassung, seine bisherige Arbeitsweise zu verändern und
eine Schutzbrille zu tragen. Diese sei lästig und beschlage beim Arbeiten.

Ich frage nun Herrn F., ob es im Betrieb bereits einen Unfall mit
einer Augenverletzung gegeben hätte. Er erinnert sich sofort an einen Vorfall vor einigen Jahren, als ein Mitarbeiter durch Natronlauge
eine schwere Augenverätzung erlitt und beinahe völlig blind wurde.
Diesen Mitarbeiter lasse ich Herrn F. in die Aufstellung dazustellen.
Auf den Kolonnenführer und den Reinigungsarbeiter macht dieser
Mann wenig Eindruck. Beide meinen, dieser Unfall habe nichts mit
ihnen zu tun.

Als jedoch der Stellvertreter von Herrn F. den Betriebsleiter an
den Verunfallten im Werk erinnert, lässt dessen Fixierung auf „das
Geld" nach. Er meint, bei der Auftragserledigung müsse auf jeden
Fall die Sicherheitskleidung vollständig getragen werden.

Herr F. stellt noch den Inhaber der Reinigungsfirma in die Aufstellung. Es kommt zu einem Dialog zwischen diesem und dem Betriebsleiter. Der Inhaber der Reinigungsfirma gewinnt in dessen Verlauf die Einsicht, dass es auch für Folgeaufträge in diesem Betrieb
besser ist, Unfälle zu vermeiden. Er kann sich vorstellen, für die der-
zeitigen Arbeiten einen zusätzlichen Arbeiter abzustellen und in den
Folgeaufträgen die Zusatzkosten wieder einzufahren. Seinem
Kolonnenführer gibt er klare Anweisungen, auf die Einhaltung des
Tragegebots für Schutzbrillen hinzuwirken.

In der Schlussaufstellung (Bild 4.3.9b) hat auch der Arbeiter den
Eindruck, dass es wegen der Unfallgefährdung besser ist, bei den
Reinigungsarbeiten die Schutzbrille konsequent zu tragen. Herr F.
nimmt nun seinen Platz in der Aufstellung ein. Ich bitte ihn, zu dem
Verunfallten neben ihm zu sagen: „Wir haben gelernt! Dein Unfall
war nicht umsonst." Der Stellvertreter des Verunfallten ist davon
sichtlich berührt.

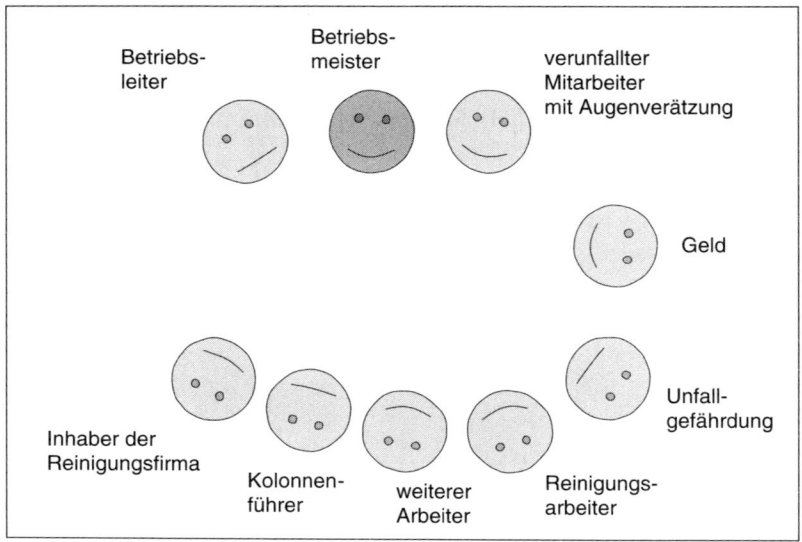

Bild 4.3.9b: Unfallgefährdung und Geld am richtigen Platz

Kommentierung. – Zunächst fällt in diesem Beispiel auf, dass die Unfallgefährdung für niemandem im Blickfeld ist. Sogar der Betriebsmeister hat sie so aufgestellt, dass er sie nicht sieht. Das heißt, er ist trotz seiner Sorge wegen möglicher Unfälle mit etwas anderem mehr beschäftigt als mit der Gefahr. Eine Lösung kann erst gelingen, wenn die Unfallgefährdung tatsächlich wahr- und damit ernst genommen wird. Sie muss allen deutlich vor Augen geführt werden. Der bereits verunfallte Mitarbeiter ist dafür ein probates Hilfsmittel.

Werden Aufträge an externe Firmen – „Fremdfirmen" – vergeben, treffen zwei Arbeitsbeziehungssysteme aufeinander. Jedes System hat seine eigene „Kultur" im Umgang mit Unfall- und Gesundheitsgefahren. Stellt die Auftragsfirma höhere Anforderungen an sicheres Arbeiten, als es die ausführende Firma gewohnt ist, bedarf dies spezieller vertraglicher Vereinbarungen. Der frühere Unfall mit Augenverätzung gehört zum Arbeitsbeziehungssystem der Auftragsfirma. Einer ihrer Mitarbeiter wurde schwer verletzt. Sie bezieht daraus ihre Verpflichtung für den hohen Sicherheitsstandard in ihrem Betrieb. Die Auftragsfirma könnte aus diesem Unfall zwar auch lernen, wenn man sie darauf hinweist. Wenn sie auch aus anderen Gründen (Folgeaufträge!) für sicheres Arbeiten ihrer Mitarbeiter sorgt, ist das ebenso in Ordnung. Arbeitsbeziehungssysteme können auf unterschiedlichen Wegen ihre Sicherheitskultur entwickeln.

Aus Unfällen lernen

„Wir hatten einen Unfall, bei dem eindeutig die Sicherheitsvorschriften vom Mitarbeiter nicht eingehalten wurden. Wir fragen uns jetzt, warum das so ist. Wie können wir den ‚Faktor Mensch' besser verstehen, um solche Unfälle in Zukunft zu vermeiden?" Diese Frage taucht in jedem Seminar mit Sicherheitsfachkräften auf. Im Prinzip ist das Anliegen, den „Faktor Mensch" besser zu verstehen, nicht falsch. In einer Situation nach einem Unfall ist diese Frage aber wenig hilfreich, wie die Rekonstruktion von Unfällen mittels Aufstellungen stets zeigt.

Die Frage „Warum hat der Mitarbeiter die Sicherheitsvorschriften nicht beachtet?" löst beim Verunfallten nur Widerstand und Rechtfertigungsbemühungen aus, um sein angeschlagenes Selbstwertgefühl zu retten: „Ich war im Stress! Es ging alles so schnell …!" Er möchte den Unfall am schnellsten vergessen. Auch bei den Arbeitskollegen eines Verunfallten erzeugen solche Nachfragen eher Abwehrtendenzen: „Immer wird bei uns Mitarbeitern die Schuld nach Unfällen gesucht. Der Betrieb müsste viel mehr …" Im Grunde sind die Warum-Fragen der Vorgesetzten und Sicherheitsexperten nur verdeckte Entschuldigungsbemühungen angesichts des Unfallereignisses: „Wir haben doch alles getan!" Ein solches Nachforschen fördert in der Regel keine neuen Erkenntnisse zutage. Er verhindert im Gegenteil Lernprozesse. Der Verunfallte steht am Pranger, Vorgesetzte und Sicherheitsexperten treten wie Ankläger auf. Der Verunfallte blockt ab, je mehr andere auf ihn eindringen. Um irgendetwas zu tun, werden dann oft auch völlig unsinnige und überflüssige Maßnahmen ergriffen.

Aus Unfällen kann man durch Folgendes eher etwas lernen:

- Den Unfall als ein Trauma anerkennen, das alle plötzlich hilflos macht: „Wir haben es alle nicht verhindern können. Unsere Bemühungen reichten nicht aus, die Unfallgefahr in den Griff zu bekommen."
- Auf die Schmerzen und das Leid des Verunfallten sehen: „Wir haben ein Opfer zu beklagen, dass eventuell für den Rest seines Lebens gezeichnet ist."
- Auf Be- und Entschuldigung verzichten. Der Verunfallte ist kein „schlechtes Vorbild" für die Kollegen. Er hat durch die Verletzung den Preis für sein Verhalten bezahlt.

– Bei der Ursachenanalyse sachlich bleiben (Gefahr, Arbeitsmittel, besondere Bedingungen ...).
– Den Verunfallten für die Sicherheitsarbeit im Betrieb gewinnen. Sein Opfer soll nicht umsonst gewesen sein. Sein Unfall bildet einen bleibenden Beweis für die Notwendigkeit, Gefahren nicht zu unterschätzen.

4.4 Arbeitskreis Arbeitsbeziehungsaufstellungen

Der Arbeitskreis Arbeitsbeziehungsaufstellungen besteht, wie schon erwähnt, seit 1997. Wegen der großen Nachfrage moderiere ich mittlerweile zwei Gruppen mit bis zu 40 Teilnehmern pro Abend, die sich einmal im Monat treffen. In diesen Austauschgruppen taucht eine Fülle von Anliegen auf. Pro Abendveranstaltung, die drei Stunden dauert, stellen wir im Durchschnitt drei bis vier Anliegen von Teilnehmern auf. Dadurch lernen wir, das Instrument der Arbeitsbeziehungsaufstellung zu schärfen. Neben mir leiten auch andere Aufsteller Aufstellungen in diesen Arbeitskreisen. Es ist für alle ein Gewinn, die unterschiedlichen Arbeitsstile von Aufstellern mitzuerleben.

Der Ebenenwechsel vom Arbeits- zum Familienbeziehungssystem ist in diesem Kontext möglich und er kommt vor – wiederum nur bei ausdrücklicher Zustimmung des betroffenen Gruppenteilnehmers. Da an diesem Arbeitskreis viele Therapeuten und Trainer teilnehmen, werden auch Supervisionsanliegen eingebracht.

4.4.1 „Schade!"
Das Anliegen. – Alexandra hat nach ihrem Abitur eine Schreinerlehre begonnen. Sie will später Innenarchitektin werden. Ihre Lehre dauert noch ein Jahr. Sie ist das einzige Mädchen in der Werkstatt. Neben ihr gibt es einen männlichen Lehrling, der ein Jahr weiter ist als sie. Sie sagt, sie habe bisher einen sehr guten Kontakt zum Chef, dem Inhaber und Meister, in der Schreinerei gehabt. Ihr Chef habe sich vor einiger Zeit von seiner Frau getrennt. Letztes Jahr um Weihnachten seien mehrere aus der Firma zusammen mit dem Chef und seinen Kindern gemeinsam beim Schlittenfahren gewesen. Alles sei sehr familiär abgelaufen und sie hätten sich alle geduzt. Ihr Chef habe mit ihr auch über seine persönlichen Probleme geredet. Seit kurzem habe er wieder eine neue Freundin.

Alexandra klagt nun, sie könne ihrem Meister seit zwei Monaten im Betrieb nichts mehr recht machen. Dauernd sage er, sie sei schuld, und „er ist eingeschnappt, wenn ich widerspreche. Ich soll zu allem Ja und Amen sagen". Sie fühle sich in der Arbeit völlig blockiert und demotiviert. Am Feierabend seien dann alle gut Freund und es sei wieder familiär. Dem männlichen Lehrling ginge es genauso. Unter diesen Umständen wisse sie nicht, ob sie ihre Lehrzeit in der Schreinerei noch zu Ende bringen könne oder hier aufhören müsse.

Die Aufstellung. – Ich bitte Alexandra, zunächst ihren Chef und sich selbst mit Stellvertretern aufzustellen. Es kommt dabei heraus, was Bild 4.4.1a wiedergibt.

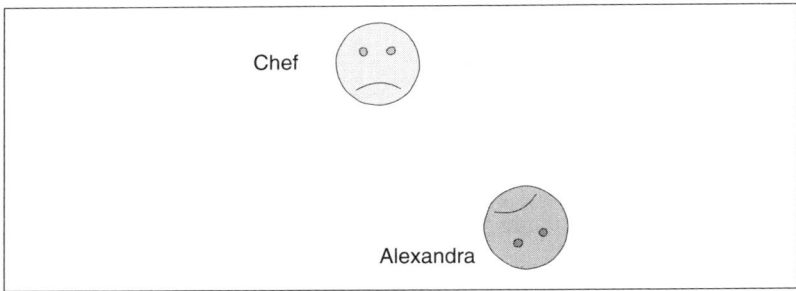

Bild 4.4.1a: Kontaktwunsch und Abwehr

Alexandras Stellvertreterin sagt: „Ich habe Herzklopfen, links ist mir ganz heiß, ich bin angespannt. Ich brauche Abstand und muss etwas tun." Sie verändert suchend ihre Position. Der Stellvertreter des Chefs meint dazu: „Besonders viel arbeiten wird Alexandra hier nicht, wenn sie so rumläuft."

Alexandra wird wütend und geht auf die nächste Position: „Ich will, dass er mich anschaut!" Ihr Chef wehrt ab: „Jetzt steht sie mir direkt im Weg. Sie ist keine große Hilfe." Darauf Alexandras Stellvertreterin: „Sag mir, was ich tun soll! Gib mir Arbeit!" Der Chef dazu: „Tue ich genügend."

Ich bitte jetzt Alexandra, jemanden stellvertretend für die Aufgabe hinzuzustellen (Bild 4.4.1b). Der Chef ist davon wenig angetan: „Ich brauchte Alexandra dort" (*zeigt links neben sich*). Zu Alexandra sagt er: „Dass die Aufgabe da neben dir steht, bedeutet nichts. Du kannst dich ja auch aufs Holz setzen und schlafen." Alexandras Stell-

vertreterin ist verwirrt, wütend und enttäuscht. Sie ist völlig blockiert und kann sich nicht mehr bewegen. Ich fordere sie daher auf,
dorthin zu gehen, wo ihr Chef es ihr angedeutet hat. Dort ist es ihr
aber zu nahe neben dem Chef. Sie fühlt sich unwohl, und ich schlage
ihr vor, zum Chef zu sagen: „Ich brauche den Abstand."

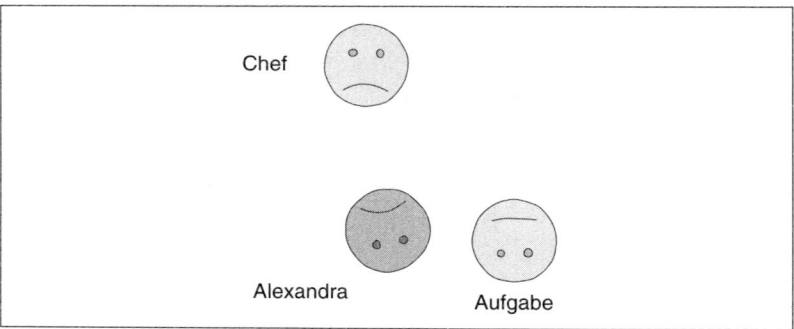

Bild 4.4.1b: Was ist Alexandras wirkliche Aufgabe?

Ich bitte den Chef zu Alexandra zu sagen: „Wir sind keine Familie
und auch kein Ersatz dafür." Man sieht es am Gesichtsausdruck von
Alexandras Stellvertreterin deutlich, wie sie diese Äußerung des
Chefs bedauert. Ich lasse sie daher sagen: „Schade!" Sie fügt dann
noch selbst hinzu: „Vielleicht kann jetzt etwas Neues entstehen."

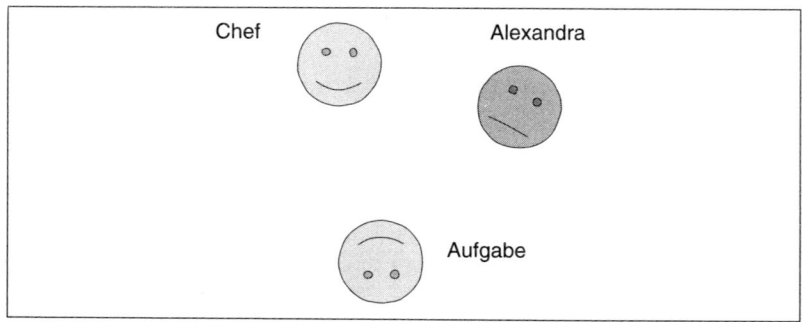

Bild 4.4.1c: Gemeinsamer Blick auf die Aufgabe

Nun stellt sich Alexandra selbst in die Aufstellung an den Platz ihrer
Stellvertreterin (Bild 4.4.1c). Ich schlage ihr vor, zum Chef zu sagen:
„Ein bisschen hab ich es mir gewünscht – das mit der Familie." Der

Chef gibt ihr darauf zur Antwort: „Ein bisschen wäre auch in Ordnung." Darauf Alexandra: „O. k., ich habe es jetzt verstanden."

Kommentierung. – Diese Aufstellung zeigt, wie sich Ausbilder und Auszubildende in kleinen Firmen verstricken können. Der Firmeninhaber und Meister leidet unter dem Scheitern seiner Ehe. Er sucht sich in dieser für ihn persönlich belastenden Situation Trost und Ersatz für den verlorenen familiären Rückhalt bei seinen Mitarbeitern in der Firma. Er fördert ein Klima des Vertrauens und weiht seinen weiblichen Lehrling auch in seine partnerschaftlichen Beziehungsprobleme ein. Es entwickelt sich dadurch eine persönliche Nähe zwischen beiden. Dass der Chef dann wieder eine Freundin gefunden hat, ändert seine Situation. Für ihn sind seine Mitarbeiter nun vor allem wieder dazu da, ihn bei seiner Arbeit zu unterstützen. Zumal, wie Alexandra in einem späteren Gespräch sagte, ein größerer Auftrag bewältigt werden musste.

Der Chef baut die zuvor geförderte Nähe wieder ab und hat Angst davor, die persönliche Nähe könnte als Ausflucht genommen werden, sich seinen Arbeitsanweisungen zu widersetzen. Für den Lehrling ist dieses Wechselbad der Gefühle schwer zu verarbeiten. Zuerst war sie eine gewisse Zeit Vertraute für den Chef, und sie bekam dadurch als Person Anerkennung. Dann wieder war sie nur eine Arbeitskraft, deren Fähigkeiten, Nähe zuzulassen, nicht mehr gefragt waren und gebraucht wurden. Die Folgen einer Vermischung zwischen einem Freundschafts- und einem Arbeitsbeziehungssystem treten in diesem Fallbeispiel deutlich zutage.

Rückmeldung. – Ich treffe Alexandra einige Wochen nach der Aufstellung. Sie sagt, sie habe durch die Aufstellung jetzt verstanden, dass sie bei ihrem Chef nach der Anerkennung gesucht habe, die sie von ihrem Vater nie erhalten habe. Ihre Eltern hatten sich scheiden lassen, als sie zwei Jahre alt war. Auch später sei sie nie wirklich an ihren Vater herangekommen, den sie oft wegen seiner praktischen Fähigkeiten bewundert habe. Sie könne jetzt davon absehen, wenn ihr Vorgesetzter ihr zu Unrecht Vorwürfe mache. Nun habe sie ihren Ehrgeiz wieder und sie werde ihre Lehre auf alle Fälle zu Ende machen.

4.4.2 „Jetzt wird es ernster!"

Das Anliegen. – Als die Reihe in der Anfangsrunde an sie kommt, meint Konstanze, sie befinde sich derzeit in einer für sie sehr schwierigen Situation. Sie habe zu Hause einen Arbeitsvertrag liegen, und die Entscheidung, ihn zu unterschreiben, falle ihr sehr schwer. Während sie dies ausspricht, schießen ihr Tränen in die Augen, und sie kämpft sichtlich damit, ihr aus der Tiefe hochkommendes Schmerzgefühl zu unterdrücken. Alle merken, dass ihre aktuelle Situation zwar der Auslöser, nicht aber der Grund für die Gefühle sein kann, die sie jetzt überwältigen.

Sie schildert dann, dass sie bereits seit zehn Monaten arbeitslos sei. Sie habe zwar viele Bewerbungen losgeschickt, aber bisher nichts angenommen. Auch ein Stellenangebot des Arbeitsamtes hätte sie abgelehnt. Nun läge ihr wieder ein Angebot vor, eine Stelle anzunehmen und einen Arbeitsvertrag zu unterschreiben. Sie habe jedoch das Gefühl, eine Arbeit nehme ihr ihre Lebenskraft. Sie wolle gerne noch länger arbeitslos sein, obwohl sie andererseits auch nicht mehr so recht wüsste, was sie Sinnvolles mit ihrer freien Zeit anfangen solle. Erst Nachfragen von Anwesenden veranlassen Konstanze, ein Anliegen zu formulieren. Sie möchte herauszufinden, warum sie in Bezug auf ihre Arbeit so orientierungslos ist und warum sie sich so schwer tut, da oder dort zu arbeiten.

Die Aufstellung. – Ich schlage ihr vor, drei Personen aufzustellen: eine Stellvertreterin für sich selbst, jemanden, der die Arbeitslosigkeit repräsentiert und jemanden, der die Arbeit darstellt. Sie wählt für die Arbeitslosigkeit einen Mann und für die Arbeit eine Frau. Bild 4.4.2a gibt ihre Aufstellung wieder.

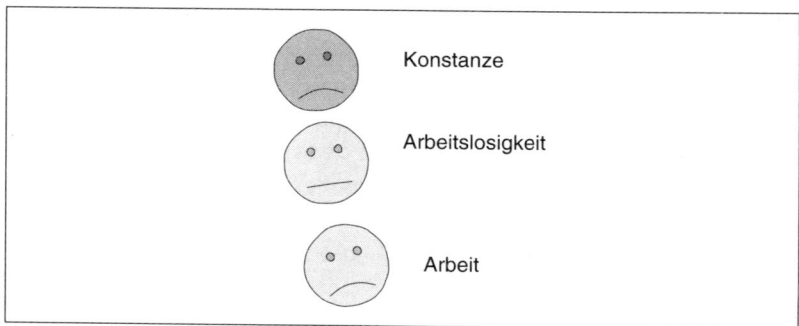

Bild 4.4.2a: Konstanze verharrt hinter der Arbeitslosigkeit

Ich fordere die Stellvertreter auf, ihren Bewegungsimpulsen nachzugeben. Allmählich drehen sich die Stellvertreter der Arbeit und der Arbeitslosigkeit um. Die Arbeit versucht, Kontakt zu bekommen mit der Arbeitslosigkeit. Diese meint, sie habe sich anfangs sehr lebendig gefühlt. Jetzt weicht sie aus und versteckt sich hinter Konstanze. Der Vertreter für die Arbeitslosigkeit sagt: „Wenn die Arbeit auf mich zukommt, wird es für mich sehr schwer." Konstanzes Stellvertreterin sieht dem Ganzen zu und meint, die anderen könnten machen, was sie wollten, sie selbst werde sich keinen Millimeter bewegen: „Ich halte mich hier am Platz fest." Das Kontaktsuchen und Sich-Verstecken zwischen Arbeit und Arbeitslosigkeit könnte im Grunde jetzt ewig weitergehen.

Nachdem durch die Positionsveränderung von Arbeit und Arbeitslosigkeit der Raum vor Konstanze frei geworden ist, stelle ich in ihre Blickrichtung eine neue Person, ohne diese näher zu benennen. Die Stellvertreterin von Konstanze sagt sofort, dass diese Person auf sie einen großen Einfluss ausübt. Die Arbeit sagt: „Für mich ist das Spiel jetzt zu Ende." (siehe Bild 4.4.2b.)

Konstanzes Stellvertreterin spürt große Anforderungen von der ihr gegenüberstehenden Person auf sich zukommen. Das wird von dieser Person ebenso bestätigt, indem sie sagt: „Ich fühle, dass ich sehr streng zu ihr bin. Ich erwarte, dass sie sich bewegt." Konstanzes Stellvertreterin kann sich nach wie vor nicht vom Fleck bewegen. Sie sagt: „Nie und nimmer. Ich will nicht." Darauf die Stellvertreterin für die hinzugestellte Person: „Ich warte." Konstanzes Stellvertreterin reagiert darauf gereizt und aggressiv: „Du kannst ewig warten." Die neu hinzugestellte Person meint, ihr Verhältnis zu Konstanze sei getragen von sehr viel Liebe und Wohlwollen. Konstanzes Stellvertreterin aber meint: „Ich kann damit nichts anfangen." Die Arbeitslosigkeit sagt nun: „Jetzt wird es ernster!" Auch die Arbeit spürt den Ernst.

Ich lasse daraufhin Konstanze selbst in die Aufstellung treten. Sie fängt sofort an zu weinen und macht der Person ihr gegenüber Vorwürfe, dass sie immer so streng mit ihr gewesen sei und dass sie sie auch oft geschlagen habe: „Du hast mich behindert. Du hast mich nicht so gelassen, wie ich bin." Die gegenüberstehende Person spürt das auch und meint, es tue ihr zwar jetzt leid, aber sie habe damals gedacht, es wäre richtig und müsse so sein. Konstanze geht weiter auf Abwehr: „Den Spruch kenne ich. Es hat das Gegenteil bei mir bewirkt." Die Person antwortet darauf: „Das sehe ich. Und das macht mich auch traurig. Ich würde dich gerne näher bei mir haben." Sie macht einen Schritt auf Konstanze zu.

Konstanze ist aber nicht in der Lage, dieser Annäherung standzuhalten, geschweige denn, ihrerseits auch auf diese Person zuzugehen. Sie versucht nun wieder, sich in den Schutz der Arbeitslosigkeit zu stellen. Ich unterbinde ihre Aktivität und lasse sie zur „strengen Person" sagen: „Ich bin noch nicht bereit für dich. Später!" Ich beende damit die Aufstellung.

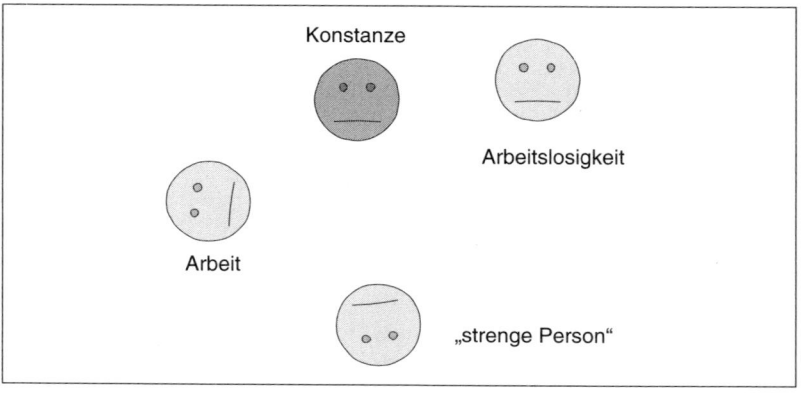

Bild 4.4.2b: Jetzt wird es ernster

Kommentierung. – Wir haben in der anschließenden Reflexionsrunde nicht aufgeklärt, wer diese „strenge Person" ist, mit der sich Konstanze konfrontiert sieht und der sie ausweicht. Vermutlich handelt es sich um einen Elternteil. Es hat sich bestätigt, dass die Gefühle, die gleich zu Beginn in ihr hochgekommen sind, Gefühle aus ihrer Kindheit sind. Obwohl ihr viele Möglichkeiten offen stehen, eine berufliche Karriere einzuschlagen, bleibt sie wegen der unerledigten Gefühle aus ihrer Vergangenheit in einer Erstarrung gefangen und ist blockiert. Die Auszeit, die sie sich durch die Arbeitslosigkeit nimmt, kann das zugrunde liegende Problem aus ihrer Kindheit nicht lösen. Sie schiebt es damit nur hinaus, sich mit dem für sie äußerst schmerzlichen Konflikt aus ihrer Vergangenheit auseinander zu setzen. Das Thema Arbeit und ihr aktueller Entscheidungskonflikt, ob sie ein vorliegendes Stellenangebot annehmen soll, ist nur der Nebenschauplatz, auf dem sich der unbewältigte seelische Konflikt aus ihrer Kindheit widerspiegelt. Die von ihr idealisierte Arbeitslosigkeit ist eine Ausdrucksform kindlicher Verweigerungshaltung. Konstanzes auffallende Zurückhaltung in der Anfangsrunde korrespondierte mit ihrer Haltung in der Aufstellung.

Wir haben nicht weiter nachgeforscht, was die genauen Hintergründe dieses Konflikts sind. In der Reflexionsrunde wünscht ihr Konstanzes Stellvertreterin, nicht so lange zu brauchen wie sie selbst, um über diese Erstarrung hinwegzukommen. Konstanze fühlt sich erleichtert und bedankt sich dann besonders bei der Teilnehmerin, die ihr in der Anfangsrunde Mut machte, sich ihrer Situation zu stellen.

Rückmeldung. – Ich habe auch Konstanze die Aufzeichnung ihrer Aufstellung zur Durchsicht gegeben. Bezüglich der hinzugestellten Person schrieb sie als Kommentar: „Für mich war es von Anfang an mein Vater. Bei jedem Lesen meiner Aufstellung wird mir klarer, wie wichtig es für mich ist, an dem Thema Vater – Kindheit – Angst – mangelnde Anerkennung zu arbeiten." Die ihr angebotene Arbeitsstelle hat sie mittlerweile angenommen.

4.4.3 Erdrückende Verantwortung

Das Anliegen. – Peter ist als Hausverwalter bei einer Firma angestellt und für über 600 Wohnungen verantwortlich. Er „liebt diese Aufgabe". Sie sei für ihn „genau das Richtige". Es bedrücke ihn aber immer mehr, dass ihn die Arbeit völlig in Beschlag nehme. Die Kunden forderten sehr viel von ihm, und so arbeite er 60 Stunden und mehr in der Woche, oft 15 Stunden am Tag. Für seine Frau und seine Kinder bleibe meist nur sehr wenig Zeit übrig. Er möchte in Erfahrung bringen, ob sein hohes Verantwortungsgefühl etwas mit seiner früheren Arbeit zu tun habe.

Die Aufstellung. – Ich bitte ihn, drei Personen aufzustellen: jemanden für sich selbst, jemanden für sein Verantwortungsgefühl und jemanden für die Menschen, denen gegenüber er dieses Verantwortungsgefühl verspürt. Peter stellt das folgende System auf (Bild 4.4.3a):

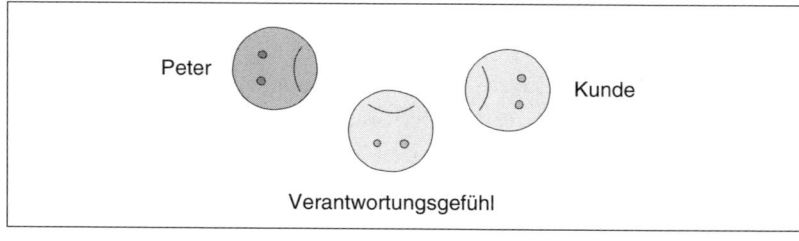

Bild 4.4.3a: Das drückende Verantwortungsgefühl

Den Stellvertretern geht es in dieser Konstellation nicht gut. Dem Verantwortungsgefühl ist es viel zu eng. Ich lasse „es" in seine Blickrichtung weitergehen, bis der Impuls da ist, Halt zu machen. Die Stellvertreterin für das Verantwortungsgefühl geht ein Stück und dreht sich dann um. Sie ist jetzt sehr erleichtert und kann wohlwollend auf Peter und seine Kunden schauen.

Ich lasse die Stellvertreter von Peter und den Kunden nun einen passenden Abstand zueinander finden. Nach einigen Schwierigkeiten gelingt ihnen dies. Dann nimmt Peter seinen Platz in der Aufstellung ein. Er äußert sich zunächst überrascht über die Dialoge, die er gerade zwischen seinem Stellvertreter und den Kunden gehört hat. So würde es sich auch in der Realität bei ihm jeden Tag in seinem Büro zutragen. Ich lasse ihn dann zum Kunden sagen: „Ich mache hier meine Arbeit. Sie ist durch den Vertrag zwischen uns begrenzt." Der Kunde weicht daraufhin zwei Schritte zurück und ist enttäuscht. Er möchte jemanden haben, der sich nicht nur auf formale Abmachungen beruft, sondern mit seiner ganzen Person und auch mit dem Herzen bei der Sache ist. Peter wird jetzt wieder unsicher in seiner Abgrenzung und wünscht sich sein Verantwortungsgefühl näher bei sich. Daraufhin geht der Kunde wieder so nahe auf ihn zu, dass es Peter zu viel wird: „Der frisst mich jetzt gleich auf!" Wieder lasse ich Peter den Versuch unternehmen, dem Kunden Grenzen zu setzen: „Ich sehe, dass ihnen ihr Eigentum sehr wichtig ist, aber ich bin auch nur ein Mensch und habe begrenzte Kapazitäten, und ich möchte mich nicht aufarbeiten." Allmählich erkennt der Kunde in diesem Dialog, dass er Peter mit seinen maßlosen Ansprüchen überfordert und wählt von sich aus einen für beide akzeptablen Abstand. Peter spürt nun auch, dass dies die passende Distanz zum Kunden ist. Sein Verantwortungsgefühl kann er gut dort lassen, wo es ist (Bild 4.4.3b).

Kommentierung. – In der Reflexionsrunde ist der Teilnehmer, der den Kunden vertreten hat, erstaunt darüber, welch ein angenehmes Gefühl es für ihn war, jemanden zu haben, der sich für ihn und seine Angelegenheiten verantwortlich fühlt. Normalerweise sei er es, der sich mehr für andere verantwortlich fühle.

In diesem menschlichen Bedürfnis, jemanden zur Verfügung zu haben, der sich engagiert um die persönlichen Angelegenheiten kümmert, liegen die beruflichen Chancen von Dienstleistern. Die von einem Dienstleister wachgerufenen und wahrgenommenen Bedürfnisse anderer Menschen können aber maßlos und für den Dienstleister überfordernd sein. Kunden erwarten vom Dienstleister oft nicht nur die Erfüllung vertraglicher Pflichten. Sie kennen die entsprechenden vertraglichen Bedingungen meist gar nicht so genau. Es müssen daher nicht nur per Vertrag, sondern auch auf einer persönlichen Ebene die Grenzen abgesteckt werden, in denen der Dienstleister für seinen Kunden zur Verfügung steht.

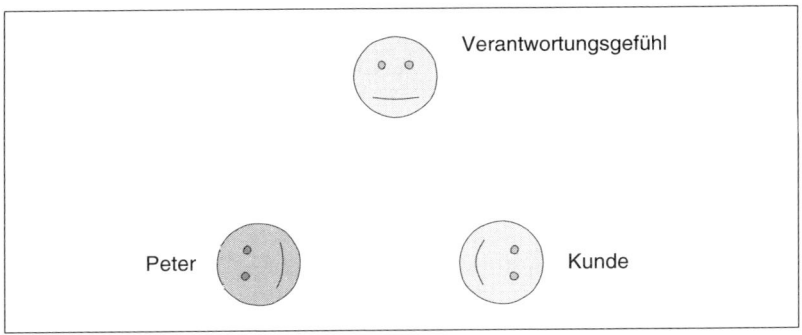

Bild 4.4.3b: Das Verantwortungsgefühl aus der Kindheit bleibt auf Distanz

Diese Abgrenzung fällt vor allem solchen Dienstleistern schwer, die schon in ihrer Herkunftsfamilie als Kinder viel Verantwortung für andere übernommen haben, vor allem um etwas anstelle ihrer Eltern zu tragen. Auch bei Peter ist dies der Fall. Sein Vater war Alkoholiker und Peter fühlte sich insbesondere für die Entwicklung seines jüngeren Bruders verantwortlich, den er sehr liebt. Seine Anfangsworte, er „liebe" seine Arbeit, waren also bereits ein Hinweis, dass das eigentliche Problem tiefer liegt und nichts mit seiner früheren Tätigkeit zu tun hat, wie Peter vermutet hatte. „Liebe" ist ein Begriff, der nicht zu den Ordnungen von Arbeitsbeziehungen gehört.

145

Peter muss daher lernen, dieses Verantwortungsgefühl auf Abstand zu halten, sonst verstrickt er sich mit seinen Kunden wie früher mit seinem Vater und seinem Bruder. Die Berufung auf das Verantwortungsgefühl in einer Berufstätigkeit kann auch dazu gebraucht werden, sich vor der schmerzlichen Konfrontation mit der Wirklichkeit der eigenen Kindheit zu schützen. Aus der Ferne aber hat das auf seinen Ursprung zurückgeführte Verantwortungsgefühl eine freundliche Wirkung und kann als gute Kraft auf Peter wirken.

4.4.4 Die Berufung

Das Anliegen. – Josef ist seit vielen Jahren für die Ausbildung von jungen Menschen zuständig. Diese Tätigkeit liegt ihm „sehr am Herzen". Er sagt, er habe sich bisher sehr für die Unterrichtung der Auszubildenden engagiert und immer ein offenes Ohr für ihre persönlichen Probleme gehabt. Seine Tätigkeit sieht er „fast schon als eine Berufung" an.

In der Leitung des Betriebs hat vor ein paar Jahren ein Generationswechsel stattgefunden. Die neue Leitung zeigt nach Josefs Ansicht zu wenig Gespür für das, was die spezielle Qualität dieser Einrichtung ausmacht. Josef fühlt sich dadurch demotiviert und seine Position im Unternehmen wird ihm zunehmend unklarer. Er sieht sich mittlerweile nach beruflichen Alternativen um, die ihn mehr befriedigen könnten. Durch eine Aufstellung erhofft er sich mehr Klarheit über seine Stellung in und zu diesem Betrieb: „Ich möchte wissen, ob ich aus Bequemlichkeit weiter hier bleiben soll oder ob es besser ist, ich suche mir eine neue Herausforderung?"

Die Aufstellung. – Ich bitte Josef, drei Personen aufzustellen: einen Stellvertreter für sich, einen für seinen Aufgabenbereich und einen für seine Auszubildenden. Josef meint, für die Auszubildenden müsse er aber mehrere aufstellen, da sie ganz unterschiedlich seien. Ich stimme seinem Vorschlag zu. Er stellt für die Auszubildenden drei Stellvertreter auf (Bild 4.4.4a).

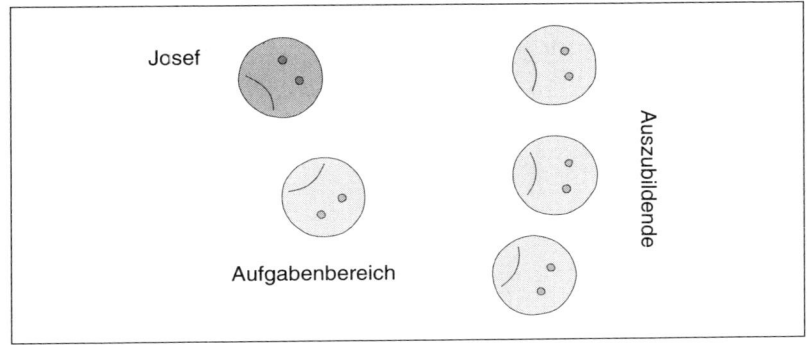

Bild 4.4.4a: Aus „Berufung" bleiben oder etwas Neues suchen?

Josefs Stellvertreter blickt weder direkt auf seinen Aufgabenbereich noch auf die Auszubildenden. Nachdem sich Josef und der Aufgabenbereich dann bewegen und ansehen können, schaut Josefs Stellvertreter mit viel Freude auf den Aufgabenbereich. Die Auszubildenden hingegen findet er nicht interessant. Als ich Josefs Stellvertreter dem Aufgabenbereich direkt gegenüberstelle, hat der Stellvertreter für den Aufgabenbereich das Gefühl, als würde ihm sein Hals zugedrückt.

Alle drei Stellvertreter für die Auszubildenden fühlen sich von Anfang an von Josefs Stellvertreter nicht als Personen gemeint und nicht beachtet. Ich schlage Josef nun verschiedene Sätze vor, um die Beziehung zu seinen Auszubildenden zu verbessern. Dies ändert jedoch nichts an dem Empfinden der Auszubildenden. Die Auszubildenden werden im Gegenteil noch ärgerlicher und unzufriedener.

Daher lasse ich Josefs Stellvertreter zu den Auszubildenden sagen: „Ihr seid nicht meine Berufung." Und zu seinem Aufgabenbereich: „Du auch nicht." Der Stellvertreter von Josef wird traurig, nachdem er diese Sätze ausgesprochen hat. Jetzt fordere ich Josef auf, noch eine Person für das, was er gut machen kann, hinzuzustellen. Die Frau, die er dafür aussucht, würde sich am liebsten spontan bei Josefs Stellvertreter am Arm einhaken und mit ihm weggehen. Ich ordne die Aufstellung wie in Bild 4.4.4b dargestellt. Die Beteiligten fühlen sich jetzt gut. Es herrscht eine innige Beziehung zwischen Josefs Stellvertreter und der Frau, die das vertritt, was er in Zukunft gut machen könnte.

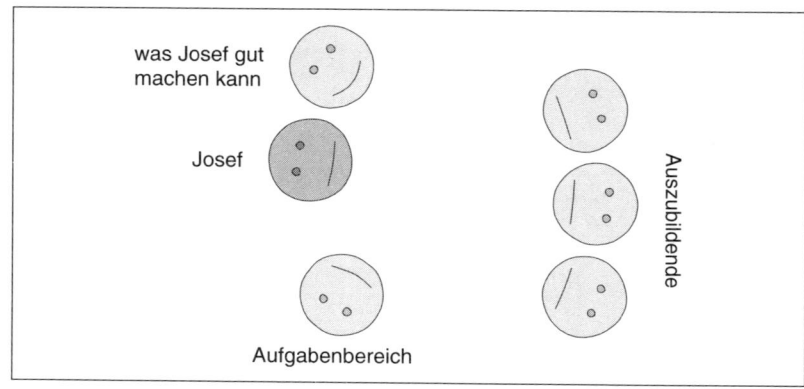

Bild 4.4.4b: Josef in Kontakt mit dem, was er gut machen kann

Josef nimmt jetzt selbst die Position seines Stellvertreters ein. Er sieht zwar das Strahlen der Frau neben ihm, kann sich aber so schnell nicht aus seinem bisherigen Kontext lösen. Er sagt, dass er sich zumindest in einer Übergangszeit weiter für die Auszubildenden einsetzen möchte. Die Auszubildenden lehnen dies ab und meinen, er solle doch endlich für sich etwas tun. Ich lasse Josef daher zu den Auszubildenden sagen: „Ich regele noch, was es zu regeln gibt. Ich mache mich innerlich frei und suche, was mir gut tut." Und zur Stellvertreterin für das, was er gut machen kann, bitte ich ihn abschließend zu sagen: „Vielleicht lohnt es sich, dass ich mich innerlich frei mache für dich, und dann komme ich." Dieser Satz hat auf alle anderen eine gute Wirkung.

Kommentierung. – Von Anfang an war mir bei Josef der Begriff „Berufung" verdächtig. Von wem oder wodurch fühlt er sich berufen? Die Aufstellung zeigt deutlich, dass Josefs Ansicht, eine sehr innige Beziehung zu seiner beruflichen Aufgabe und zu seinen Auszubildenden zu haben, derzeit nicht mehr zutrifft. Seine Vorstellung, nur für seinen Beruf zu leben und seiner beruflichen Aufgabe sein ganzes Leben zu widmen, führt jetzt bei anderen zur Beklemmung, schreckt sie eher ab und ruft Unzufriedenheit und Abwehr hervor.

Seine Auszubildenden können sein Engagement nicht mehr würdigen. Im Gegenteil: Sie fühlen sich nicht wirklich als Personen gemeint. Sie spüren, dass hier jemand nach *seinem* persönlichen Lebenssinn sucht, ihn nicht findet und sie nur Ersatz und nicht wirklich gemeint sind. Und sie lassen sich nicht täuschen: Nur wenn Josef gut für sich und sein eigenes Leben sorgt, trauen sie es ihm zu, dass er auch ihnen weiterhelfen kann.

Nachtrag. – Josef ist Mitte Dreißig, Partnerschaft und Ehe hat er in seinem Leben bisher nicht vorgesehen. Wie er mir eine Woche vor dieser Aufstellung in einer Einzelsitzung berichtete, kam bei seiner Familienaufstellung, die er vor einem Jahr bei einem Kollegen gemacht hatte, ans Licht, dass eine sehr innige Beziehung zwischen ihm und einer Schwester seines Vaters besteht. Er kümmere sich in der Tat sehr um diese Tante, die sich in jungen Jahren in einen Priester verliebt hatte und dann unverheiratet blieb. Möglicherweise ist Josef mit dem Geliebten seiner Tante identifiziert und idealisiert unbewusst die Haltung eines Priesters.

4.4.5 Wer ist der Kunde wirklich?

Das Anliegen. – Renate ist Heilpraktikerin und führt gemeinsam mit einer Kollegin, die in einer anderen Stadt wohnt, Familienaufstellungen durch. Die Kollegin organisiert die Gruppen. Renate fährt in diese andere Stadt, und sie arbeiten dort zusammen. Renate ist nicht klar, ob sie sich genug engagiert und ob sie im nächsten Jahr weiter mit der Kollegin zusammenarbeiten will. Sie formuliert als Anliegen die Frage, wie sie sich mehr engagieren könne. Auf meine Frage, wie sie das erkennen könne, antwortet sie: „Wenn der Ausgleich in Ordnung ist."

Die Aufstellung. – Ich bitte Renate, drei Personen aufzustellen: einen Stellvertreter für sich, einen für ihre Kollegin und einen für ihre Kunden, also Personen, die in ihre Kurse kommen, um Familienaufstellungen zu machen. Renate wählt für ihre Kunden einen Mann aus und stellt auf, was Bild 4.4.5a zeigt.

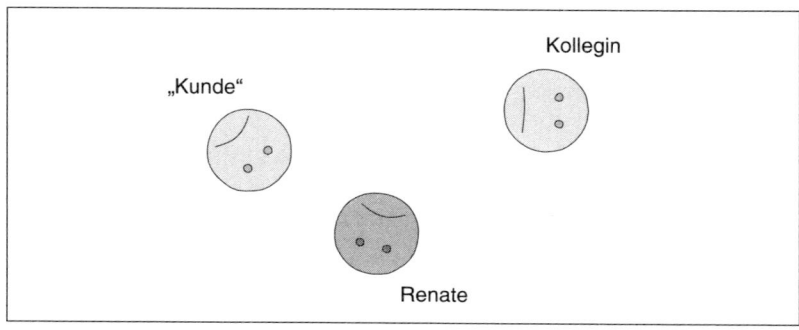

Bild 4.4.5a: Der Kunde ist abgewandt

Die Kollegin schaut die Kunden an und ist voller Energie. Renate ist für sie nebensächlich. Renates Stellvertreterin hat Angst. Sie fühlt sich steif und instabil. Ihr Blick ist auf die Tür gerichtet. Sie hat Angst, die Kollegin anzusehen. Wenn sie die Kollegin ansieht, steigt Wut in ihr hoch. Meine Aufforderung, auf die Kunden zuzugehen, lehnt sie ab. Der Stellvertreter für die Kunden ist traurig und fühlt sich nicht als Kunde.

Ich stelle Renate hinter den Stellvertreter für die Kunden. Renates Stellvertreterin schaut aber weg. Wenn sie den Stellvertreter für die Kunden ansieht, wird sie traurig. Der Stellvertreter für die Kunden geht jetzt einige Schritte weiter vor. Es ist für ihn, als ob sie in seinen Kopf gekrochen wäre. Die Kollegin fühlt sich nur noch als Zuschauerin.

Mein Eindruck ist, dass das, was jetzt in der Aufstellung ans Licht kommt, wenig mit der Beziehung zwischen Renate und ihrer Kollegin zu tun hat. Der Kunde repräsentiert eine andere Systemebene, vermutlich jemanden aus Renates Herkunftssystem. Ich frage nach, ob es in Renates Familie einen Selbstmord oder etwas Ähnliches gegeben hat. Renate antwortet, dass ihr die väterliche Linie unbekannt ist. Sie weiß nur, dass ihr Vater als Waisenkind aufgewachsen ist. Als sie dies erzählt, läuft es ihrer Stellvertreterin eiskalt über den Rücken. Die Stellvertreterin wird traurig und möchte in den Arm genommen werden. Es wird immer klarer, dass dies ein Thema für eine Familienaufstellung ist.

Ich lasse Renates Stellvertreterin zu der Stellvertreterin ihrer Kollegin sagen: „Ich brauche erst einmal Zeit für mich." Ihre Kollegin kann das akzeptieren. Renates Stellvertreterin sucht Geborgenheit. Ihre Kollegin fühlt sich ihr nicht besonders verbunden und antwortet: „Ich kann mich nicht mehr engagieren. Das, was du willst, kann ich dir nicht geben. Das musst du dir woanders suchen." Ich fordere Renate auf, noch eine Person aufzustellen, die sich für sie engagiert. Sie wählt einen Mann aus und stellt ihn hinzu. Die Person hat gleich eine gute Beziehung zu ihrer Kollegin. Renates Stellvertreterin hat Angst, sie hat das Gefühl, als wenn Feuer in ihr brenne. Ich drehe sie in Blickrichtung zu der Person hin, die sich für sie engagiert, und lasse sie zu ihm sagen: „Kannst du mir bei der Angst weiterhelfen, damit ich weiß, woher sie kommt?" Der potenzielle Helfer braucht mehr Kontakt, um sie unterstützen zu können. Er fragt, ob sie ihm vertrauen kann. Der Stellvertreter für die Kunden meldet sich nun zu Wort und meint, dass diese Person nicht die richtige sei, um Renate weiterzuhelfen.

Renates Stellvertreterin sagt jetzt auf meine Aufforderung hin zum Helfer, den sie sich selbst ausgesucht hat: „Ich kann nicht mehr weiter. Hilf mir bitte." Die Person, die sich für sie engagieren könnte, stellt sich rechts neben sie. Renates Stellvertreterin ist konfus, fühlt sich wie ein zweijähriges Kind und hat Schweißausbrüche. Sie sagt zum Helfer: „Hilf mir, Klarheit zu finden, auch über das, was hier passiert ist." Sie deutet dabei auf den „Kunden".

Der Helfer sucht jetzt Unterstützung durch Renates Kollegin. Als sich die Kollegin rechts neben ihn stellt, geht der Stellvertreter für die Kunden weiter weg, und Renates Stellvertreterin wird misstrauisch: „Die Kollegin hat mich schon mal hängen lassen." Die Stellvertreterin für die Kollegin geht daraufhin wieder an ihren ursprünglichen Platz zurück. Der Stellvertreter für die Kunden ist traurig und immer mehr verzweifelt. Er sagt zu Renates Stellvertreterin: „Ich kann es nicht mehr hören. Du musst dich um deine Herkunft kümmern." Sie findet ihn jetzt arrogant und bekommt Wut auf ihn. Ich bitte Renate, selbst ihren Platz in der Aufstellung einzunehmen (Bild 4.4.5b).

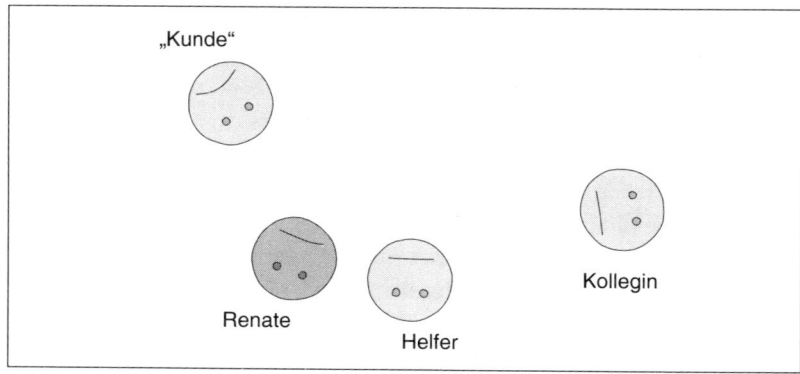

Bild 4.4.5b: Renate sucht und nimmt Hilfe an

Ich lasse sie zu der Person, die sich für sie engagiert, sagen: „Ich bin jetzt so weit, dass ich mir helfen lasse. Bitte hilf mir!" Danach beende ich die Aufstellung.

Kommentierung. – Der Stellvertreter für die Kunden ist völlig abgewendet von den beiden Frauen, die Familienaufstellungen anbieten. Der Verdacht, dass er eine Person aus Renates Vergangenheit repräsentiert, verdichtet sich im Hinblick auf das väterliche Herkunftssystem, von dem Renate so gut wie nichts weiß. „Der Kunde" stellt für den Aufstellungsleiter eine Art Seismographen dar, der sensibel darauf reagiert, wie und ob Renate sich der Bewältigung ihrer familiären Vergangenheit stellt. Die Aufstellung zeigt, dass sich Renate nicht für die gemeinsame Arbeit mit ihrer Kollegin engagieren kann, solange sie noch in ihrem Herkunftssystem verstrickt ist. Dort fehlt ein Ausgleich. Dorthin gehört auch die Wut, die sie auf ihre Kollegin hat. Renate braucht jetzt selbst jemanden, der sich für sie engagiert. Die Kollegin und die therapeutische Arbeit mit anderen Menschen können ihr selbst nicht weiterhelfen.

Renate darf sich keinen Helfer suchen, der sie vor der Auseinandersetzung mit ihrer Kindheit und ihrer systemischen Verstrickung verschont oder bei dem anknüpft, was Renate schon länger ohne Erfolg versucht – anderen statt sich selbst helfen zu wollen. Dies dient ihr nur dazu, sich ihre eigene Hilfsbedürftigkeit nicht einzugestehen.

Sind Aufsteller häufig noch selbst in ihre familiären Herkunftssysteme verstrickt? Vermutlich nicht mehr und nicht weniger als alle

152

anderen, die im psychosozialen Bereich ärztliche, therapeutische oder beraterische Hilfe anbieten. Durch die Aufstellungsmethode werden ungelöste seelische Konflikte der Helfer aber leichter offenkundig.

Es kommt also darauf an, das Hilfsangebot anzunehmen, das Aufstellungen auch jedem „Profi" in Therapie und Beratung bieten. Die Forderung, Familienaufsteller sollten zumindest ihr eigenes Herkunfts- und Gegenwartssystem aufgestellt und die eigenen Beziehungsverstrickungen aufgelöst haben, bevor sie anderen Menschen Aufstellungen anbieten, hat ihre volle Berechtigung. Die Gefahr der Übertragung eigener ungeklärter Probleme auf die Kunden in Aufstellungsseminaren ist sonst groß und unkontrollierbar. Wer sich als Aufstellungsleiter scheut, Schweres anzuschauen und an die Grenzen zu gehen, ist für andere nur begrenzt hilfreich.

4.4.6 Stein oder Holz?

Das Anliegen. – Michael ist seit längerem Teilnehmer des Arbeitskreises. In seinem Beruf ist er Architekt. Die Aufstellungsarbeit hat ihn in seiner Haltung bestärkt, dass Bauvorhaben nur gelingen, wenn Bauherrn mit sich und ihren Beziehungen im Reinen sind. Daher hat er ein junges Paar mitgebracht (Monika und Gerhard), dessen Hausausbau er plant. Dieses Paar hatte vor zwei Jahren ein kleines Haus erworben und möchte es nun ausbauen, um für das Kind mehr Platz und einen Arbeitsraum für den Mann zu schaffen. Seit Monaten kann es sich aber nicht entscheiden, ob der Anbau in Stein oder Holz geschehen soll. Unten Stein und oben Holz hält Michael für einen faulen Kompromiss. Er meint, dass ein Haus für eine Partnerschaft ein solides Fundament sein kann. In einem Haus könnten aber auch Konflikte zementiert werden.

Ich gebe beiden Partnern Gelegenheit, ihre Situation zu schildern und ihr Anliegen zu formulieren. Monika sagt unter anderem, sie fühle sich eigentlich viel zu klein zum Hausbauen und habe Angst vor der Verschuldung. Hausbauen sei eigentlich etwas für erwachsene Leute, „so wie für meine Eltern".

Gerhard hat keine Angst vor der Geldausgabe. Er verdiene ganz gut. Für ihn sehe es so aus, als wolle seine Frau eher ein Holzhaus, er eher das Steinhaus. Beide möchten gerne sehen, ob hinter dem Entscheidungskonflikt noch etwas anderes verborgen liegt.

Die Aufstellung. – Ich schlage Monika und Gerhard vor, Stellvertreter für ihr jetziges Haus und Stellvertreter für sie beide aufzustellen. Zunächst soll Gerhard beginnen und danach Monika die Aufstellung nach ihrem Gefühl verändern.

Die Aufstellung von Gerhard zeigt ihn und seine Frau in einer Gegenüberstellung. Die Stellvertreterin für das Haus steht zwischen den beiden (Bild 4.4.6a). Monika korrigiert, in dem sie ihre Stellvertreterin näher zum Haus stellt und Gerhard etwas weg von beiden dreht (Bild 4.4.6b). Die Reaktionen der Stellvertreter bestätigen die Vermutung, dass die Aufstellung von Monika das Problem wesentlich klarer zeigt. Gerhards Stellvertreter fühlt sich nun unsicher und handlungsunfähig. Die Stellvertreterin für das Haus sagt: „Mit dem Mann verbindet mich etwas Leichtes und Süßes. Mit seiner Frau etwas Schweres."

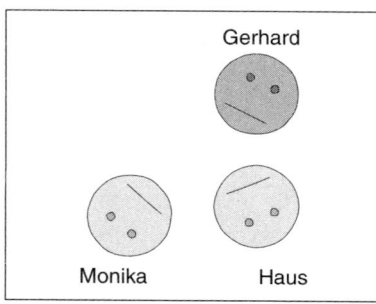 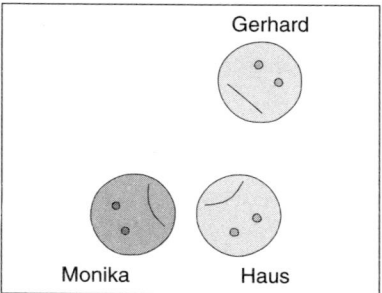

Bild 4.4.6a: Die Situation aus Sicht des Mannes

Bild 4.4.6b: Die Situation aus Sicht der Frau

Ich lasse daher Monika das dazustellen, was „das Schwere" in ihrem bisherigen Leben darstellt. Sie zeigt sich sichtlich betroffen, kann mit dieser Aufforderung jedoch sofort etwas anfangen. Sie wählt einen Mann als Stellvertreter für „das Schwere" und platziert ihn mitten in die stehende Gruppe (Bild 4.4.6c).

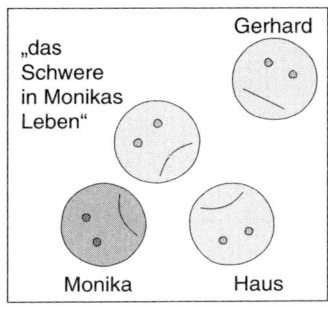

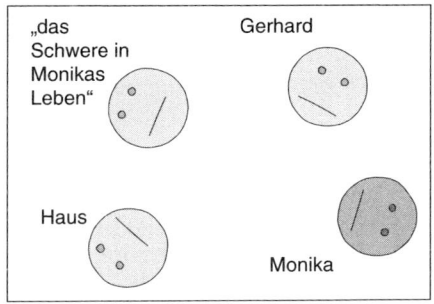

Bild 4.4.6c: Das Schwere in
Monikas Leben

Bild 4.4.6d: Monika in Kontakt mit dem
Schweren mitten in der Gruppe

Die Stellvertreterin für das Haus tritt spontan einige Schritte zurück.
Auch Monikas Stellvertreterin weicht nach hinten aus. Gerhards
Stellvertreter bleibt zunächst noch stehen: „Ich bin schockiert. Ich
schaue, was da los ist. Jetzt will ich aber auch zurück." Der Stellvertreter für „das Schwere in Monikas Leben" sagt: „Als ich vor Monika
stand, fühlte ich mich sehr mächtig. Wie ein starker Baum."

Ich stelle nun Monikas Stellvertreterin direkt vor „das Schwere"
(Bild 4.4.6d). Sie kann hinsehen und spürt, dass Mann und Haus jetzt
keine Bedeutung mehr für sie haben. Auch der Stellvertreter für „das
Schwere" meint: „Ich freue mich, dass ich sie sehe und dass sie zu mir
spricht." Gerhards Stellvertreter bitte ich zu Monikas Stellvertreterin
zu sagen: „Ich sehe, dass dies für dich wichtig ist. Ich warte, bis du es
geklärt hast. Vorher entscheide auch ich nichts."

Monika und Gerhard nehmen nun ihre Plätze in der Aufstellung
ein. Ich bitte Monika, einen passenden Satz hin zum „Schweren in
ihrem Leben" zu formulieren. Sie sagt: „Ich will es für mich klären
und abschließen." Ich bitte sie zu ergänzen: „Und dann lasse ich dich
frei." Der Stellvertreter für „das Schwere" zeigt jedoch durch seine
Körpersprache, dass noch etwas fehlt und bestätigt dies auf meine
Nachfrage. Auch Monika gesteht jetzt: „Ich merke, ich bringe es nicht
ehrlich rüber. Ich bin noch mittendrin. Ich brauche noch Zeit. Es fällt
mir sehr schwer." Ich beende damit die Aufstellung.

Kommentierung. – Ein eigenes Haus bedeutet Heimat und Zuhause.
Mit Häusern sind wichtige Erinnerungen verknüpft. Ein Haus ist das
„Nest" für eine Familie. Es kann auch zur Falle für partnerschaftliche

155

Beziehungen werden. In dieser Aufstellung wird deutlich, wie das Haus zwischen einem Paar steht. Weil die Frau noch etwas Schweres aus ihrem bisherigen Leben in ihrer Seele mit sich herumträgt, blockiert sie den Tatendrang ihres Mannes. Ihre Aussage, sie fühle sich eigentlich zu klein zum Hausbauen, lässt aufhorchen, und die Phantasie geht in Richtung ihrer Herkunftsfamilie. Was „das Schwere in Monikas Leben" ist, müssen wir aber nicht wissen. Monika scheint eine gewisse Vorstellung davon zu haben. Sie braucht noch Zeit – und daher muss sich auch der Architekt noch gedulden.

4.5 Offene Seminarangebote

Seit ungefähr fünf Jahren biete ich zweitätige Seminare mit Organisationsaufstellungen nach dem Muster von Familienaufstellungsseminaren an. Wer von diesem Angebot eine Hilfe für sein persönliches Anliegen erhofft, kann an solchen Seminaren teilnehmen. Die Gruppengröße schwankt zwischen 15 und 20, und die Teilnehmer sind bunt gemischt. Sie kommen aus der Industrie, aus dem Dienstleistungssektor, aus der Verwaltung und aus psychosozialen Arbeitsfeldern. Entsprechend unterschiedlich sind ihre Anliegen. Manche Teilnehmer haben bereits Erfahrungen mit Familienaufstellungen und kommen über diesen Weg dazu, sich auch ihrer beruflichen Situation mittels einer Aufstellung zu nähern.

Ich habe aus Erfahrungen mit Arbeitsbeziehungsaufstellungen inzwischen gelernt, dass berufliche Probleme oft mit familiären Verstrickungen gekoppelt sind. Daher biete ich den Teilnehmern grundsätzlich den „Ebenenwechsel" an, falls sie dies wünschen. Das heißt, sofern in der Aufstellung von Arbeitsbeziehungen sich ein familiäres Thema als Quelle der Konflikte zeigt, kann der aufstellende Teilnehmer entscheiden, ob er den Schritt zur Lösung des Konflikts im familiären Kontext mitgehen will. Falls er zustimmt, arbeite ich mit ihm in dieser Richtung weiter. Manchmal bleibt es auch bei dem Hinweis, dass eine vertiefte Problembearbeitung in einem Familienaufstellungsseminar oder in einer Einzeltherapie der nächste Schritt für den Teilnehmer sein könnte.

4.5.1 Wunsch nach Wertschätzung

Das Anliegen. – Hans ist seit 16 Jahren Mitglied eines Fortbildungsinstituts. Das Institut hat eine bewegte Geschichte hinter sich: Zunächst gab es zwei Gründungsmitglieder, die das Institut aufbauten, später kam eine dritte Person dazu. Nach einiger Zeit schieden die beiden ersten Gründungsmitglieder im Streit mit dem dritten Gründungsmitglied aus. Bald darauf verkaufte das dritte Gründungsmitglied das Institut, aufgespalten in mehrere Teilbereiche, an Kollegen, unter anderem auch an Hans. Hans hatte seinen Teilbereich, den er nun erwarb, bereits mit aufgebaut. Durch unklare rechtliche Regelungen und eine unklare Kompetenzverteilung zwischen den einzelnen Institutsteilen entstand eine Atmosphäre von Konkurrenz, Neid und Missgunst. Intrigen gefährdeten das Institut immer wieder in seinem Bestand. Das Vertrauen zwischen den Kollegen war auf den Nullpunkt gesunken. Das dritte Gründungsmitglied steht nach wie vor als graue Eminenz, gestützt auf seine hohen fachlichen Kompetenzen im Hintergrund. Hans stellt sich nun vor, mit Kollegen aus seinem Institutsbereich ein eigenes neues Institut zu gründen. Sein Anliegen ist, dass ihm durch die Wertschätzung des Bisherigen der Neustart mit einem eigenen Institut besser gelingt.

Aufstellung. – Ich lasse Hans zwei Personen aufstellen, sich und das dritte Gründungsmitglied des Instituts. Wir nennen diese Person hier Jürgen. Hans stellt die beiden Stellvertreter so auf, dass sie aneinander vorbeisehen (Bild 4.5.1a).

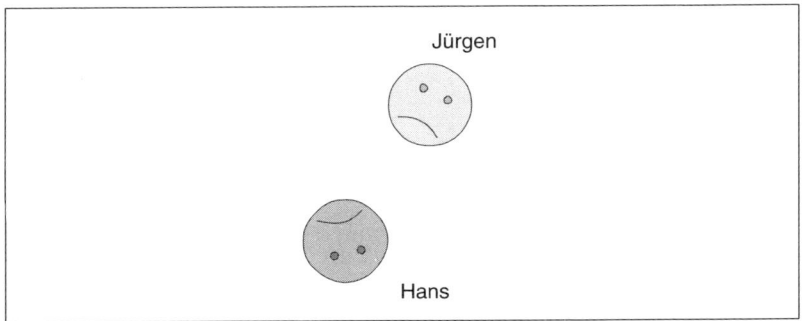

Bild 4.5.1a: Wohin schaut Hans?

Als ich beide Stellvertreter auffordere, ihren Bewegungsimpulsen nachzugeben, dreht sich Jürgen etwas mehr zu Hans hin, dieser bleibt mit seinen Händen in den Hosentaschen unbeweglich stehen. Der Stellvertreter von Hans sagt: „Für mich ist wichtig, Jürgen direkt zu konfrontieren. Ich möchte persönlich von ihm wissen, woran ich bin. Ich möchte jetzt Klartext." Jürgen darauf: „Da fordert mich jemand heraus, aber ich habe keinen großen Klärungsbedarf." Hans: „Mich stört schon dein Tonfall, das ist so von oben nach unten." Jürgen: „Ich bin hier klar der Firmenchef!" Hans: „Für mich ist die persönliche Ebene primär, dann kommt erst die Firma. Ich fühle mich nicht respektiert." Jürgen: „Ich möchte mit dir persönlich nichts zu tun haben." Hans: „Eben daran fehlt es. Wir sind nicht irgendeine abstrakte Firma. Jeder Einzelne muss geachtet werden. Das Institut ist nicht das Primäre. Wir sind hier ein Kollegenkreis und sollten respektieren, was der Einzelne tut." Jürgen: „Wir wären nicht da, wo wir sind, wenn ich das auch so sehen würde wie du." Hans: „Ich brauche keinen Chef. Ich will deine Leistung nicht richtig anerkennen. Es behagt mir nicht, und es fehlt mir da etwas."

Ich bitte nun Hans „das, was fehlt", durch einen Stellvertreter symbolisiert, in die Aufstellung hinzuzustellen. Hans wählt dafür einen Mann aus und positioniert ihn neben seinen Stellvertreter (Bild 4.5.1b).

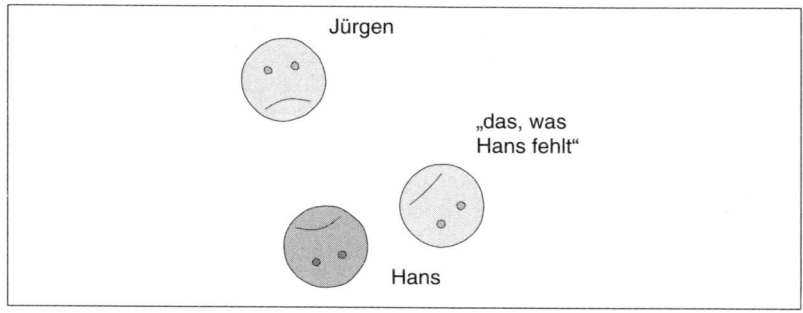

Bild 4.5.1b: Was fehlt Hans?

Der Stellvertreter von Hans dreht sich daraufhin zu „dem, was fehlt" um und sagt spontan: „Ich werde plötzlich jünger, wenn ich ihn sehe. Ich brauche ihn als Bundesgenossen." Er hat plötzlich das Bedürfnis, auf die Knie zu gehen: „Diese Perspektive gefällt mir jetzt. Das ist etwas, was ich gut brauchen kann."

Auf meine Nachfrage, was sich in seiner Familie zugetragen habe, antwortet Hans, dass sich seine Eltern auseinander gelebt hätten und sich trennten, als er zehn Jahre alt war. Er sei dann bei seiner Mutter aufgewachsen und habe einseitig zu ihren Gunsten Partei ergriffen.

Ich lasse Hans nun an die Position seines Stellvertreters treten. Er geht ebenfalls sofort auf die Knie und macht sich klein vor dem Stellvertreter, der offenkundig seinen ihm fehlenden Vater repräsentiert. Ich lasse Hans sagen: „Ich nehme dich jetzt als jemanden, der über mir ist." Er streckt dem Vater die Arme entgegen, dieser hebt ihn nach einer gewissen Zeit nach oben, und beide umarmen sich wiederholt und innig. Hans strahlt über das ganze Gesicht.

Ich nehme nun noch eine Stellvertreterin für die Mutter von Hans in die Aufstellung und lasse Hans zu ihr sagen: „Mein Vater stützt mich jetzt." Darauf die Stellvertreterin der Mutter: „Das tut zwar weh. Aber da habe ich nicht mehr so viel verloren." Sie rückt ein Stück von den beiden ab.

Jetzt meldet sich Jürgen noch einmal zu Wort: „Jetzt könnte ich ihn auch in den Arm nehmen – von Mann zu Mann, unabhängig von Firma und Institut." Beide umarmen sich und Hans geht dann wieder zurück zu seinem Vater, der nun hinter ihm steht (Bild 4.5.1c).

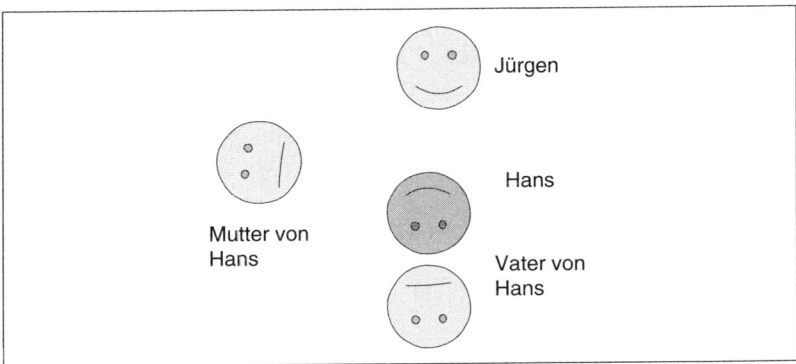

Bild 4.5.1c: Hans und der Bundesgenosse, der ihm wirklich fehlt

Kommentar. – Das Bemerkenswerte an dieser Aufstellung ist, dass Hans etwas im Kontakt zu seinem Mitgesellschafter sucht, was dieser ihm nicht geben kann: die Anerkennung durch seinen Vater, den er durch den Konflikt zwischen seinen Eltern als seinen Verbündeten verloren hatte. Jürgen scheint das instinktiv zu spüren. Deshalb reden sie immerzu aneinander vorbei: Jürgen sieht den Erfolg des Instituts und was er durch seine Leitungsfunktion und seine Geschäftstüchtigkeit dazu beigetragen hat. Er will auf der Arbeitsbeziehungsebene bleiben, beharrt darauf umso stärker, als Hans ihn – unbewusst – mehr in den Bereich der Familienbeziehungsebene drängen möchte.

Hans kann Jürgens Arbeitsleistungen und Führungsqualitäten nicht anerkennen, weil er eine Bestätigung von Jürgen sucht, die ihm nur sein Vater geben kann. Das Kind in ihm möchte zu seinem Vater aufschauen können. Der Erwachsene muss dieses kindliche Bedürfnis aber leugnen und wandelt es in den Wunsch nach persönlicher Anerkennung und Gleichberechtigung um. Vermutlich hat ihn seine Mutter als ihren Bundesgenossen im Konflikt mit ihrem Mann auf ihre Seite gezogen, und Hans wurde aus der Position eines Kindes in die eines Erwachsenen ihr gegenüber gedrängt.

Das ungestillte Verlangen nach väterlichem Rückhalt versucht Hans durch enge gefühlsmäßige Bindungen an seine Arbeitskollegen zu kompensieren. Dies überfordert seine Arbeitskollegen und hindert Hans daran, hierarchische Ordnungen in Arbeitsbeziehungen als sinnvoll und funktional wahrzunehmen und zu akzeptieren. Die Firma und seine Arbeit werden dadurch in einem wesentlichen Teil zum Mittel für seine nicht erfüllten Kindheitsbedürfnisse. Arbeitsbeziehungen werden unbewusst wie Familienbeziehungen erlebt. Die Gruppe der Kollegen wird zum (schlechten!) Vaterersatz bzw. zur Projektionsfläche für eine heile Familie. Wenn Hans den Konflikt mit seinen Eltern löst, wird er für Arbeitskollegen ein attraktiverer Partner.

Rückmeldung. – Etwa drei Monate nach der Aufstellung schreibt Hans: „Zurzeit habe ich mit der Neugründung unseres Instituts, dem Umschreiben unserer Programme und der Neustrukturierung sehr viel zu tun. Ich finde den Text und die Interpretation zu meiner Aufstellung sehr gut. Es hat mir sehr viel gebracht, dies nochmals zu lesen."

4.5.2 Wunsch nach Rückhalt

Das Anliegen. – Vera hat seit mehreren Jahren die Stationsleitung in einem Haus in der Psychiatrie inne. Sie hatte sich für diese Stelle beworben und wurde von ihren Kollegen zur Leiterin gewählt. Nun hat sie das Problem, dass sie sich von ihrem Stellvertreter nicht richtig unterstützt fühlt und von ihm keinen Rückhalt spürt. Ihr Anliegen ist es herauszufinden, ob sie weiter mit ihm zusammenarbeiten kann.

Aufstellung. – In der Anfangsaufstellung, die hier nicht als Bild wiedergegeben ist, zeigt der Repräsentant für diesen stellvertretenden Stationsleiter wenig Interesse an seiner Arbeit. Er schaut mehr zum Fenster hinaus und interessiert sich für die Bäume draußen. Es wird deutlich, dass er keine richtige Motivation mehr für diese Arbeit hat. Obwohl er schon wesentlich länger als Vera in dieser Station arbeitet, hatte er sich nicht wie Vera für die frei gewordene Position des Stationsleiters beworben. Vera hat von ihm auch in Zukunft vermutlich wenig Unterstützung zu erwarten.

Ich veranlasse Vera nun, einen anderen stellvertretenden Leiter auszuwählen, von dem sie das Gefühl hat, dass er sie in ihrer Arbeit unterstützt. Zwischen der Stellvertreterin von Vera und diesem Mann besteht in der Aufstellung zwar ein guter Kontakt, dennoch ist für Veras Stellvertreterin unklar, was sie als Stationsleitung hier tun soll. Ihr erscheint das zu undefiniert. Das Hinzunehmen der Patienten in die Aufstellung bringt in dieser Frage keine weitere Klärung.

Deshalb bitte ich Vera, ihren Vorgesetzten, einen Abteilungsleiter in die Aufstellung zu positionieren. Zwischen der Stationsleitung und dem Abteilungsleiter kommt es jedoch auch zu keiner konstruktiven Klärung der Frage, was sich ändern müsste, damit die Leitungsfrage klarer wird. Es kommen noch die Pflegedienstleitung und die leitende Stationsärztin dazu und nachdem sich deren Verhältnis untereinander geklärt hat, lasse ich Vera an die Stelle ihrer Repräsentantin treten. Sie wendet sich an ihren Vorgesetzten und trägt ihm ihr Anliegen vor. Der Abteilungsleiter ist dafür aber nicht offen: „Sie fordert zu viel." Auch die Pflegedienstleitung hat den Eindruck, Vera rede von oben herab. Ich bitte Vera daher, zur Pflegedienstleitung zu sagen: „Du bist die Pflegedienstleitung, die Chefin meines Chefs." Vera weigert sich zunächst: „Wenn ich das sage, habe ich das Gefühl, ich muss mich klein machen. Das will ich nicht!"

Ich stelle darauf einen Mann und eine Frau hinter Vera, die ihre Eltern repräsentieren. Ich lasse sie jeweils zu Vera sagen: „Bei mir darfst du klein sein." Vera kann nun zu den vor ihr stehenden Führungskräften sagen: „Ihr seid meine Vorgesetzten." (Bild 4.5.2)

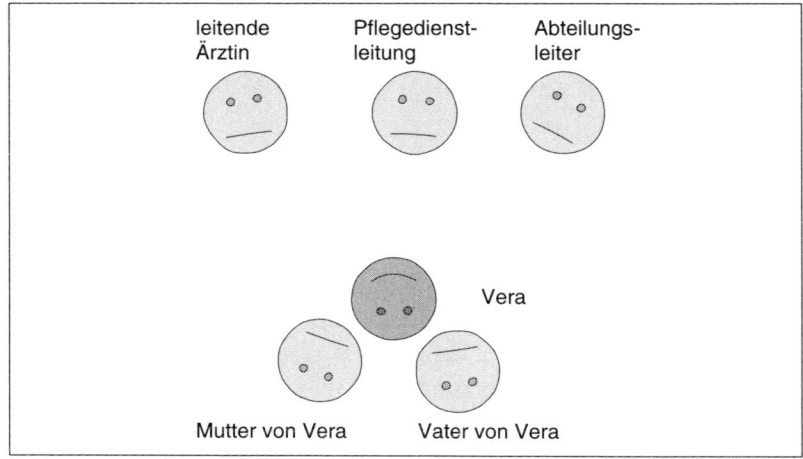

Bild 4.5.2: Vera nimmt Rückhalt an

Vera wendet sich jetzt zu den Eltern um und beginnt zu weinen. Sie sagt: „Ich musste so schnell groß werden, weil ich so auf mich alleine gestellt war." Es stellt sich jetzt heraus, dass sie ihre beiden Eltern früh verlassen musste, als sie noch ein kleines Kind war. Seit ihrem dritten Lebensjahr wuchs sie bei ihrem Großvater väterlicherseits auf. Ihre Eltern sah sie nur in den Ferien. Es kommt jetzt zu einer innigen Umarmung zwischen den Eltern und dem Kind.

Kommentar. – Diese Aufstellung macht deutlich, dass ein schweres Kindheitsschicksal wie eine frühe Trennung von den Eltern dazu führen kann, dass sich das Kind möglichst schnell in eine Erwachsenenposition bringt, um den schmerzlichen Verlust nicht länger spüren zu müssen. Es muss sich immer groß und erwachsen fühlen. Die Übernahme von verantwortlichen Positionen in Arbeitskontexten bestärkt diese Strategie. Sich unterzuordnen wird wie ein „Sich-klein-Machen" erlebt und weckt damit Erinnerungen an die Verlassenheitsängste der Kindheit.

Vera erwartet ein loyales Verhalten von ihren Mitarbeitern, ist aber ihrerseits nicht in der Lage, diese Loyalität selbst nach oben hin zu praktizieren. Das Anerkennen von hierarchischen Arbeitsbeziehungsstrukturen mit dem darin eingeschlossenen Machtgefälle von oben nach unten, wird wie das Eltern-Kind-Verhältnis erlebt, in dem es dieses soziale Gefälle von Über- und Unterordnung gibt. Das Trauma des Elternverlustes wird bei Vera wieder wachgerufen, wenn sie sich in einer Beziehung unten und damit klein erlebt. Sie entwickelt daher entsprechende Vermeidungsstrategien. Ihre Vorgesetzten spüren, dass es Vera nicht nur um die Klärung der Arbeitsbeziehung geht.

Die Aufstellung zeigt deutlich, dass Vera nur die Auseinandersetzung mit dem Verlassenwerden von den Eltern weiterhelfen kann, ihre Arbeitsbeziehungen zu klären. Von ihren Eltern braucht sie das Gefühl von Rückhalt. Mitarbeiter und Vorgesetzte können ihr das nicht geben. Wenn sie es nicht mehr als gefährlich erlebt, sich ihren Eltern gegenüber als das kleine Kind zu erleben, kann sie sich auch in einer betrieblichen Hierarchie an einem ihr gemäßen Platz entfalten.

4.5.3 Das gute Bild zum Abschied

Das Anliegen. – Helmut hatte nach seinem Studienabschluss als Sozialpädagoge eine Stelle in einer heilpädagogischen Tagesstätte gefunden. Schon bald gab es Konflikte zwischen ihm und einer Kollegin, die zusammen mit ihm eine Kindergruppe betreute. Nach etwa einem Jahr entschloss sich Helmut zu kündigen. Die Spannungen mit den anderen Mitgliedern des Teams hatten ihm die Freude an der Arbeit mit den Kindern genommen. Jetzt sind es nur noch einige Wochen, bis er das Team verlässt. Er spürt, dass die Spannungen zunehmen und die Situation am Ende vielleicht sogar eskaliert. Er möchte durch eine Aufstellung „ein gutes Bild" bekommen, mit dem er gehen könne – auch in der Hoffnung, dass ihm das Gleiche an einer anderen Arbeitsstelle nicht wieder passiert.

Die Aufstellung. – Helmut stellt zunächst sich und seine Vorgesetzte auf (Bild 4.5.3a). Sie ist ebenfalls Sozialpädagogin und vor zwei Jahren in diese Leitungsposition gekommen. Die Spannungen zwischen der Stellvertreterin für die Leiterin und dem Stellvertreter von Helmut treten sofort deutlich zutage. Die Vorgesetzte fühlt sich einem enormen Druck ausgesetzt und von Helmut in ihrer Kompetenz nicht anerkannt: „Der meint, er wäre mir fachlich überlegen!" Sie hat das Bedürfnis, sich zu Helmuts Stellvertreter hinzudrehen, wodurch für sie die Konfrontation noch zunimmt. Helmuts Stellvertreter hat das Gefühl, nicht zurückweichen zu dürfen. Es wird deutlich, dass die Beziehung von Helmut zu der Leiterin der Tagesstätte nicht gut ist. Er anerkennt sie nicht als Leiterin. Etwas anderes schwingt jedoch in dieser Beziehung noch mit. Eine Beziehungsklärung alleine zwischen den beiden ist daher nicht möglich.

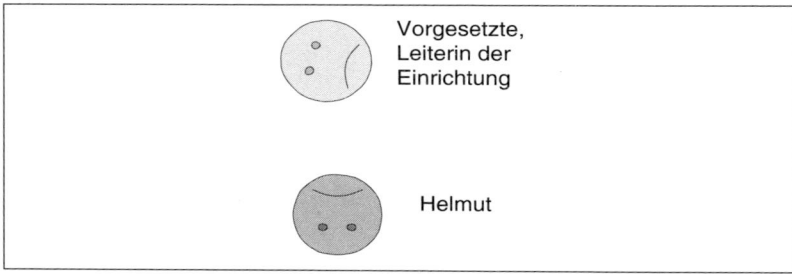

Bild 4.5.3a: Die Vorgesetzte unter hohem Druck

Es werden jetzt die beiden anderen Teammitglieder hinzugestellt. Helmuts Arbeitskollegin, eine Erzieherin, die schon zehn Jahre in dieser Einrichtung arbeitet, und eine Psychologin, die auch schon längere Zeit hier tätig ist (Bild 4.5.3b). Sofort wird deutlich, dass der Druck, den die Leiterin zuvor von Helmut verspürte, in Wirklichkeit von der Erzieherin ausgeht, und die eigentliche Konfrontation zwischen dieser und der Leiterin besteht. Als die Stellvertreter in der Aufstellung die Möglichkeit bekommen, ihre Positionen zu verändern, nimmt sich die Stellvertreterin für die Leiterin spontan einen Stuhl und steigt auf diesen hinauf. Die Psychologin findet dies gut und stellt sich näher an ihre Seite. Der Stellvertreterin der Erzieherin behagt dies gar nicht, und sie sucht jetzt nach einem Verbündeten. Sie stellt sich näher neben Helmuts Stellvertreter.

Nun nimmt Helmut seinen Platz in der Aufstellung ein. Ihm gefällt das Bild, wie die Leiterin hoch oben auf dem Stuhl steht und damit ihre Leitungsposition deutlich sichtbar einnimmt. Er sagt zu den anderen: „Ich gehe jetzt und nehme dieses Bild für mich mit. Euer Problem hier kann ich nicht lösen."

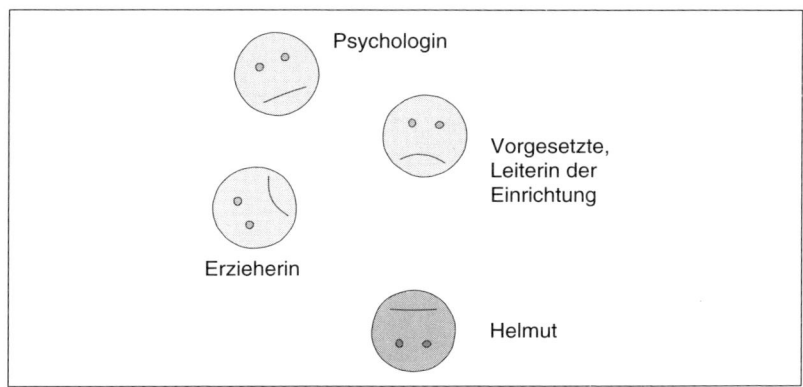

Bild 4.5.3b: Die Erzieherin als Quelle des Drucks

Kommentierung. – Helmut ist in ein Team geraten, bei dem die Führungsfrage nicht geklärt ist. Die Erzieherin hat zehn Jahre Berufserfahrung in dieser Tagesstätte und fühlt sich der jüngeren Leiterin überlegen. Da sie kein Studium hat, kann sie nach den Regelungen des Trägers der Einrichtung auch keine Leitungsposition bekommen. Sie findet sich mit dieser Einschränkung jedoch nicht ab und macht Druck auf die Leiterin, damit diese eventuell aufgibt und kündigt. Sie untergräbt damit deren Kompetenz bei den anderen Mitgliedern des Teams und versucht, andere Mitarbeiter auf ihre Seite zu ziehen.

Helmut sieht, dass die Leiterin der Erzieherin fachlich nicht gewachsen ist und die Einrichtung nicht wirklich als Vorgesetzte führen kann. Gerade als Berufsanfänger wünscht er sich eine starke und kompetente Leitung und schwankt zwischen seinem Bedürfnis nach einer klaren Ordnung im System und der Bewunderung für die fachlichen Kompetenzen seiner Erzieherkollegin hin und her. Der Druck, der von ihm auf die Leiterin ausgeht, hat also einen anderen Hintergrund als bei der Erzieherin: Er möchte, dass die Leiterin ihre Führungsposition deutlich einnimmt. Sein Entschluss zu kündigen, befreit ihn persönlich aus diesem Dilemma.

Das Arbeitsbeziehungssystem in dieser Einrichtung wird durch sein Ausscheiden nicht in Ordnung kommen. Helmut geht im Grunde stellvertretend für die Erzieherin, die eigentlich aus dem System gehen müsste, da sie keine Position mehr gut ausfüllen kann: Der Aufstieg zur Leiterin ist ihr durch administrative Regelungen verwehrt; die Position der bloßen Mitarbeiterin kann sie aufgrund ihrer fachlichen Überlegenheit für sich nicht mehr akzeptieren. Es besteht die Gefahr, dass Helmuts Nachfolger in die gleiche Dynamik verstrickt wird wie er. Es werden so lange Unschuldige zu Sündenböcken gemacht, bis der wirkliche Konflikt zur Sprache kommt.

Rückmeldung. – In seiner Rückmeldung zur Aufstellung schrieb Helmut einige Wochen später: „Es war gut, die Aufstellung noch mal aufgeschrieben nachzulesen, weil in den letzten Tagen in der Arbeitsstelle doch unterschwellig versucht wurde, die Gründe für mein Gehen an mir persönlich festzumachen."

4.5.4 Zerrissen zwischen Beruf und Ehe

Das Anliegen. – Ein junger Mann bittet um eine Aufstellung. Er hat sein Studium abgeschlossen und ist seit kurzem in einem großen Unternehmen tätig. Er will wissen, wie seine berufliche Situation weitergehen könnte. Mit seiner Situation im Unternehmen sei er nicht mehr zufrieden. Er habe das Gefühl, von dieser Arbeit völlig aufgesogen zu werden. Er überlege sich, ob er an dieser Stelle bleiben, sich innerhalb des Unternehmens für eine andere Tätigkeit bewerben oder den Schritt in die Selbstständigkeit wagen solle. Er habe auch Angst, dass seine Frau, die er vor zwei Jahren geheiratet hatte, unter seiner Berufstätigkeit immer mehr leide. Er fühle sich zwischen Beruf und Ehe wie zerrissen.

Die Aufstellung. – Ich lasse den Mann fünf Personen aufstellen: sich, seine jetzige Stelle, eine mögliche andere Stelle im Unternehmen, die mögliche Selbstständigkeit und seine Frau. Er positioniert sich in der Aufstellung sehr nahe an seiner jetzigen Tätigkeit (Bild 4.5.4a).

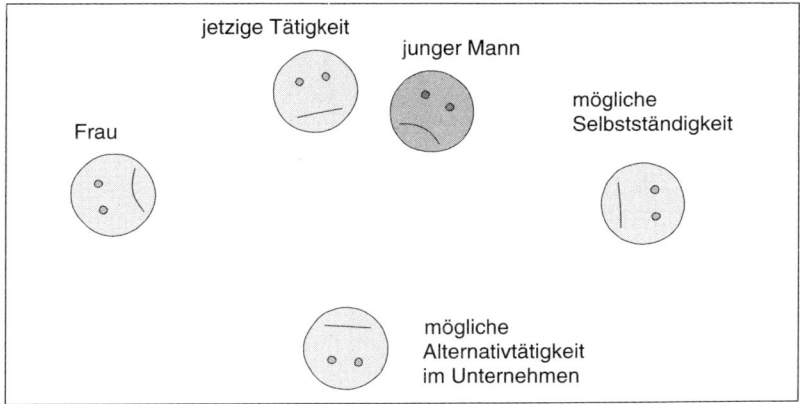

Bild 4.5.4a: Braucht die Arbeit diese Nähe?

Zu seiner jetzigen Tätigkeit besteht wenig Bezug trotz seiner räumlichen Nähe zu ihr. Der Stellvertreter für die jetzige Tätigkeit äußert, dass er diese Nähe zwar durchaus schätze und sie für sich nutze. Der junge Mann müsse aber auch nicht so stark auf ihn fixiert sein.

Die Stellvertreterin für die Frau des jungen Mannes ist mit der Situation äußerst unzufrieden und hat Wut auf ihren Mann. Es zeigt sich immer deutlicher, dass in dieser Aufstellung Probleme aus dem partnerschaftlichen Gegenwartssystem des jungen Mannes in sein Arbeitsbeziehungssystem hineinwirken.

Eine befriedigende Lösung gibt es in dieser Aufstellung schließlich erst, als der junge Mann sich mit seinem Herkunftssystem befasst und sich mit seinen Eltern aussöhnt. Seine Eltern hatten sich nämlich scheiden lassen. Er war noch immer voller Vorwürfe gegen seinen Vater, der seine Mutter im Stich gelassen hatte.

Nachdem er sich aus seiner anmaßenden Vorwurfshaltung seinem Vater gegenüber gelöst hatte, konnte sich der junge Mann neben seine Frau stellen und aus dieser Position seine berufliche Situation neu betrachten. Die Selbstständigkeit war nach wie vor etwas weiter weg, aber alle drei beruflichen Möglichkeiten blickten nun wohlwollend und erwartungsvoll auf ihn. Sie spürten jetzt die Stärke des jungen Mannes an der Seite seiner Frau (Bild 4.5.4b).

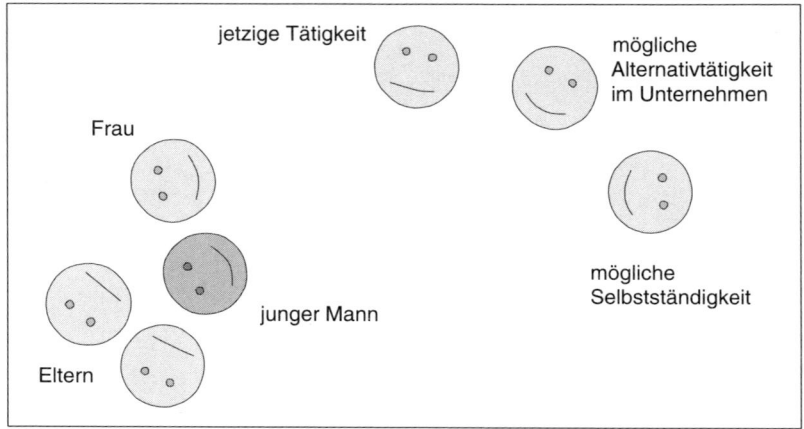

Bild 4.5.4b: Der junge Mann in einer kraftvollen Position

Kommentierung. – Vermutlich kommt vielen Männern diese Situation bekannt vor. Heirat und Familiengründung geraten mit den Anforderungen ihres Berufes in Konflikt. Der Beruf raubt ihnen alle Freiheiten für ihr Privatleben. So hatte dieser junge Mann sein Problem zu Anfang geschildert. Die Lösung des Konflikts suchte er jedoch bislang für sich in der falschen Systemebene, indem er sich Gedanken über berufliche Alternativen machte. Erst die Lösung seiner Beziehungsprobleme in seinem Herkunftssystem mit seinen geschiedenen Eltern macht ihm den Weg frei für eine befriedigende Beziehung in seinem Gegenwartssystem mit seiner jungen Frau. Erst dieser Prozess eröffnet ihm Freiheiten und wirkliche Alternativen für seine berufliche Zukunft.

4.5.5 Die Flucht

Das Anliegen. – Sören ist von Dänemark in eine deutsche Großstadt gezogen. Er arbeitet zum Teil noch in Dänemark, zum Teil auch in Österreich. In der deutschen Großstadt absolviert er gerade eine Weiterbildung. Seine beiden Kinder leben in seinem Haus in Dänemark bei seiner Frau. Er hat in Deutschland mittlerweile eine Freundin. Er fühlt sich aufgrund seiner Situation innerlich zerrissen. Sein Anliegen ist es zu klären, wo er zukünftig arbeiten und wohnen soll.

Die Aufstellung. – Ich lasse Sören eine Aufstellung mit folgenden Personen machen: einen Stellvertreter für sich selbst, eine Stellvertreterin für seine Freundin in Deutschland, Stellvertreter für Sohn und Tochter sowie jeweils eine Person, die seine Arbeit, und eine, die seine Wohnung vertritt (Bild 4.5.5a).

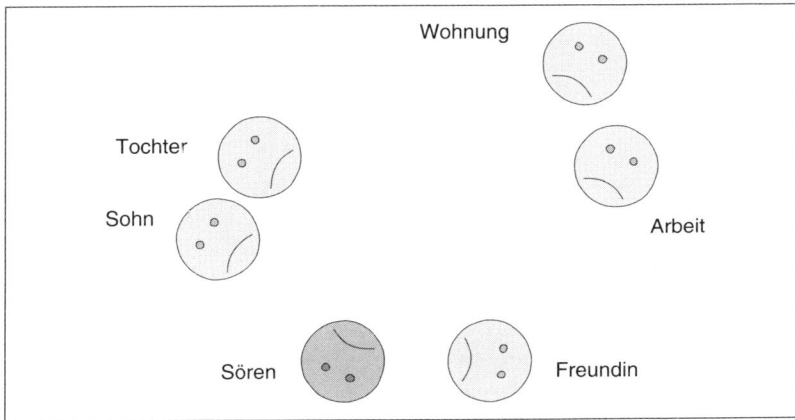

Bild 4.5.5a: Sören weiß nicht, wohin

Sörens Stellvertreter ist sehr unentschlossen. Er wendet sich zur Freundin hin und sagt: „Komm mit nach Dänemark." Die Stellvertreterin der Freundin aber meint: „Dänemark ist weit weg. Es ist noch nicht so weit. Ich gehöre nicht dazu."

Der Stellvertreter des Sohnes hat einen starken Bezug zum Vater und will zu ihm hin und ihn umarmen. Er ist zugleich unsicher und hat Angst. Die Stellvertreterin der Tochter zeigt ebenfalls eine starke Bindung zum Vater: „Uns trennt nichts." Die Stellvertreterin für seine Arbeit, die Sören ausgewählt hat, spürt bei sich Druck in der Magengegend. Sie meint, sie hätte einen „komischen Stand". Der Stellvertreter der Wohnung äußert: „Die Arbeit interessiert mich am wenigsten. Ich fühle mich wie eine Absteige."

Der Stellvertreter von Sören soll nun seinem Impuls folgen und sich bewegen. Er ist weiterhin unentschlossen und weiß nicht, wohin er gehen soll. Er findet keinen Platz für sich in der Aufstellung. Ich frage ihn nun nach seiner Ehefrau und der Mutter der Kinder. Sören antwortet, er habe sie vor vier Jahren verlassen. Ich frage Sören, ob er weitermachen möchte, da für mich hier ein Übergang zu seinem

Gegenwartssystem nahe liegt, um die Ursachen seiner beruflichen Schwierigkeiten besser zu verstehen. Nachdem Sören zugestimmt hat, stellt er seine Ehefrau in die Aufstellung dazu (Bild 4.5.5b).

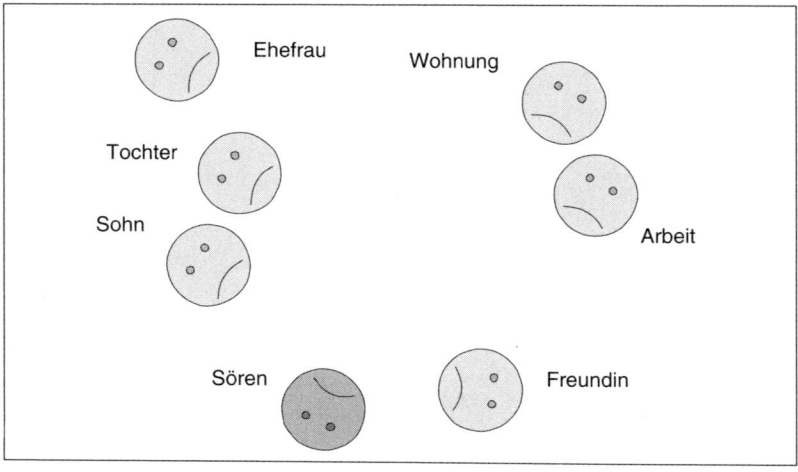

Bild 4.5.5b: Die Ehefrau kommt ins Bild

Sörens Stellvertreter merkt sofort, dass sich seine ganze Aufmerksamkeit auf diese Frau richtet. Der Stellvertreterin für die Arbeit geht es jetzt besser. Der Stellvertreter für die Wohnung äußert spontan sein Bedürfnis, sich nun neben die Kinder zu stellen. Die Stellvertreterin der Ehefrau spürt eine starke Bindung zum Stellvertreter für die Wohnung, der nun vermutlich das Haus verkörpert, das Sören seiner Frau nach seinem Weggang überlassen hat. Sie ist unglücklich, dass sie die Kinder nicht sieht. Sie möchte aus der Position weg und das Ganze von weitem betrachten.

Sie tritt einige Schritte zurück. Sie spürt, dass zwischen ihr und Sören noch etwas offen ist. Die Beziehung sei abgebrochen, aber nicht geklärt und abgeschlossen worden. Sören solle endlich den Mut haben, sich mit den Dingen auseinander zu setzen und nicht einfach nur die Flucht zu ergreifen.

Sörens Stellvertreter spürt nun eine große Aufregung in sich hochsteigen. Man merkt, dass die Gefühle zwischen ihm und seiner Frau keineswegs erkaltet sind. Er fühlt sich zu ihr hingezogen, und gleichzeitig hat er Angst. Die Stellvertreterin seiner Frau meint, sie empfinde keine Wut auf ihn, sei aber „leicht sauer über sein Zögern und sein Flüchten". Sie findet ihn deswegen feige. Sie möchte, dass er die Verantwortung für sein Handeln übernimmt. Ich lasse die Stellvertreter für die Kinder näher an die Seite des Hauses rücken. Der Raum zwischen Sören und seiner Frau ist jetzt frei. Auch die Stellvertreterin für die Arbeit ist zur Seite getreten. Ich lasse nun Sörens Stellvertreter zu seiner Ehefrau sagen: „Ich bin damals geflüchtet, und jetzt finde ich keinen Platz mehr." Die Stellvertreterin seiner Frau empfindet über diese Aussage eine gewisse Genugtuung. Ich lasse Sörens Stellvertreter einige Schritte auf sie zugehen. Der Stellvertreter des Sohnes wird dadurch ganz aufgeregt. Er wünscht sich, dass seine beiden Eltern wieder zusammenkommen. Die Stellvertreterin der Tochter fühlt sich nicht mehr wohl, seit die Mutter da ist, und möchte jetzt am liebsten weg.

Da sich nun eine Verstrickung von Sören in sein Herkunftssystem andeutet (seine Tochter wiederholt sein Flüchten), frage ich ihn, ob er weitermachen möchte. Er bejaht und erzählt von der ersten Frau seines Vaters, die im Kindbett gestorben ist. Ich lasse ihn eine Stellvertreterin für diese Frau dazustellen (Bild 4.5.5c).

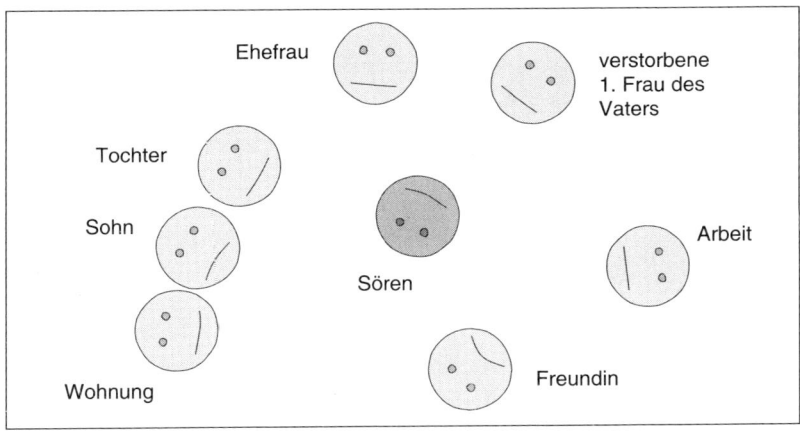

Bild 4.5.5c: Die erste Frau des Vaters tritt in Erscheinung

Alle Konzentration in der Aufstellung richtet sich sofort auf die erste Frau des Vaters. Sören nimmt nun selbst seinen Platz in der Aufstellung ein. Als er zögert, sich der ersten Frau seines Vaters zuzuwenden, möchte seine Tochter spontan zu ihr hin. Die Tochter wäre also gefährdet, aus dem System zu gehen, wenn Sören die Bindung zur

171

verstorbenen ersten Frau des Vaters nicht auflöst. Sören nimmt daher mein Angebot an und verneigt sich tief vor der ersten Frau des Vaters. Er beginnt sich aus der Verstrickung mit ihr zu lösen, indem er ihrem Schicksal jetzt zustimmt und um ihren Segen für sein Leben bittet. Nun meldet sich die Stellvertreterin der Freundin zu Wort. Sie habe jetzt Angst, dass Sören nicht mehr zu ihr zurückkomme. Sie wendet sich von Sören ab. Ich lasse Sören zu ihr sagen: „Es ist offen zwischen uns." Die Freundin kann das akzeptieren und vergrößert den Abstand zwischen ihnen beiden. Als Sören dann auch zu seiner Frau sagt, dass es offen zwischen ihnen beiden sei, sieht die Freundin keine Basis mehr für ihre Beziehung zu Sören und wendet sich nun vollständig ab.

Kommentierung. – Diese Aufstellung zeigt, wie eine Verstrickung im Herkunftssystem zum Scheitern einer Ehe führt und wie sie bei der Tochter weitergehen würde, wenn die Verstrickung nicht aufgelöst wird. Sörens Flucht aus seiner Ehe wird auf dem Hintergrund seiner Bindung an die im Kindbett gestorbene erste Frau seines Vaters verständlich. Sein Weggehen geschieht aus einem fremden Gefühl heraus. Es ist daher ziellos und auch neue Partnerschaften haben unter dieser Voraussetzung keine Chance, sich gut zu entwickeln. Sören verstrickt sich und die Frauen nur noch weiter in Beziehungskonflikte. Er kann deswegen auch weder in Bezug auf seine Arbeit noch auf seinen Wohnort eine klare Orientierung haben. Nur die Klärung der Bindungen und Beziehungen in seinem vergangenen Leben wird ihm helfen herauszubekommen, wo er in Zukunft wohnen und arbeiten soll.

„Zufällig" war an diesem Abend erstmals eine Teilnehmerin in diesem Arbeitskreis, mit der Sören vor einigen Jahren eine partnerschaftliche Beziehung hatte. Sie war von dieser Aufstellung tief betroffen und stellte sich jetzt die Frage, warum sie schon öfter nur die Ersatzfrau in einer Beziehung war.

4.6 Hochschulseminare für Sozialarbeit

Die folgenden Fallbeispiele sind Aufzeichnungen von Aufstellungen, die im Rahmen meiner Lehrtätigkeit an der Katholischen Stiftungsfachhochschule in München im Fachbereich „soziale Arbeit" entstanden sind. Besonders während ihres Praktikums sind die Studierenden oft mit Situationen konfrontiert, in denen ihnen die institutionellen Regeln der sozialen Einrichtungen und die sozialen und psychischen Problemlagen der Klienten der sozialen Arbeit noch wenig vertraut sind. Aufstellungen sind nach meiner Einschätzung für die Studierenden hilfreich, die komplexen Zusammenhänge in ihren zukünftigen Arbeitsfeldern besser zu verstehen und sich auf ihre berufliche Rolle als Sozialpädagogen vorzubereiten. Durch die Einsicht in Beziehungsdynamiken lernen sie auch, die Hintergründe seelischer Konflikte und sich daraus ergebender Krankheiten besser zu durchschauen.

Sozialpädagogen sind in vielen Einrichtungen mit Menschen konfrontiert, die erhebliche psychische Probleme haben. Obwohl die Psychologie in ihrem Studium eine wichtige Rolle spielt, kann das Studium sie nicht auf alle Schwierigkeiten vorbereiten, die der Umgang mit psychisch Kranken mit sich bringt. In manchen Einrichtungen sammeln sich viele Menschen, mit denen sonst niemand mehr in der Gesellschaft etwas anfangen kann – weder Eltern noch Lehrer, noch Arbeitgeber, noch Ärzte, Psychiater oder Psychologen. Sozialpädagogen haben es oft mit den schwierigsten „Fällen" zu tun, obwohl sie nicht für die Auseinandersetzung mit den psychischen Krankheiten dieser Klienten ausgebildet sind. Sie sind daher in Gefahr, in unbewusste Dynamiken verstrickt zu werden und kompensatorische und problemstabilisierende Funktionen für das Beziehungssystem eines Klienten einzunehmen. Die Themen „Nähe und Distanz" und „Aggression und Gewalt" gehören daher nicht zufällig zu den Lieblingsthemen im Praxisseminar.

4.6.1 Lernen, für sich selbst einzutreten

Das Anliegen. – In der Morgenrunde des Praxisseminars berichtet Norbert B. über eine für ihn schwierige Situation: „Ich mache mein Praktikum in einer Beratungsstelle für Strafentlassene. Mit meinem Anleiter bin ich zwei Tage in der Woche in der Justizvollzugsanstalt (JVA), da wir die Gefangenen bereits während der Haft beraten. Um sich in der JVA frei bewegen zu können, braucht man einen Gitterschlüssel. Mein Anleiter hat einen solchen Schlüssel und ich als Praktikant sollte auch einen bekommen. Nun ist es allerdings so: Der

2. Gefängnisdirektor will aufgrund von Sicherheitsbedenken Praktikanten keinen Schlüssel geben. Der 1. Direktor war sich anfangs noch unsicher, war aber dann auch der Meinung, dass ich keinen Schlüssel bekommen sollte. Dass meine Vorgängerin an dieser Stelle einen Schlüssel hatte, war der Gefängnisleitung angeblich nicht bekannt. Der Leiter meiner Beratungsstelle verhandelte mehrmals ohne Erfolg telefonisch mit den Gefängnisdirektoren. Ein persönliches Gespräch des Leiters und meines Anleiters mit den beiden Gefängnisdirektoren war erfolglos. Bei diesem Gespräch war ich nicht dabei, auch habe ich persönlich nicht mit den Direktoren gesprochen. Ich weiß jetzt nicht, ob ich meine Praktikumsstelle wechseln muss, da mein Anleiter der Meinung ist, dass es ohne Schlüssel nicht sinnvoll ist, das Praktikum fortzuführen, weil ich dann innerhalb des Gefängnisses nie selbstständig arbeiten kann." Es stellt sich nun die Frage, ob die Hochschule bzw. ich als Seminarleiter bei der Gefängnisdirektion intervenieren soll, um Herrn B. die Fortführung seines Praktikums zu ermöglichen.

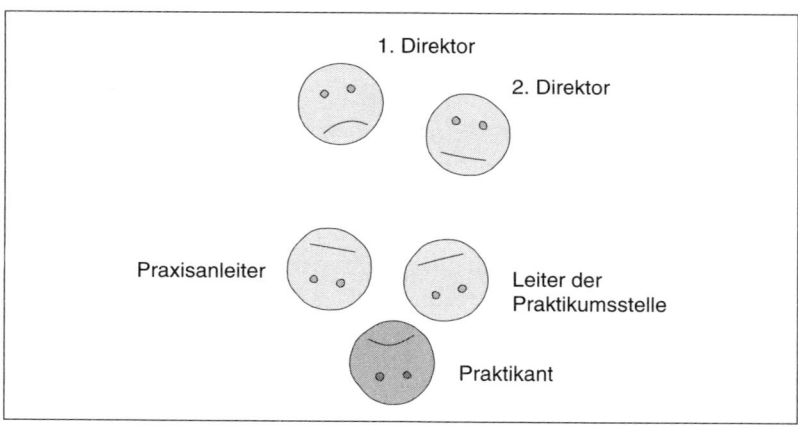

Bild 4.6.1a: Der Praktikant versteckt sich

Die Aufstellung. – Um zu prüfen, ob dies sinnvoll ist und was Herrn B. jetzt in seiner Situation weiterhelfen könnte, bitte ich ihn, die in dieser Angelegenheit beteiligten Personen in der JVA aufzustellen (Bild 4.6.1a). Wie deutlich zu sehen ist, versteckt sich der Praktikant hinter seinen Vorgesetzten. Mit den Gefängnisdirektoren hat er keinen Kontakt; diese nehmen auch ihn nicht wahr. Der Leiter der Beratungsstelle und der Anleiter empfinden es ebenfalls als unangenehm, dass der Praktikant hinter ihnen steht.

Beide bewegen sich zur Seite. Der 2. Direktor will auf gleicher Höhe mit dem 1. Direktor sein und geht einen Schritt zurück. Der Stellvertreter des Praktikanten macht nun auch einen Schritt nach vorne. Er steht dadurch auch vor den beiden Direktoren, seine Vorgesetzten stehen ihm unterstützend zur Seite. Wir stellen noch einen Stellvertreter für die Hochschule hinter ihn. Dies gibt ihm zusätzlichen Halt (Bild 4.6.1b).

Norbert B. geht nun anstelle seines Stellvertreters in die Aufstellung. Ich schlage ihm vor, folgenden Satz zu den Direktoren zu sagen: „Ich bin hier Praktikant. Sie können mir guten Gewissens den Schlüssel geben. Ich werde sorgsam damit umgehen und verspreche, kein Sicherheitsrisiko zu sein." Von allen anderen Beteiligten wird diese Aussage wohlwollend zur Kenntnis genommen. Es wird deutlich, dass ein unmittelbares Eingreifen der Hochschule in diesen Prozess nicht sinnvoll ist.

Lerneffekt. – Wie Umfragen an unserer Hochschule immer wieder zeigen, studieren viele Sozialarbeiter aus dem Motiv heraus, anderen Menschen zu helfen. Das Engagement für andere wird aber fragwürdig, wenn jemand nicht auch für sich selbst eintreten kann. Wie sich später ergab, konnte Herr B. das Praktikum an dieser Stelle zwar nicht fortsetzen, doch fand er problemlos eine neue Praktikumsstelle in der Alkoholberatung für Strafgefangene, die ihm sehr zusagt. Er hat nun auch einen Schlüssel.

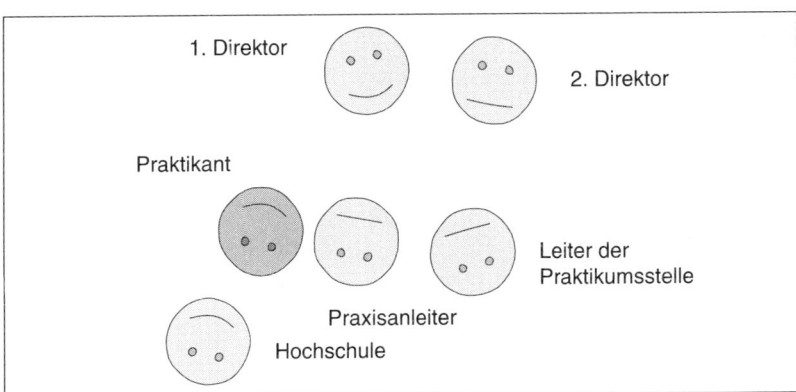

Bild 4.6.1b: Der Praktikant zeigt sich

Rückmeldung. – In einer Nachbetrachtung der Aufstellungsarbeit schrieb Herr B: „Für mich wurde durch die Aufstellung klar, dass ich mich zu wenig in die Diskussion um den Schlüssel eingebracht hatte und meine Vorgesetzten die Verhandlungen führen ließ. Möglicherweise wäre die Sache anders ausgegangen, wenn ich persönlich bei den Gefängnisdirektoren vorstellig gewesen wäre."

4.6.2 Die Ernüchterung

Das Anliegen. – Frau H. macht ihr Jahrespraktikum in einer therapeutischen Wohngemeinschaft für psychisch Kranke. Für die Studientage an der Hochschule haben wir das Thema „Gewalt und Aggression" gewählt. Frau H. möchte dazu eine Fallgeschichte einbringen. Sie stelle nämlich fest, dass sich bei ihr eine große Wut auf einen Patienten aufgebaut habe, und sie möchte gerne wissen, woher diese Wut kommt. Sie schildert kurz die Situation des Patienten: Er ist 20 Jahre alt, leidet unter einem Wasch- und Kontrollzwang. Von den Therapeuten hat er die Diagnose „Soziale Phobie" bekommen. Frau H. sagt, sie bekomme immer wieder Konflikte mit diesem Patienten. Er suche einerseits fortlaufend ihre Nähe und sei sehr anhänglich und aufdringlich, andererseits widersetze er sich ihren Anweisungen und nehme an Gruppenangeboten wie Sport nicht teil.

Die Aufstellung. – Ich bitte Frau H., zunächst eine Aufstellung mit ihr und diesem Patienten zu machen. Beide stehen sehr nahe in einer Konfrontationsposition zueinander (Bild 4.6.2a).

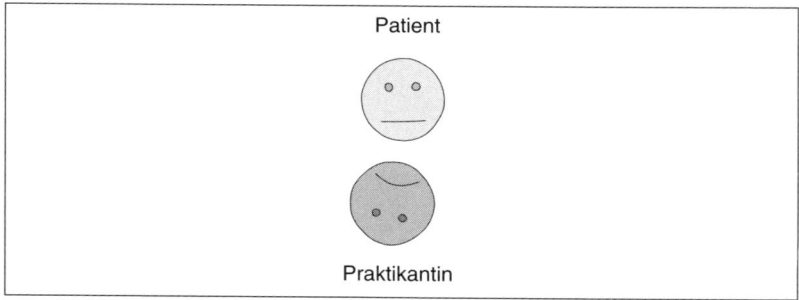

Bild 4.6.2a: Der distanzlose Patient

Der Stellvertreterin der Praktikantin ist das viel zu nahe. Sie wendet sich ab, doch der Patient konfrontiert sie immer wieder mit seiner

Nähe. Selbst als ich die Stellvertreterin auffordere, den Patienten mit den Händen etwas von sich wegzudrücken, hat dies keinen Erfolg. Der Patient beharrt auf seiner Übernähe zur Praktikantin. Ich bitte daher Frau H. um weitere Informationen über den Patienten. Sie sagt, dass die Mutter des Patienten von dessen Vater noch während der Schwangerschaft verlassen worden sei. Sie habe erst viel später einen anderen Mann geheiratet und ein weiteres Kind – eine Tochter – bekommen, als der Patient 13 Jahre alt war. Zu diesem Zeitpunkt hätten auch die Zwangshandlungen des Patienten begonnen. Der Patient betone immer wieder, dass ihm seine Schwester sehr wichtig sei.

Ich bitte Frau H., die Schwester des Patienten in die Aufstellung zu nehmen. Der Stellvertreter des Patienten reagiert darauf sofort so, dass er sich vor seine Schwester stellt und sie der Praktikantin gegenüber verdeckt. Er lässt der Schwester keine Chance, aus seinem Schatten zu treten. Der Stellvertreterin für die Schwester geht es dabei nicht gut. Sie hat starke Angst vor ihrem Halbbruder.

Als Nächstes werden von Frau H. die Eltern des Patienten durch Stellvertreter aus der Seminargruppe hinzugestellt. Während ihn sein Vater nur wenig interessiert, sucht der Patient jetzt sofort die Nähe seiner Mutter. Auch diese sucht die Nähe zu ihrem Sohn, während sie ihre Tochter kaum wahrnimmt (Bild 4.6.2b). Versuche, den Vater aus seiner Ecke zu holen und ihm die Zuständigkeit für seinen kranken Sohn aufzuzeigen, scheitern. Die Mutter scheint diesen Mann geliebt zu haben. Er äußert zwar Schuldgefühle, fühlt sich aber unfähig, zu seiner väterlichen Verantwortung zu stehen. Ein Kontakt zwischen dem Patienten und seinem Vater ist nicht herzustellen.

Die Mutter zeigt unverhohlen ihre Anklammerungswünsche dem Sohn gegenüber, und alle Anzeichen sprechen dafür, dass sie ihn als Ersatz für den nicht erreichbaren Mann genommen hat. Der Patient fühlt sich in der Nähe seiner Mutter wohl und allen anderen überlegen. Er äußert, dass ihm die Praktikantin nichts zu sagen habe und er auch keinerlei Therapie benötige. Er sagt, er habe eigentlich alle in der Hand. Alle Angebote, welche die Praktikantin ihm macht, weist er zurück. Ich lasse nun Frau H. selbst ihren Platz in der Aufstellung einnehmen. Sie spürt sofort die Wutgefühle in sich hochkommen, die sie aus der realen Situation im Umgang mit diesem Patienten gut kennt. Ich schlage ihr vor, zum Patienten zu sagen: „Wir bewahren dich nur auf. Mehr können wir hier und jetzt nicht für dich tun." Dieser Satz verblüfft sie, und es fällt ihr sichtlich schwer, ihn nachzusprechen. Ich bitte sie daher, noch einen Stellvertreter für den Leiter der Einrichtung in die Aufstellung hinzuzunehmen und an diesen die Frage zu stellen, warum dieser Patient eigentlich hier sei. Spontan antwortet dieser: „Wir wollen ihn wegen des Geldes." Diese Aussage trifft die Praktikantin sichtlich. Sie ist jetzt aber ruhiger, und ihre Wut auf den Patienten ist einer Ernüchterung gewichen.

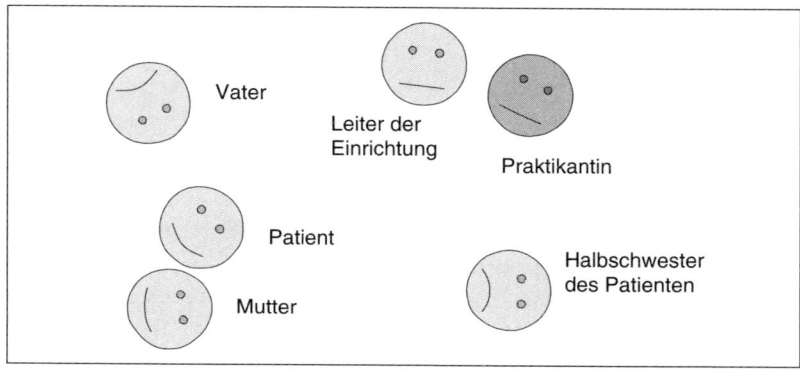

Bild 4.6.2b: Der unerreichbare Patient

Lerneffekt. – Über die Familiendynamik des Patienten lässt sich Folgendes vermuten: Seine Mutter hat sich in einen für sie nicht erreichbaren Mann verliebt. Sie nimmt den Sohn als Ersatz für den untreuen Geliebten. Ein sexueller Missbrauch liegt hier im Bereich des Möglichen. Der Patient verliert dadurch jegliches Gefühl für Grenzen und Distanz. Er ist für sich nicht lebenstüchtig und erwartet von anderen, dass sie für ihn da sind und ihn versorgen. Durch die Geburt seiner Schwester fühlt er sich seiner Position beraubt und bedroht. Er versucht deshalb, seine Schwester abzuschirmen. Eventuell hat er sogar versucht, ihr etwas anzutun. Dies könnte möglicherweise seine Waschzwänge erklären (Abwehr von Schuldgefühlen). Falls eine Behandlung bei diesem Patienten überhaupt eine Chance hat, muss sie diese familiären Zusammenhänge, über die wir hier nur Vermutungen anstellen können, näher aufklären und in die therapeutische Arbeit einbeziehen.

Rückmeldung. – Die Studentin schrieb auf meine Anfrage, ob ich ihr Fallbeispiel veröffentlichen könne: „… Gerne können Sie mein Beispiel aus der therapeutischen Wohngemeinschaft in Ihr Buch aufnehmen. Dank dieser Aufstellung gelingt es mir jetzt, gelassener mit dem Bewohner umzugehen. Außerdem kann ich mich besser abgrenzen und fühle mich von ihm nicht mehr so unter Druck gesetzt. Ich bin sehr froh und dankbar, dass wir im Seminar an der Hochschule die Möglichkeit haben, aus solchen Aufstellungen zu lernen. Für meine berufliche Tätigkeit sind sie sehr hilfreich."

4.6.3 Geld oder Beratung?

Anliegen. – Die Studentin Frau M. berichtet über einen Vorfall während ihres Praktikums in einer kirchlichen Beratungsstelle. Eine Beraterin habe dort von einem Klienten im Verlaufe des Beratungsgesprächs eine Ohrfeige erhalten. Nach Darstellung der Beraterin habe der Klient Geld von ihr gewollt und als sie ihm keines gegeben habe, sei es zu dem Vorfall gekommen. Frau M. möchte gerne wissen, wie es möglicherweise zu einem solchen Vorfall gekommen sei und wie man sich als Beraterin vor Gewalttätigkeiten von Klienten schützen könne.

Aufstellung. – Ich schlage ihr vor, eine Aufstellung mit der Beraterin und dem Klienten zu beginnen. Sie wählt entsprechende Stellvertreter aus dem Seminar aus und stellt sie auf (Bild 4.6.3a).

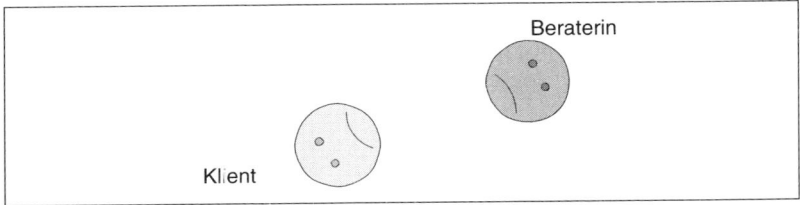

Bild 4.6.3a: Was will der Klient?

Der Stellvertreter des Klienten blickt schräg an der Beraterin vorbei. Auch diese hat keinen wirklichen Kontakt zu ihm. Ich bitte nun die Stellvertreterin der Beraterin, dem Klienten zu sagen, was er von ihr erwarten könne. Sie weist ihn auf ihre Möglichkeiten hin, ihn zu beraten, um die Ursachen seiner Lage zu ergründen. Der Klient ist von diesem Vorschlag wenig angetan und verhält sich der Beraterin gegenüber weiterhin abweisend.

179

Ich bitte Frau M., zwei weitere Stellvertreter in die Aufstellung zu positionieren. Einer soll die Beratungsmethoden verkörpern, der andere Geld. Als beide dazugestellt sind, wendet sich der Klient sofort dem Geld zu, während die Beraterin sich einen noch engeren Kontakt zu ihren Methoden wünscht (Bild 4.6.3b).

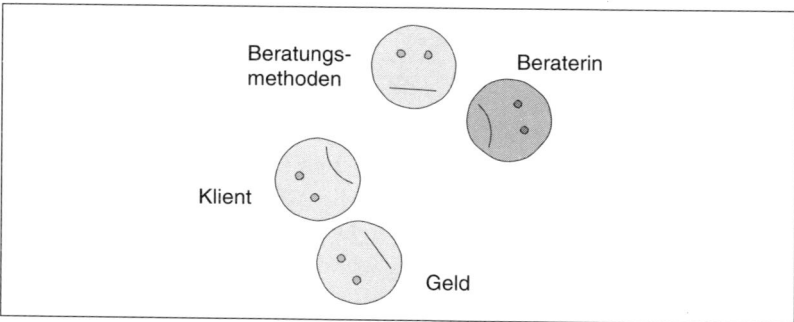

Bild 4.6.3b: Beratung oder Geld?

Die Stellvertreterin für die Beratungsmethoden möchte aber keinen so engen Kontakt zur Beraterin haben und macht einen Schritt nach hinten. Ich stelle nun das Geld rechts neben die Beraterin. Dieser ist das „sichtlich peinlich". Der Stellvertreter für das Geld aber empfindet diese Position besser als neben dem Klienten. Ich lasse Frau M. einen weiteren Stellvertreter in die Aufstellung hineinnehmen. Er soll das repräsentieren, „was dem Klienten wirklich fehlt". Sie stellt diese Person neben den Klienten, dorthin, wo vorher der Stellvertreter für das Geld stand (Bild 4.6.3c). Der Klient wendet sich sofort dieser Person zu – es ist eine Frau –, er hat spontan das Gefühl, dass dies für ihn passt.

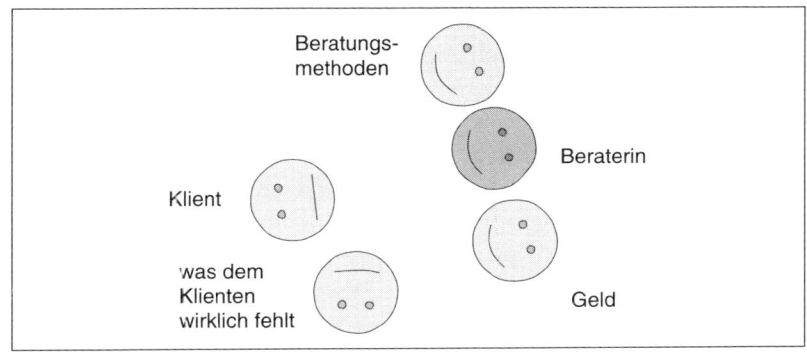

Bild 4.6.3c: Was fehlt dem Klienten wirklich?

Der Beraterin stelle ich nun ihre Methoden zur linken Seite und daneben das Geld. Nachdem sie es akzeptiert hat, auch ihre Verfügungsmacht über Geldmittel als Teil ihrer Beraterfunktion zu sehen, kann sie dem Klienten ein Angebot zur Beratung machen, das dieser wohlwollend aufnimmt. Sie sagt sinngemäß: „Ich kann Sie hier mit meinen Methoden beraten. Möglicherweise kann ich Ihnen auch eine gewisse finanzielle Unterstützung vermitteln. Wichtig erscheint mir, das herauszufinden, was Ihnen wirklich fehlt." Nach diesem Gesprächsangebot fühlt der Klient der Beraterin gegenüber keinerlei Aggressionen mehr und ist bereit, ihr zuzuhören.

Lerneffekt. – Aus dieser Aufstellung wird sichtbar, dass Gewalt ein Symptom für Beziehungen ist, in denen sich die Konfliktbeteiligten nicht wirklich wahrnehmen. In diesem Fall sind sowohl der Klient wie auch die Beraterin anfangs in ihrer eigenen Welt befangen. Sie können daher ihr Gegenüber nicht erkennen.

Beim Klienten können wir eine Frustration durch Lebenserfahrungen vermuten, vielleicht auch die Haltung, dass Reden ihm nichts bringt und für ihn sein akuter Geldmangel im Vordergrund steht. Vermutlich hat er eine Wut auf eine bestimmte Person (Frau?, Mutter?), die bei aktuellen Konfliktsituationen wieder in ihm hochkocht und sich gegen „Unschuldige" austobt.

Die Beraterin stellt ihre Beratungsmethoden in den Vordergrund und damit zwischen sich und den Klienten. Sie fühlt sich damit sicherer als mit dem Problem, ob und wie sie dem Klienten Geld organisieren soll. Nur einfach Geld weiterzugeben, erscheint ihr wie ein Verrat

181

an ihren Beraterprinzipien, an die Ursachen der Notlage eines Klienten heranzukommen. Je mehr sie jedoch das Geld aus der Beratungssituation ausklammern möchte, desto mehr versteift sich der Klient darauf, dass nur Geld ihm weiterhelfen kann. Dahinter zu kommen, „was dem Klienten wirklich fehlt", damit er nicht immer wieder in finanzielle Notlagen gerät, gelingt der Beraterin daher nicht.

Einen absoluten Schutz vor Aggressionen und Gewalttätigkeit von Klienten gibt es in der sozialen Arbeit mit Sicherheit nicht. Dazu sind die unbewussten Übertragungen von Wutgefühlen der Klienten auf die Sozialarbeiter zu mächtig. Aus dieser Aufstellung kann man jedoch den Schluss ziehen, dass sich das Risiko minimieren lässt, wenn es gelingt, einen Kontakt zum Klienten herzustellen. In einem Aufstellungsbild bedeutet dies, die Beraterin schafft es, vom Klienten wahrgenommen zu werden. Dazu muss sie zuerst in die Wahrnehmungswelt des Klienten „einsteigen" und von ihren eigenen Idealvorstellungen loslassen. Eine gute Voraussetzung dafür ist, wenn jemand als Berater dorthin schauen kann, wo die Personen stehen, die für Klienten wirklich von Bedeutung sind. Therapeuten und Berater sollten nicht „tiefer" in einen Klienten hineinblicken wollen, sondern sehen, in welchen Beziehungssystemen er lebt. Durch die Frage nach Fakten (Eltern, frühere Partner der Eltern, Geschwister, eigene Partner, eigene Kinder, schwere Schicksalsschläge im eigenen Leben …) werden die wichtigsten Beziehungen schnell sichtbar. Das Beratungsgespräch bekommt mehr „Energie", wenn es sich nicht nur um die Befindlichkeit des Klienten dreht.

4.6.4 „In Syrien wäre das sehr schmerzhaft!"

Das Anliegen. – Frau D. ist Praktikantin in einer Schutzstelle für Jugendliche. Es gibt dort immer wieder Probleme mit Jugendlichen, die sehr fordernd auftreten und mit Gesetz und Polizei in Konflikt geraten. Innerhalb der Einrichtung kam es vor kurzem zu einer gewalttätigen Auseinandersetzung. Ein 13-jähriger Junge beschwerte sich mit übelsten Beschimpfungen bei einer Sozialpädagogin, dass sie seinen Freund bei der Polizei verraten habe. Dieser Junge hat selbst schon viele Diebstähle und andere kleine Delikte verübt. Da er vor dem Gesetz noch als Kind gilt, kann er deswegen nicht angeklagt und verurteilt werden.

Während der Auseinandersetzung kam es zu einem Handgemenge zwischen dem Jungen und der Betreuerin. Der Junge schlug der Sozialpädagogin dabei kräftig ins Gesicht. Nur mithilfe eines männlichen Betreuers konnte der völlig aufgebrachte Junge vor die Tür gesetzt werden. Die Sozialpädagogin stand danach unter Schock und war für mehrere Wochen arbeitsunfähig.

Frau D.s Anliegen war es nun, besser zu verstehen, was diesen Jungen zu seiner aggressiven Handlung veranlasst hatte. Auf meine Nachfrage stellte sich heraus, dass dieser Junge aus Syrien stammt und dort geboren wurde. Seine Eltern kamen vor acht Jahren nach Deutschland und haben den Status von Asylanten. Die näheren Umstände, warum die Familie aus Syrien kam und was dazu führte, dass sie sich in Deutschland als Asylanten aufhalten, weiß Frau D. nicht.

Die Aufstellung. – Ich schlage ihr vor, zunächst zwei Personen aufzustellen: eine Stellvertreterin für die Sozialpädagogin, die geschlagen wurde, und einen Stellvertreter für den syrischen Jungen. Frau D. stellt eine Konstellation auf, wie Bild 4.6.4a sie zeigt.

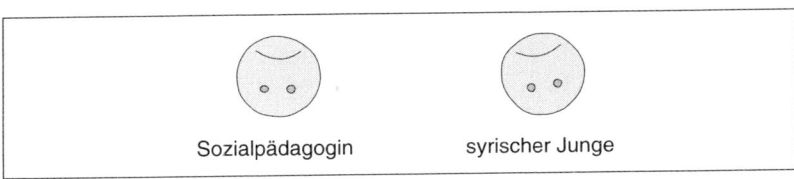

Sozialpädagogin   syrischer Junge

Bild 4.6.4a: Keine Beziehung, kein Interesse

Die Stellvertreter bestätigen, was aus der Aufstellung unmittelbar ablesbar ist: Es besteht zwischen beiden Personen keinerlei Kontakt und auch kein Interesse. Sie blicken aneinander vorbei und nehmen sich nur schemenhaft aus dem Augenwinkel wahr. Ich bitte Frau D., jemanden aus der Gruppe auszuwählen, der das Land Syrien vertritt. Sie wählt eine Mitstudentin aus und stellt sie neben den Jungen in die Aufstellung.

Für diesen verändert sich die Situation schlagartig: „Ich möchte jetzt gleich losweinen und Syrien um den Hals fallen." Ich ermuntere ihn, seinem Gefühl nachzugeben. Er legt den Arm innig um die Stellvertreterin von Syrien. Auch diese strahlt und macht einen zufriedenen Eindruck. Die Stellvertreterin für die Sozialpädagogin hat den Vorgang zwar beobachtet, er berührt sie aber kaum. Zur Seele dieses Junge findet sie offenbar keinen Zugang.

Ich lasse Frau D. dann eine Stellvertreterin für sie selbst als Praktikantin in die Aufstellung hinzustellen. Sie stellt diese Person zwischen die Sozialpädagogin und den Jungen, der immer noch sein Land im Arm hält. Ich bitte die Stellvertreterin der Praktikantin zum Jungen zu sagen: „Ich sehe, dass dir dein Heimatland fehlt, und ich habe Achtung vor deinem Land." Sofort entsteht Kontakt zwischen dem Jungen und ihr. Er lässt jetzt sogar das Land aus dem Arm und tritt einen Schritt auf die Praktikantin zu (Bild 4.6.4b). Ich bitte die Praktikantin zu sagen: „Wenn du jetzt in Deutschland bist, dann achte bitte auch die Gesetze in meinem Land." Der Junge wird von diesem Satz zwar erreicht, Einsicht und Abwehr vermischen sich jedoch bei seiner Antwort: „Hier darf ich ja alles machen, und es passiert mir nichts!" Die Praktikantin fragt ihn daraufhin: „Was würde in deinem Land passieren, wenn du solche Dinge machst?" Beim Stellvertreter des Jungen kommt darauf das Bild hoch: „Es wäre sehr schmerzhaft!" Die Stellvertreterin der Praktikantin macht ihm darauf das Angebot: „In einem Jahr wirst du auch hier in Deutschland bestraft werden für das, was du machst. Aber ich könnte dir helfen, solche Schmerzen zu vermeiden." Der Stellvertreter des Jungen tritt jetzt noch einen Schritt näher auf die Praktikantin zu. Er äußert, dass es ihm jetzt bewusster werde, dass es um sein eigenes Handeln gehe. Er sucht jetzt zur Praktikantin plötzlich einen sehr engen Kontakt. Die Stellvertreterin der Praktikantin äußert die Befürchtung, ihm seine Mutter ersetzen zu müssen.

Frau D. nimmt jetzt selbst ihren Platz in der Aufstellung ein. Der Stellvertreter des Jungen weicht sofort einen Schritt zurück. Er spürt etwas Belastendes auf sich zukommen. Frau D. sagt zu ihm: „Deine Mutter kann ich dir nicht ersetzen, aber ich kann dir ein wenig Halt geben." Der Junge sucht daraufhin einen angemessenen Abstand zur Praktikantin. Das Land Syrien hat wieder stärker den Wunsch, den Jungen zu beschützen. Auch die Sozialpädagogin ist jetzt mehr im Geschehen. Es scheint, als müsse die Praktikantin noch etwas für sich klären, was andere als Barriere im Kontakt mit ihr empfinden.

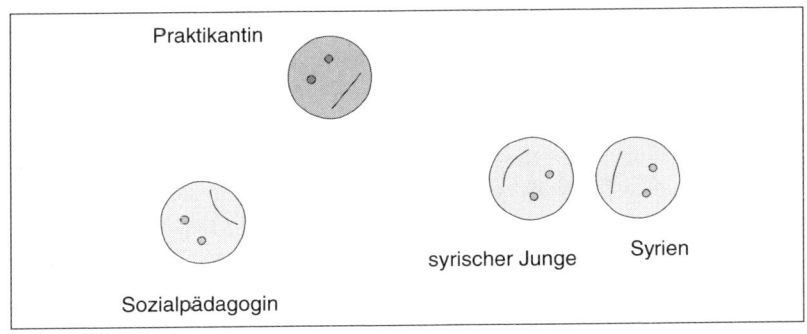

Bild 4.6.4b: Kontakt und Interesse, soweit für die Praktikantin möglich

Lerneffekt. – Zwei Fragen klären sich in der anschließenden Reflexionsrunde: Warum wird der Junge der Sozialpädagogin gegenüber gewalttätig, obwohl sie ihm eigentlich völlig gleichgültig ist? Der Stellvertreter des Jungen gibt darauf folgende Antwort: „Gerade weil sie mir als Person völlig egal war, habe ich sie nur als jemanden wahrgenommen, der mich an etwas hindert. Ich schlage dann um mich, um dieses Hindernis aus dem Weg zu räumen."

Warum ist der Stellvertreter des Jungen zurückgewichen, als Frau D. ihren Platz in der Aufstellung einnahm? Frau D. meinte dazu, dass auch sie als Kind aus einem anderen Land nach Deutschland gekommen sei. Es werde ihr jetzt deutlich, dass sie sich noch nie richtig klar gemacht habe, was das für sie bedeute. Sie habe sich auch nicht vorstellen können, dass der Junge noch eine Verbindung zu Syrien habe, wenn er schon mit drei Jahren von dort weggegangen sei. Was sie gerade erlebt habe, gäbe ihr zu denken. „Ich meinte immer, sein Problem sei sein Verhältnis zu seinem Vater. Ich sehe jetzt, wie ihm der Halt von seiner Mutter fehlt."

4.7 SUPERVISIONEN IN DER SOZIALARBEIT

Sozialarbeit als Beziehungsarbeit. – Sozialarbeit ist Beziehungsarbeit. Sozialarbeiter müssen oft Arbeitsbeziehungen mit Menschen aufbauen, die starke Bindungs- und Beziehungsstörungen aufweisen. Die Beziehungen zu den Klienten können daher meist nicht mit normalen Maßstäben gemessen werden. Wenn Klienten Termine und Absprachen nicht einhalten, Lügen und Ausreden verwenden oder immer wieder in ihr altes Problem zurückfallen, darf dies nicht als persönlicher Angriff gewertet werden und nicht zu einem Abbruch der Arbeitsbeziehung führen. Es ist davon auszugehen, dass die Klienten dem Sozialarbeiter gegenüber die problematischen Beziehungsmuster wiederholen, die sie aus ihrem familiären Herkunftssystem kennen und vielen anderen Menschen gegenüber praktizieren. Die Klienten der Sozialarbeit haben meist ein niedriges Selbstwertgefühl und schämen sich oft ihrer Lebenslage. Konfrontationsstrategien dem Klienten gegenüber sind daher in der Regel ungeeignet. Der Klient würde sich nur gedemütigt und in seinem Gefühl bestärkt fühlen, dass jeder ihn nur anklage und angreife. Er wird sich dann weiter zurückziehen und sich auf keine ernsthafte Beziehung einlassen. Um ihr Gesicht nicht zu verlieren, gehen Klienten oft viel eher zum Gegenangriff über, als Einsicht in ihr Fehlverhalten zu zeigen (vgl. Fallbeispiel 4.6.3).

Die wichtigste Aufgabe eines Sozialarbeiters ist es daher, eine tragfähige Beziehung zu einem Klienten aufzubauen. Dem Klienten das Gefühl zu vermitteln, dass er trotz seiner misslichen Lage kein schlechter Mensch ist, und ihm Mut zu machen, dass er es schaffen kann, sich aus seiner verfahrenen Lebenssituation zu befreien, ist eine grundlegende Voraussetzung, um Zugang zu ihm zu bekommen.

Eine professionelle Arbeitsbeziehung aufzubauen, bedeutet auch, sich zu engagieren und Mitgefühl zu haben, ohne sich in die Beziehungsstörungen der Klienten zu verstricken. Dazu ist es hilfreich zu wissen, was die Quelle der Beziehungsprobleme des Klienten ist.

Blickt der Sozialarbeiter auf diesen Ursprung, wird er für den Klienten interessant. Der Klient kann nun das Gefühl entwickeln, dass der Sozialarbeiter um sein wahres Problem weiß und ihm dabei eventuell weiterhilft – und nicht an einer anderen Stelle, wo er meint, gar keine Hilfe zu benötigen. Hilfe an der falschen Stelle empfindet ein Klient nur als Belästigung und Kontrolle.

Sozialarbeiter können beraten, bei tiefergehenden Bindungs- und Beziehungsstörungen sollten die Klienten jedoch an erfahrene Psychotherapeuten weitervermittelt werden. Die Empfehlung einer „Wald- und Wiesentherapie" ist für Klienten aber wenig hilfreich.

Daher müssen Sozialarbeiter genauer Bescheid wissen, welche Therapeuten mit welchen Problemlagen gut umgehen können.

Supervisionen. – Supervisionen haben in der Sozialarbeit eine wichtige Bedeutung. Sie nützen professionellen Sozialarbeitern ebenso wie ehrenamtlich Engagierten in zweierlei Hinsicht: Zum einen helfen sie, den Überblick über die manchmal äußerst komplexen Lebensrealitäten von Klienten zu behalten; zum anderen verhindern sie, dass sich Sozialarbeiter oder Ehrenamtliche mit den Problemen und in die Schicksale ihrer Klienten so verstricken, dass sie emotional stark belastet und immer handlungsunfähiger – „hilflose Helfer" – werden. Nach meinen Erfahrungen sind Arbeitsbeziehungsaufstellungen eine gute Möglichkeit, beides zu leisten.

Bewährungshilfe und Arbeit mit Straffälligen. – 1999 hatte ich Gelegenheit, mit einer Gruppe von Bewährungshelfern als Supervisor zu arbeiten. Das darauffolgende Jahr konnte ich auch bei einer Gruppe von Ehrenamtlichen in der Strafgefangenenhilfe supervisorisch tätig sein. In beiden Gruppen bearbeiteten wir die Anliegen der Gruppenteilnehmer häufig mit Aufstellungen und kamen dadurch zu oft überraschenden Einsichten.

Ein wesentliches Problem für die Bewährungshelfer ist die Frage: Wie stelle ich einen guten Kontakt mit den „Probanden" her, die nur auf Bewährung frei sind? Wie kann ich sie positiv beeinflussen, nicht erneut Straftaten zu begehen? Wie begegne ich dem Misstrauen, auch nur eine weitere Kontrollinstanz im Leben dieser Menschen zu sein?

Wie die folgenden beiden Beispiele zeigen, sind die Probanden für tragfähige Arbeitsbeziehungen mit den Bewährungshelfern oft kaum zugänglich. Sie sind zeitlebens in äußerst problematische Beziehungen verstrickt und wiederholen diese Konfliktmuster auch im Kontakt mit den Bewährungshelfern. Zwar sind hier keine Wunder zu erwarten, doch scheint es für die Bewährungshelfer ein sinnvolles Vorgehen zu sein, mit dem Probanden gemeinsam auf das zu schauen, was den Weg in die Kriminalität vorbereitet hat. Oft sind dies die ungelösten Beziehungskonflikte in den Herkunftsfamilien dieser straffällig gewordenen Menschen (Fallbeispiele 4.7.1–4.7.3).

Schuldnerberatung. – Einige Fallarbeiten, die ich mit Fachkräften aus der Schuldnerberatung machen konnte, bestätigen den Verdacht, dass finanzielle Probleme oft nur das Symptom für Beziehungskonflikte im Leben der Verschuldeten sind. Eine Entschuldung kann deshalb nicht gelingen, wenn die Beziehungskonflikte bestehen bleiben. Der Blick des Beraters auf diese ungelösten Beziehungskonflikte ist notwendig, wenn er erfolgreich arbeiten will (Fallbeispiel 4.7.4).

4.7.1 Ist der Exfreund Ballast für die Zukunft?

Das Anliegen. – Ein Bewährungshelfer hat eine neue Probandin zugewiesen bekommen, die wegen Verstoßes gegen das Betäubungsmittelgesetz eine Bewährungsauflage hat. Über die Familiengeschichte der Probandin weiß er so viel, dass sie aus einer Familie mit acht Kindern stammt und eine Zwillingsschwester hat, die sich mit 18 Jahren das Leben nahm. In ihrer Herkunftsfamilie gab es Alkoholprobleme, sexuellen Missbrauch und Misshandlungen. Der Bewährungshelfer möchte wissen, wie er diese Frau ein Stück weiterbringen könne und ob es eine Rolle spiele, dass er als Bewährungshelfer ein Mann sei.

Die Aufstellung. – Ich lasse ihn eine Aufstellung mit einem Stellvertreter für ihn und einer Stellvertreterin für die Probandin machen (Bild 4.7.1a).

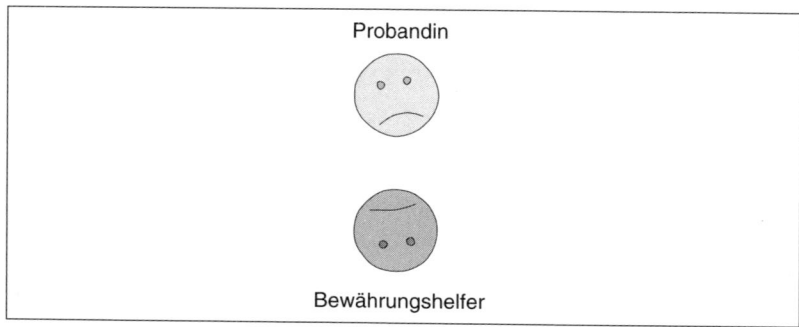

Bild 4.7.1a: Kontaktabwehr

Die Stellvertreterin für die Probandin dreht sich, als sie aufgestellt ist, sofort aus der Konfrontation von Angesicht zu Angesicht nach rechts und sagt, der Bewährungshelfer interessiere sie nicht, außer dass er als Ansprechpartner da sei. Der Stellvertreter des Bewährungshelfers bestätigt ihr, für sie als Ansprechpartner da zu sein.

Nun möchte der Bewährungshelfer, der das Anliegen eingebracht hat, wissen, welche Bedeutung der Freund der Probandin hat. Dieser befinde sich zur Zeit wegen eines Drogendelikts im Bezirkskrankenhaus. Der Bewährungshelfer stellt daraufhin einen Stellvertreter für den Freund der Probandin in die Aufstellung (Bild 4.7.1b).

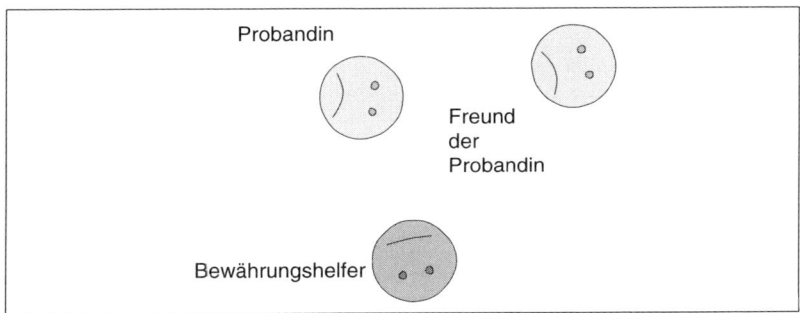

Bild 4.7.1b: Belastung durch die Vergangenheit

Der Stellvertreter des Freundes hat sofort den Impuls, sich zu seiner ehemaligen Freundin hinzudrehen. Die Stellvertreterin der Probandin klagt jetzt über Druck und Schwere in ihrem Rücken. Vorne sei für sie die Zukunft und ein anderes Leben. Als sie einen Schritt nach vorne geht, hat der Freund den Impuls, ihr hinterherzugehen. Der Bewährungshelfer möchte sich nun am liebsten zwischen beide stellen. Ich lasse ihn zum Freund sagen: „Es ist für euch beide besser, wenn jeder neu mit seinem Leben beginnt. Bitte dreh dich um, und schaue in deine eigene Zukunft." Der Freund kann dem zustimmen, auch wenn er meint, es gäbe noch eine Verbindung zur Probandin. Aber in seiner eigenen Blickrichtung sehe er jetzt auch etwas Neues, und das sei gut so.

Nun hat auch die Probandin den Wunsch, sich etwas näher zum Bewährungshelfer zu stellen. Sie müsse nicht mehr vor ihm flüchten, und der Kontakt zu ihm sei jetzt gut. Auch der Stellvertreter des Bewährungshelfers findet den Abstand und Kontakt zu ihr jetzt in Ordnung (Bild 4.7.1c).

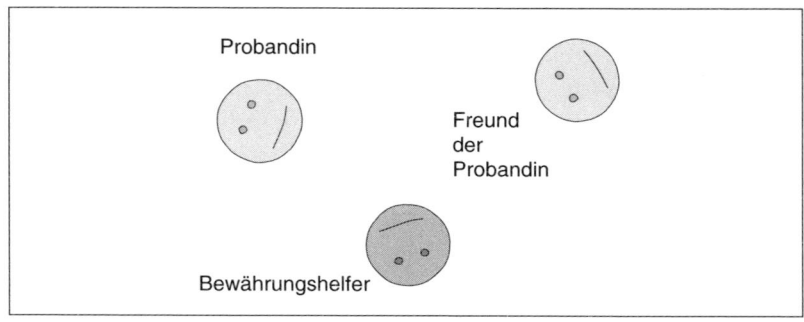

Bild 4.7.1c: Freier für eine eigene Zukunft

Kommentierung. – Drogenabhängige haben in der Regel massive Beziehungsprobleme mit ihren Eltern. Sie suchen sich meist Partner, die ebenfalls mit ihren eigenen Eltern schwer verstrickt sind. So begeben sie sich in neue Bindungen, die nur die kindlichen Abhängigkeiten und Probleme wiederholen und das Niveau einer partnerschaftlichen Beziehung nicht erreichen. Die Partner behindern sich bei Versuchen, von den Drogen loszukommen, häufig gegenseitig.

Die Frage des Bewährungshelfers, ob es in diesem Falle eine Rolle spiele, dass er ein Mann sei, war also berechtigt. Es besteht die Gefahr, dass die Probandin ihre Kontaktabwehr gegenüber ihrem früheren Freund auch auf den Bewährungshelfer überträgt, wenn er versucht, in Beziehung mit ihr zu treten. Sie begnügt sich zunächst mit dem „Dasein" des Bewährungshelfers, was die Möglichkeiten einer professionellen Betreuung aber nicht ausschöpft. Erst wenn die Beziehung zum Freund geklärt ist, ist die junge Frau offener, das Kontaktangebot des Bewährungshelfers anzunehmen und mit seiner Unterstützung neue Wege für ihre eigene Zukunft zu suchen.

4.7.2 Ist die Chance verspielt?

Das Anliegen. – Ein anderer Bewährungshelfer arbeitet mit einem Probanden, der mehrfach wegen Sexualdelikten vorbestraft ist. Diesem droht jetzt wegen Rückfallgefährdung ein Widerruf der Bewährung und eine Sicherheitsverwahrung im Bezirkskrankenhaus. Der Bewährungshelfer möchte wissen, ob es für ihn noch eine Chance gibt, eine Beziehung mit dem Probanden aufzubauen, wenn er der Polizei einen Hinweis auf die von ihm befürchtete Rückfallgefährdung gibt.

Die Aufstellung. – Der Bewährungshelfer stellt sich und den Probanden auf (Bild 4.7.2a).

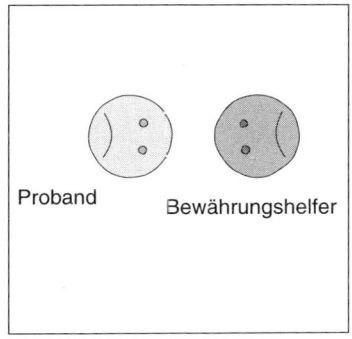

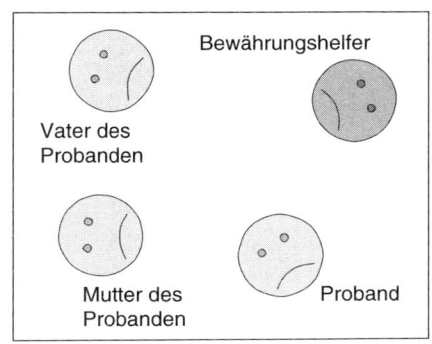

Bild 4.7.2a: Völlige Ablehnung

Bild 4.7.2b: Völlige Abwehr gegenüber den Eltern

Der Stellvertreter des Probanden sagt: „Was soll das? Der Bewährungshelfer interessiert mich nicht!" Auch der Stellvertreter des Bewährungshelfers spürt die große Distanz zum Probanden und dessen Ablehnung. Ich fordere den Stellvertreter des Probanden auf, seine Position nach seinem Gefühl zu verändern. Er dreht sich nach links zur Seite und fühlt sich dadurch etwas besser. Für den Stellvertreter des Bewährungshelfers scheint der Proband endgültig verloren.

Ich frage den Bewährungshelfer, der das Anliegen eingebracht hat, nach der Herkunftsfamilie des Probanden. Er weiß darüber zu berichten, dass der Proband das älteste Kind seiner bei der Geburt erst 15-jährigen Mutter ist und sein Vater zu dieser Zeit Zuhälter war. Der Junge wurde anfangs von seiner Großmutter erzogen, bis er mit acht Jahren in ein Heim kam und mit 15 Jahren zu seiner Mutter, seinem Stiefvater und seinen Halbgeschwistern ziehen konnte.

Ich bitte den Bewährungshelfer, Stellvertreter für die beiden Eltern des Probanden auszuwählen und in die Aufstellung hinzuzustellen (Bild 4.7.2b). Für die Stellvertreterin der Mutter ist der Vater des Probanden so gut wie nicht existent. Auch der Stellvertreter des Vaters will mit niemandem etwas zu tun haben. Alle Versuche, zwischen beiden zu vermitteln, scheitern. Auch der Proband will mit beiden nichts zu tun haben. Die Mutter hat den Impuls, sich immer weiter zu entfernen.

Ich bitte den Bewährungshelfer, stellvertretend eine Person in die Aufstellung zu positionieren, die die Strafe verkörpert, die dem Probanden bei einem Widerruf seiner Bewährung droht. Er bezeichnet diese Person als die „Burg", wie die forensische Abteilung des örtlichen Bezirkskrankenhauses im Volksmund genannt wird. Überraschenderweise führt diese Hinzunahme der „Burg" in die Aufstellung dazu, dass sich die Eltern des Probanden zum ersten Mal gegenseitig wahrnehmen. Über diesen Prozess wird auch der Proband für den Bewährungshelfer erreichbar, und sie können miteinander klären, dass der Bewährungshelfer so lange für den Probanden zuständig bleibt, bis sich ein anderer für ihn gefunden hat (Bild 4.7.2c). Einen „Verrat" des Probanden durch den Bewährungshelfer an die Polizei würde die Arbeitsbeziehung der beiden nicht verkraften.

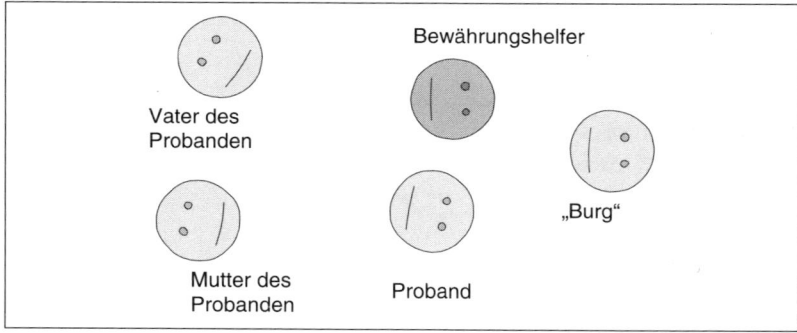

Bild 4.7.2c: Kontaktanbahnung angesichts der drohenden Psychiatrieeinweisung

Kommentierung. – Wie diese Aufstellung zeigt, ist es für Sozialarbeiter in der Bewährungshilfe oft ein Drahtseilakt, eine tragfähige Arbeitsbeziehung zu ihren Klienten herzustellen. Sie müssen einerseits das Wohl ihres Klienten im Auge haben, dürfen jedoch nicht außer Acht lassen, dass der Proband Wiederholungstäter sein kann. Der Bewährungshelfer gerät dadurch in einen Loyalitätskonflikt, sich entweder für seinen Probanden oder für den Schutz von dessen möglichen Opfern entscheiden zu müssen. Dies ist insbesondere bei Sexualstrafdelikten ein hochbrisantes Thema. Die Öffentlichkeit verfolgt mit großem Interesse, ob Sexualstraftäter, die auf Bewährung frei sind, wieder rückfällig werden. Eine drohende Rückfallgefahr eines Klienten der Polizei anzuzeigen, erfordert von einem Bewährungshelfer viel Mut und innere Überwindung. Er riskiert damit, eine mühsam aufgebaute Arbeitsbeziehung zum Klienten wieder zu verlieren.

Wie das Fallbeispiel zeigt, ist die Arbeitsbeziehung des Bewährungshelfers zum Probanden keinesfalls so, dass er viel Einfluss auf den Probanden hat. Die Kontaktabwehr, die der Proband dem Bewährungshelfer gegenüber zeigt, ist eine Fortsetzung des Musters, das der Proband aufgrund seiner Kindheit gegenüber Menschen entwickelt hat. Es folgt dem Motto: „Vater und Mutter wollten von mir nichts wissen und haben mich weggegeben. Also will auch ich nichts von ihnen wissen. Das würde nur wehtun, wenn ich Kontakt zu ihnen haben möchte." Sexualstraftäter sind aufgrund ihrer Kindheitserfahrungen in der Regel schwer bindungsgestört.

Erst als der Bewährungshelfer den Mut hat, allen Beteiligten die Konsequenz der Sexualdelikte des Probanden aufzuzeigen, die drohende lebenslange Sicherheitsverwahrung in der Psychiatrie, kommt Bewegung in das erstarrte Beziehungsgefüge. Der Bewährungshelfer wird nun akzeptiert als jemand, der ernst genommen werden muss und in dieser extremen Notsituation kein Verräter ist, sondern seine Hilfe anbietet.

4.7.3 Der Wunsch nach Freiheit

Das Anliegen. – Auch die Gruppe von Ehrenamtlichen in der Strafgefangenenhilfe, mit der ich über ein Jahr lang als Supervisor arbeiten konnte, hat es vor allem mit Sexualstraftätern zu tun. Aufgabe der Ehrenamtlichen ist es, die Strafgefangenen bei absehbarem Ende ihrer Haft auf ein Leben außerhalb der Gefängnismauern schrittweise vorzubereiten. Dazu werden von der Gruppe der Ehrenamtlichen Besuche in der Haftanstalt organisiert und Tagesausflüge einzelner Häftlinge unter Begleitung eines Ehrenamtlichen vorbereitet und durchgeführt. Eine grundsätzliche Frage für die Ehrenamtlichen ist es, welche Erwartungen die Strafgefangenen ihnen gegenüber haben und welche Gesprächsthemen und Aktivitäten sie bei Besuchen in der Haftanstalt anbieten sollen. Hier brachte eine Aufstellung eine für die ehrenamtlichen Helfer ebenso überraschende wie ernüchternde Antwort.

Die Aufstellung. – Der Ehrenamtliche, der das Anliegen formuliert hatte, mit welchen Erwartungen die Strafgefangenen in die Besuchsabende gingen, machte eine Aufstellung, die hier nur in ihrem wesentlichen Kern wiedergegeben wird (Bild 4.7.3).

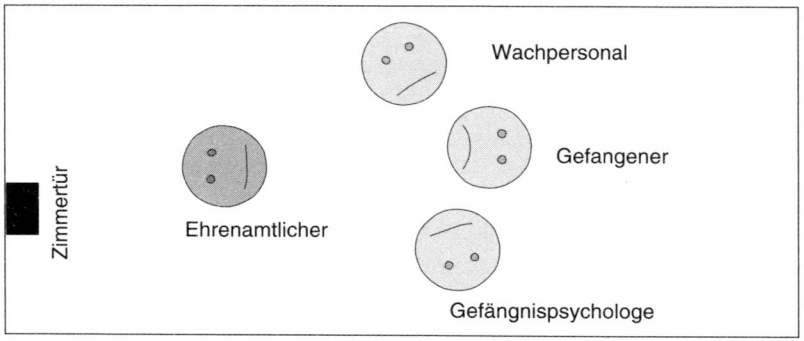

Bild 4.7.3: Der Blick geht nur zur Zimmertüre

Die für alle in der Gruppe überraschende Aussage des Stellvertreters des Gefangenen in dieser Aufstellung war, dass ihn nur der Blick auf die Zimmertür des Raumes interessiere, in dem die Aufstellung stattfand. Alles andere sei für ihn sekundär und von untergeordneter Bedeutung. Der Ehrenamtliche sei für ihn nur von Bedeutung, als er vor dieser Tür stehe. Alles, was er wolle, sei, durch diese Tür ins Freie zu gelangen.

Kommentierung. – Für einige Teilnehmer der Gruppe war dieses Ergebnis der Aufstellung anfangs enttäuschend, da sie meinten, es ginge den Gefangenen also in keinster Weise um eine Beziehung zu ihnen oder gar eine Auseinandersetzung mit sich und ihrer Straftat. Die Ehrenamtlichen würden von den Strafgefangenen somit nur als Mittel zum Zweck gesehen. In der Diskussion über das Ergebnis dieser Aufstellung reifte jedoch allmählich die Einsicht, dass der Freiheitsdrang der Gefangenen verständlich wird, wenn man sich die Situation eines Gefangenen in einer Haftanstalt konkret vor Augen führt: Er kann für sich nichts mehr frei entscheiden und nichts mehr selbst machen! Gefängnisse sind traumatisierende Orte, da sie Ohnmacht und Hilflosigkeitsgefühle erzeugen. Nehmen die ehrenamtlichen Helfer die Zuschreibung aber an, dass im Moment nur sie für einen Gefangenen das Tor zur Freiheit öffnen können, wird klar, welche ungeheure Bedeutung die Arbeit der Ehrenamtlichen für die Gefangenen hat. Sie können ihnen Tage in der Freiheit ermöglichen und damit zu etwas äußerst Kostbarem verhelfen, was sonst keiner vermag, auch nicht der beste Gefängnispsychologe: einen Tag in der Freiheit!

4.7.4 Schuld und Schulden

Das Anliegen. – Bei einer Tagung von Fachkräften in der Schuldnerberatung wurde ich gebeten, die Aufstellungsmethode vorzustellen. Es kam unter anderem zu einer Aufstellung, bei der eine Beraterin das Anliegen hatte, die Beratung mit einer bestimmten Klientin möglichst bald zu beenden und sich von ihr zu lösen. Diese Klientin habe in den letzten Jahren Fortschritte im Schuldenabbau gemacht und könnte nun bald schuldenfrei sein. Die Beraterin hat jedoch das Gefühl, dass die Klientin sich bald wieder verschulden werde. Die Klientin habe viele Probleme in ihrer Partnerschaft und auch mit ihren Eltern. Unter anderem habe sie ein Kind adoptiert, weil sie meinte, selbst keine Kinder bekommen zu können. Dann aber habe sie mit ihrem Partner doch zwei eigene Kinder bekommen. Die Beraterin hat der Klientin schon mehrmals empfohlen, sich psychologische Hilfe zu holen. Die Klientin hat dies bislang aber abgelehnt.

Die Aufstellung. – Ich bitte die Beraterin, vier Personen aufzustellen: sich selbst, die Klientin, das adoptierte Kind und die Schulden. Wie sich zeigt, spielt das adoptierte Kind eine zentrale Rolle. Die Beraterin blickt mehr auf dieses Kind als auf die Klientin (Bild 4.7.4a). Dem adoptierten Kind geht es nicht besonders gut.

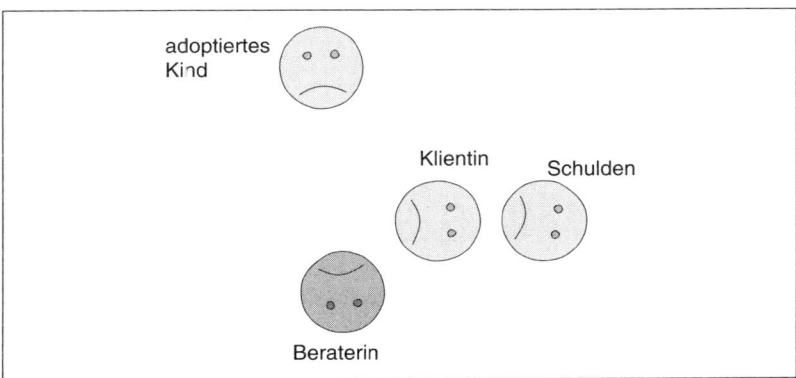

Bild 4.7.4a: Das adoptierte Kind im Blickpunkt

Als Erstes nehme ich das adoptierte Kind zur Seite, wähle zwei weitere Stellvertreter aus der Gruppe für dessen Eltern aus und stelle das Kind diesen gegenüber. Dem Kind geht es dadurch zwar nicht wesentlich besser, die Klientin atmet jedoch sichtlich auf. Auch die Stellvertreterin für die Schulden hinter ihr, die dicht an ihrem Rücken steht, entspannt sich jetzt.

Die Stellvertreterin der Beraterin lasse ich jetzt zum adoptierten Kind sagen: „Ich kann nichts für dich tun." Der Stellvertreter für das Kind ist durch diesen Satz tief betroffen, meint aber, er müsse das wohl akzeptieren. Zur Klientin lasse ich die Beraterin sagen: „Ich kann Ihnen helfen, jemanden zu finden, der sich mit Adoptionen auskennt." Die Stellvertreterin der Klientin ist von diesem Angebot angetan. Die Stellvertreterin für die Schulden hat jetzt das Bedürfnis, vor die Klientin zu treten. Dort kommt sie sich relativ leicht und unbedeutend vor (Bild 4.7.4b). Ich nehme dann die Beraterin in die Aufstellung und lasse sie die Abgrenzung zum Adoptivkind und das Angebot an die Klientin wiederholen, ihr einen Experten für Adoptionen für eine psychologische Beratung zu empfehlen. Die Beraterin ist sichtlich erleichtert, weil die Klientin dieses Angebot annimmt. Sie erzählt dann, dass die Klientin immer mit dem Adoptivkind zur Schuldnerberatung gekommen sei. Es ist ein kleiner Junge von fünf Jahren. Sie habe sich immer Sorgen um dieses Kind gemacht, wenn es während der Beratung in der Ecke gespielt habe. Die näheren Umstände dieser Adoption lägen im Dunkeln.

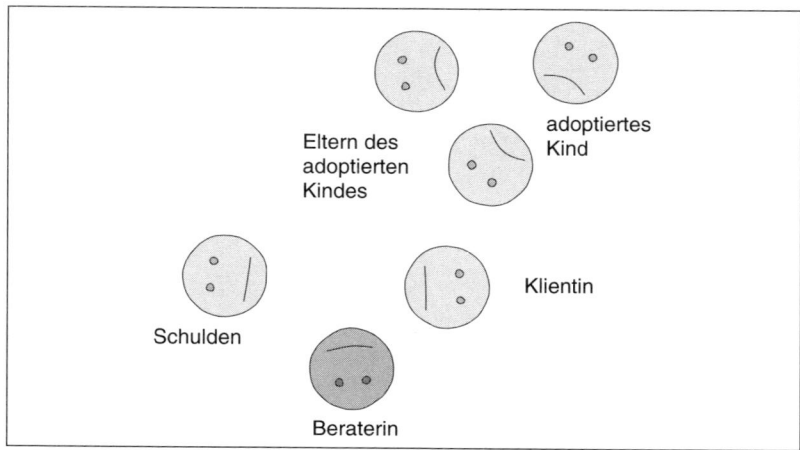

Bild 4.7.4b: Die Schulden werden leichter und unbedeutender

Kommentierung. – Diese Aufstellung bestätigt den Verdacht, dass sich hinter finanziellen Schulden oft Beziehungsverstrickungen verbergen. Wer eine Gewissensschuld mit sich herumträgt, neigt leichter dazu, sich auch finanziell in Not zu bringen. Seine Gewissensschuld verwandelt sich in Geldschulden, die das Problem zwar deutlich machen, es gleichzeitig aber verschleiern. Wir wissen in diesem Fall nicht, was die Klientin dazu veranlasst hat, ein Kind zu adoptieren. Möglicherweise reicht die Erklärung, ursprünglich angenommen zu haben, kein eigenes Kind bekommen zu können, für diese Adoption nicht aus. Wie sich bei einer Sonderveranstaltung von Bert Hellinger mit Adoptierten herausstellte, gibt es für Adoptionen eine Reihe problematischer Verstrickungsszenarien (Hellinger 1998c).

Die Beraterin hat die Gefahr gespürt, sich mit dieser Klientin immer mehr zu verstricken. Sie ahnt schon länger, dass hinter den finanziellen Schulden ungelöste Beziehungsprobleme der Klientin verborgen sind. Die Geldschulden lenken von etwas anderem ab. Neue Schulden werden daher gemacht, wenn das Ende der Abzahlung früherer Schulden in Sicht ist.

Die Versuche der Beraterin, die Klientin in eine Psychotherapie weiterzuvermitteln, scheitern, solange der mit dem adoptierten Kind verbundene Beziehungskonflikt nicht in den Mittelpunkt des Problems gerückt wird. Psychotherapeutische Angebote werden eher angenommen, wenn sie in einem deutlichen Bezug zum zentralen Konflikt eines Menschen stehen.

4.8 Workshops zur Teamentwicklung

Offenheit? – Wie die bisher zitierten Beispiele zeigen, berühren Arbeitsbeziehungsaufstellungen oft auch Persönliches und Privates. Ungeklärte Konflikte aus der Kindheit werden im Arbeitsleben reinszeniert, Traumaverarbeitungsmuster aus der Familiengeschichte wirken sich nicht nur auf die Beziehungen im Herkunfts- und Gegenwartssystem aus, sondern ebenso auf das Verhältnis zu Vorgesetzten, Kollegen und Kunden. Der Aufstellende braucht daher auch für seine beruflichen Probleme einen geschützten sozialen Raum, in dem er sich öffnen, seinen Blick weiten und Neues zulassen kann.

In der Arbeitswelt gibt es nicht nur Kooperation, Kollegialität und Loyalität zum Unternehmen, sondern auch Konkurrenz, Missgunst und Neid. Schwächen der Arbeitskollegen werden manchmal als willkommene Gelegenheit genutzt, das eigene Fortkommen in der betrieblichen Hierarchie zu beschleunigen. Daher gibt es eine weit verbreitete Angst, Vorgesetzten und Kollegen gegenüber eigene Schwächen zu zeigen. Wer eingesteht, seelische Probleme zu haben, wird als wenig belastbar abgestempelt und hat möglicherweise weniger Karrierechancen. Sich persönlich zu öffnen, kann für den beruflichen Aufstieg wenig förderlich sein.

Geschützter Rahmen? – Offenheit, persönliche Nähe oder Intimität gehören nicht zu den Grundordnungen für Arbeitsbeziehungssysteme. Wenn also Führungskräfte zusammen mit ihren Mitarbeitern nach Konfliktursachen suchen, ist das nicht unproblematisch. Dies gilt auch, wenn Organisationsberater und Supervisoren die Aufstellungsmethode in ihrer Arbeit mit hierarchisch strukturierten Teams einsetzen. Was, wenn eine Aufstellung zeigt, dass das Hauptproblem zu einem großen Teil durch eine Führungskraft hervorgerufen und aufrechterhalten wird? Oder wenn die familiäre Verstrickung eines Mitarbeiters offenkundig wird? Kann sich dann die Führungskraft dieser Wahrheit offen stellen? Können Mitarbeiter im Angesicht ihrer Vorgesetzten und Kollegen angstfrei und unbefangen mit dem umgehen, was in einer Aufstellung ans Licht kommt?

Vorsicht. – Daher bin ich der Ansicht, Arbeitsbeziehungsaufstellungen nur mit großem Bedacht und nach guter Vorbereitung mit ganzen Arbeitsteams und mehreren Personen aus der gleichen Firma durchzuführen. Wenn wir völlig offen arbeiten – so wie dies in den bisher zitierten Beispielen der Fall war –, können wir als Aufstellungsleiter den Teilnehmern nicht garantieren, dass ihnen aus der Aufstellungsarbeit keine beruflichen Nachteile erwachsen und die Vorteile einer persönlichen Öffnung mögliche Nachteile überwiegen. Die meisten Teilnehmer kennen die Aufstellungsmethode und ihre mächtigen Wirkungen nicht und können nicht wissen, worauf sie sich einlassen. Dies ist meines Erachtens ein prinzipieller Punkt, der andere psychologische Methoden der Teamentwicklung oder der Supervision ebenso betrifft. Aufsteller wie Unternehmen müssen lernen, mit dem neuen Instrument der Aufstellung sensibel und verantwortungsvoll umzugehen (Assländer 2000).

Rahmenbedingungen. – Trotz dieser grundsätzlichen Bedenken habe ich ein Angebot angenommen, als ein Unternehmen mich wegen einer Teamentwicklungsmaßnahme um einen Aufstellungsworkshop mit einem hierarchisch strukturierten Team, bestehend aus einem Bereichsleiter und acht Abteilungsleitern, anfragte. Ich habe unter der Voraussetzung zugesagt, zunächst eine Auftragsklärung mit der obersten Führungskraft des Teams, also dem Bereichsleiter, vornehmen zu können. In diesem Gespräch erläuterte ich ihm nicht nur die möglichen Vorteile, sondern auch die Risiken der Aufstellungsmethode. Außerdem mussten alle anderen Führungskräfte eindeutig ihre Bereitschaft zur Teilnahme erklären. Eine dritte Bedingung war, dass ich vor dem Workshop Einzelgespräche mit allen Teilnehmern führen konnte.

Aufstellung mit der ranghöchsten Führungskraft in geschütztem Rahmen. – Aufgrund der Einzelgespräche gewann ich den Eindruck, dass eine Aufstellung mit dem Gesamtteam riskant wäre, da sich die zum neuen Bereichsleiter ernannte Führungskraft als ein wesentlicher Teil des Konfliktes auf der Arbeitsbeziehungsebene herauskristallisierte. Der Bereichsleiter war neu an dieser Stelle und erst vor kurzem aus einem anderen Bereich des Unternehmens in diesen Unternehmensbereich gewechselt. Als konfliktfördernder Punkt kam meiner Einschätzung nach hinzu, dass sich auch der dienstälteste Abteilungsleiter für die freigewordene Bereichsleiterstelle interessiert hatte und sich die Bewältigung dieser Aufgabe zutraute. Unter der Bedingung, dass sich der Bereichsleiter bereit fand, an einer Sitzung unseres monatlichen Arbeitskreises an der Hochschule teilzunehmen und dort zunächst für sich alleine seine Arbeitssituation aufzustellen, führte ich den Prozess weiter.

Der Bereichsleiter stimmte dem zu, und es kam zu einer Aufstellung im Arbeitskreis an der Hochschule, der einen geschützten Rahmen bietet. In dieser Aufstellung traten die Probleme deutlich zu Tage, die ich auch durch die Einzelgespräche mit den Abteilungsleitern in Erfahrung gebracht hatte. Die Aufstellung des Bereichsleiters war sehr ungeordnet, und er hatte keine klare Führungsposition inne (Bild 4.8a).

Seine Ausgangsaufstellung hatte in ihrer Struktur wenig Bestand, sobald ich den Stellvertretern die Erlaubnis gab, ihren Impulsen zu folgen und Positionswechsel vorzunehmen. Überraschend war das

Verhalten des Stellvertreters für den jüngsten Abteilungsleiter. Dieser war erst vor kurzem vom Gruppen- zum Abteilungsleiter aufgestiegen. Als wieder Ruhe in die Bewegungen und Positionssuche der Repräsentanten kam, stand er plötzlich dem Bereichsleiter konfrontativ gegenüber. Er bot ihm in seiner Haltung deutlich die Stirn.

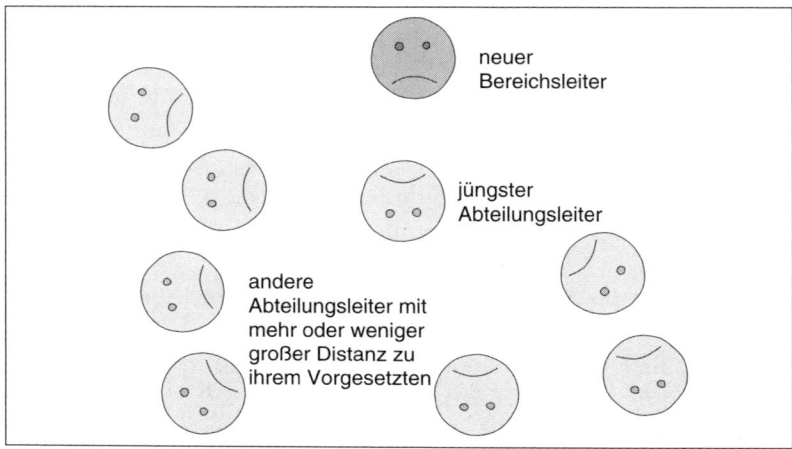

Bild 4.8a: Der Bereichsleiter in Konfrontation mit dem jüngsten Abteilungsleiter

Wie ich es schon öfter gesehen habe, können Neue in einer Arbeitsgruppe deutlicher die Unstimmigkeiten in einem Arbeitsbeziehungssystem ansprechen als die älteren Mitglieder, die aus Vorsicht oder Gewohnheit lieber schweigen. Mit dem jungen Abteilungsleiter ins Reine zu kommen, war für den Bereichsleiter in dieser Aufstellung das Prüfkriterium, an dem er in den Augen der anderen Abteilungsleiter seine Führungsqualitäten unter Beweis stellen konnte. Als weitere Probleme, die der neue Bereichsleiter in dieser Aufstellung zu bewältigen hatte, erwiesen sich folgende Punkte:

– Wessen „Erbe" tritt er an?
– Wer steht eine Hierarchiestufe höher hinter ihm und unterstützt ihn?

Der frühere Bereichsleiter war bei den Abteilungsleitern sehr beliebt und hatte einen guten Stand. Er war aus eigenem Entschluss in eine andere Firma gewechselt. Der Vorgesetzte, der den neuen Bereichsleiter in seine Position gebracht hatte, war mittlerweile aus dem Unternehmen ausgeschieden.

Für das erste Problem fanden wir die schon in vielen Aufstellungen bewährte Lösung, dass der neue Bereichsleiter die Arbeit des alten anerkennt und dadurch die Loyalität von dessen bisherigen Mitarbeitern auf sich zieht. Dies zu tun, fiel dem neuen Bereichsleiter sichtlich schwer, da er sich für die Zukunft viele Veränderungen innerhalb des von ihm geleiteten Bereichs vorgenommen hatte und viele Missstände sah. Für die Arbeit seines Vorgängers hatte er bisher wenig Achtung und Respekt gezeigt. Für das Problem des Rückhalts durch eine Führungskraft über ihm fanden wir in dieser Aufstellung jedoch keine Lösung.

In der Schlussaufstellung suchte ich mithilfe eines Aufstellerkollegen aus dem Arbeitskreis auch für mich als Coach eine systemisch passende Position in diesem Team (Bild 4.8b). Die Ordnung des Teams konnte aber in dieser Aufstellung noch nicht gelingen. Der Bereichsleiter stand erst am Anfang dieses Prozesses. Doch durch seine Bereitschaft, im Arbeitskreis zu erscheinen und sich seiner Situation zu stellen, hatte er einen ersten wichtigen Schritt getan.

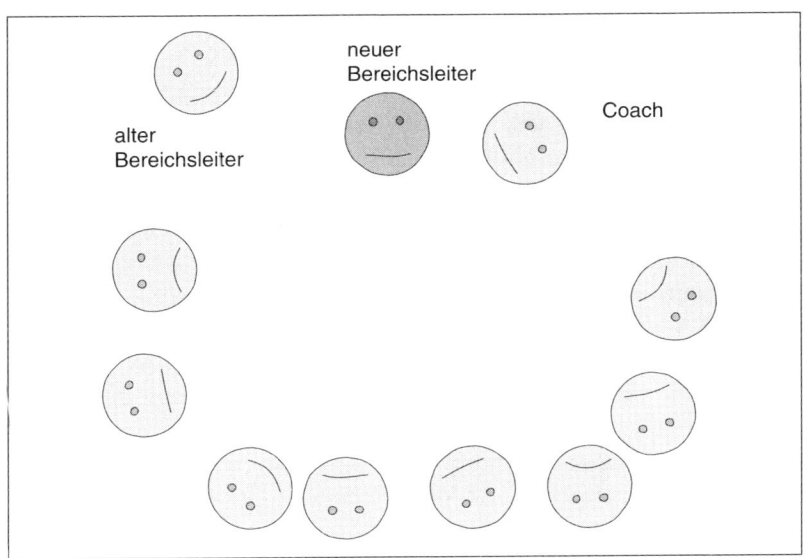

Bild 4.8b: Bereichsleiter mit Coach an der Seite

201

Workshoptag. – Durch diese Erfahrung etwas gelassener, dennoch mit Skepsis, plante ich den Teamentwicklungsworkshop. Um die Möglichkeiten der Aufstellungsarbeit voll ausschöpfen und mit unabhängigen Stellvertretern arbeiten zu können, gewann ich aus dem Kreis der Teilnehmer des Arbeitskreises an der Hochschule zehn Personen, die Interesse an einer Mitarbeit als Stellvertreter bei dem geplanten Workshop hatten. Die gesamte Gruppe umfasste schließlich 20 Personen.

Selbstaufstellung des Teams. – Nach den üblichen Einstimmungen auf die Arbeit formulierte ich das Ziel dieses Workshops: „Wir kommen hier zusammen, um

- Ursachen für vorhandene Konflikte in diesem Führungskreis mithilfe der Aufstellungsmethode ans Licht zu bringen und
- Lösungsschritte zu erarbeiten, um das Team arbeitsfähiger zu machen."

Als ersten Schritt wählte sich dann jedes Teammitglied einen Stellvertreter aus der Gruppe der Teilnehmer aus, die nicht dem Unternehmen angehörten. Als Zweites ließ ich die Teammitglieder zunächst sich selbst aufstellen, d. h. einen Prozess beginnen, bei dem sich jeder seine Position innerhalb der Gesamtgruppe suchte.

Dies ist ein Vorgang, der eine gewisse Zeit braucht, bis die Dynamik dieses Suchprozesses zu einem Stillstand kommt. Ähnlich wie bei einem Mobile ändert sich das Gesamtsystem, wenn ein Teilnehmer seine Position verändert. Als alle anderen schon ihre Positionen gefunden hatten, stand der jüngste Abteilungsleiter immer noch orientierungslos in der Mitte des Raums und in einer Konfrontationsposition zum Bereichsleiter.

Diese Konstellation entsprach also exakt derjenigen, die sich in der Aufstellung des Bereichsleiters einige Tage zuvor im Rahmen unseres Arbeitskreises gezeigt hatte (vgl. Bild 4.8a). Auch für die anderen Positionen war eine Strukturgleichheit zwischen der Einzelaufstellung des Bereichsleiters und dieser Aufstellung zu erkennen, bei der sich jeder selbst seinen Platz suchen konnte. So stand ein Abteilungsleiter, der gerade ein Projekt relativ eigenständig und erfolgreich abgeschlossen hatte, in derselben abwartenden Position in großer Entfernung vom Bereichsleiter und zur gesamten Gruppe. Ebenso sah sich ein Abteilungsleiter, auf den sich viel Kritik seitens seiner

Kollegen konzentrierte, ebenfalls in einer hinteren Position ohne Anbindung zur Gruppe. Der „dienstälteste" Abteilungsleiter stand wiederum hoch angespannt und mit skeptischem Blick seitlich zum Bereichsleiter.

Anmerkung zur Zuverlässigkeit der Aufstellungsmethode

Methodisch betrachtet ist dieses Ergebnis ein Hinweis darauf, dass die oft geäußerte Vermutung, Aufstellungsbilder würden völlig unterschiedlich ausfallen, je nachdem, welches Systemmitglied aufstellt, nicht zutrifft. Vielmehr scheinen sich in Aufstellungen Beziehungsstrukturen zu zeigen, die eine der einzelnen Person übergeordnete Systemebene abbilden. Der Einzelne in einem solchen Beziehungssystem kann diese Struktur daher nicht willkürlich darstellen, wenn er ernsthaft aufstellt. Er stellt den für ihn relevanten Beziehungsausschnitt aus einem komplexen Beziehungsgefüge auf. Er hat Teil an diesem Beziehungsgefüge, ist aber nicht sein alleiniger Schöpfer. Daher kann er das Beziehungssystem auch nicht willkürlich darstellen.

Wenn man sich von seinen im „Bindungssinn" gespeicherten Bildern leiten lässt, so führt dies bei jedem Systemmitglied beim gleichen Ausschnitt aus dem Beziehungsgefüge zu einer ähnlichen Konstellation. Diese Hypothese wissenschaftlich zu prüfen, wäre eine lohnende Aufgabe. Für alle, die sowohl die Aufstellung des Bereichsleiters als auch die Selbstaufstellung des Teams miterlebten, war die Strukturgleichheit beider Aufstellungen verblüffend. Diese überraschende Erfahrung ist geeignet, das Vertrauen zu stärken, dass wir es in der Aufstellungsarbeit mit einzelnen Klienten nicht mit willkürlich gesetzten und subjektiv völlig verzerrten Wahrnehmungswelten zu tun haben.

Arbeit am Loyalitätsübergang. – Im Fortgang der Aufstellung arbeitete ich zunächst mit den Stellvertretern, wobei sich die Konflikte deutlich herausschälten, die ich durch die Einzelinterviews mit den Abteilungsleitern in Erfahrung gebracht hatte. Durch das Ausscheiden des alten und den Eintritt des neuen Bereichsleiters kam es für das Team zu einer Zerreißprobe, wem und welchem Führungs- und Leitungsstil die Loyalität galt. Durch den neuen Bereichsleiter wurde zwar eine vom alten Bereichsleiter bereits geplante Umstrukturierung der Abteilungen vorgenommen; er brachte aber auch einen neuen Abteilungsleiter mit. Dieser sollte seine Führungsphilosophie und seine neuen Führungsmethoden mitvertreten. Auf diesen Abteilungsleiter entlud sich stellvertretend der Unmut der „altgedienten"

Abteilungsleiter mit der neuen Führung. Und wie schon in der zuvor beschriebenen Einzelaufstellung wagte der jüngste Abteilungsleiter die größte Konfrontation mit dem neuen Bereichsleiter, indem er deutlich zum Ausdruck brachte, dass im Team etwas nicht in Ordnung war.

Auch in dieser Gruppenaufstellung begann ich den Lösungsansatz damit, einen Stellvertreter für den alten Bereichsleiter in die Aufstellung hereinzunehmen und seinen Nachfolger dazu zu veranlassen, sich in geeigneter Form und vor allen Mitarbeitern für seine bisherige Arbeit zu bedanken. Wie jetzt noch einmal deutlich wurde, hatte man auf eine für alle davon Betroffenen deutlich sichtbar gemachte und ritualisierte Übergabe der Bereichsleitungsfunktion keinerlei Wert gelegt. Damit wurde kein Loyalitätsübergang von alter zu neuer Führungskraft gefördert. Bei den sich einstellenden Konflikten orientierten sich die älteren Abteilungsleiter daher weiter am alten System und bildeten die Vorstellung, dass man das Neue gar nicht brauchte. Man habe schließlich lange Zeit auch so überlebt. Eine angemessene Würdigung seines Vorgängers gelang dem neuen Bereichsleiter wiederum nur schwer.

Doppeln. – Im weiteren Verlauf der Aufstellung griff ich auf eine Methode zurück, die ich aus der Supervision kenne: das Doppeln. Nachdem ich einige Zeit mit den Stellvertretern gearbeitet hatte, bat ich die wirklichen Teammitglieder, sich in der Aufstellung vor ihre Stellvertreter zu stellen. Dadurch konnte in dieser großen Aufstellung mit zehn Personen wieder der Überblick für alle hergestellt und erkannt werden, welcher Stellvertreter wen repräsentiert. Wie es sich im Nachhinein herausstellte, entstanden dadurch weitere, für den Fortgang des Workshops wichtige Effekte:

- Zwischen Stellvertretern und Teammitgliedern entwickelt sich eine Austauschbeziehung;
- Stellvertreter und Teammitglied können gemeinsam erfahren, wie ihre Position in der Konstellation die vorhandenen, aufkommenden und sich durch Positionsveränderungen wandelnden Gefühle bewirkt;
- Teammitglieder spüren plötzlich die stärkende Wirkung, die es hat, jemanden unmittelbar als Unterstützung im Rücken zu haben.

Nicht zuletzt durch diesen „Kunstgriff" gelang es, den Teambildungsprozess noch ein Stück weiter zu fördern und das chaotisch wirkende Anfangsbild in ein neues Bild zu transformieren, in dem sich die Gesamtzufriedenheit der Beteiligten steigerte.

Suche nach dem arbeitsfähigen Team. – Nach einer Pause bat ich die Gruppe, eine Person zu bestimmen, die das Team mit den tatsächlichen Mitgliedern noch einmal so aufstellen sollte, dass es arbeitsfähig ist. Es wurden der stellvertretende Bereichsleiter, ein Abteilungsleiter und der Bereichsleiter vorgeschlagen.

Der stellvertretende Bereichsleiter hatte sich, wie schon erwähnt, ursprünglich auch für die Bereichsleiterposition beworben und sich als Wortführer der „alten Garde" in diesem Workshop schon mehrmals durch kritische Anmerkungen hervorgetan. Ihn bat ich daher, das Team mit den tatsächlichen Mitgliedern aufzustellen. Dann bat ich den ebenfalls vorgeschlagenen Abteilungsleiter, diese Aufstellung aus seiner Sicht zu verändern.

Weder der stellvertretende Bereichsleiter noch der Abteilungsleiter aber konnten das Team so aufstellen, dass sich alle Beteiligten an ihrem Platz wohl fühlten. Auch weitere Veränderungen, die der Bereichsleiter vornahm, brachten keine zufriedenstellende Lösung.

Nach einer gewissen Zeit griff ich als Workshopleiter wieder in das Geschehen ein. Zunächst arbeitete ich an einer besseren Akzeptanz desjenigen Abteilungsleiters, der als Neuer und vermeintlich Verbündeter des neuen Bereichsleiters unter der Ablehnung der alten Garde besonders litt. Er ist in seiner Position am stärksten gefährdet. Seine Loyalität zum neuen Bereichsleiter, der ihn eingestellt hat, bringt ihm die Ablehnung der älteren Kollegen ein. Der Konflikt mit den älteren Abteilungsleitern führt aber beim neuen Bereichsleiter zum Versuch, seinen Kopf aus der Schlinge zu ziehen, indem er zu seinen Gefolgsleuten auf Distanz geht und sich auf eine übergeordnete Position zurückzuziehen versucht. Sein ihm loyaler Abteilungsleiter steht dann plötzlich ohne seine Rückendeckung da. Er ist damit in Gefahr, zum Opfer und Sündenbock des schwelenden Konflikts zu werden (vgl. Fallbeispiel 4.5.3).

Lösungsangebot. – Nachdem dieser Prozess der Integration des neuen Abteilungsleiters zumindest auf der menschlichen Ebene besser gelungen war, positionierte ich die Teammitglieder so, wie es sich

häufig als Lösungsbild bewährt: In einem Halbkreis steht es rang-
höchste Führungskraft an der ersten Position, bei Ranggleichen steht
der Systemälteste vor dem Nächstältesten usw. Allerdings wich ich
ein wenig von dem „normalen" Lösungsbild ab: Ich baute diesen
Halbkreis nicht – aus der Sicht der obersten Führungskraft – von
rechts nach links, sondern von links nach rechts auf (Bild 4.8c). Für
mich symbolisiert dies, was Hellinger als „Führung aus der letzten
Position heraus" (Hellinger 1994, S. 49) bezeichnet hat. Die neue Führungskraft stellt sich an den letzten Platz wie das jüngste Mitglied.
Dadurch gewinnt sie alle anderen für sich, weil sie die Rangordnung
achtet.

Zu meinem Erstaunen wurde diese Lösung von allen sofort akzeptiert und als wohltuend empfunden. Wir stellten schließlich noch
eine Person in den zentralen Blickpunkt des Teams, welche die Aufgabe repräsentiert, für die dieser Kreis von Führungskräften zuständig ist. Nachdem für diese Person der richtige Abstand zum Team
gefunden worden war, war auch für die außen im Kreis sitzenden
übrigen Workshopteilnehmer deutlich die Kraft zu spüren, die von
diesem Bild ausging. Spontan kam von einigen Teammitgliedern der
Vorschlag, sich in Zukunft bei den Treffen des Führungskreises in
dieser Konstellation um einen Tisch zu setzen.

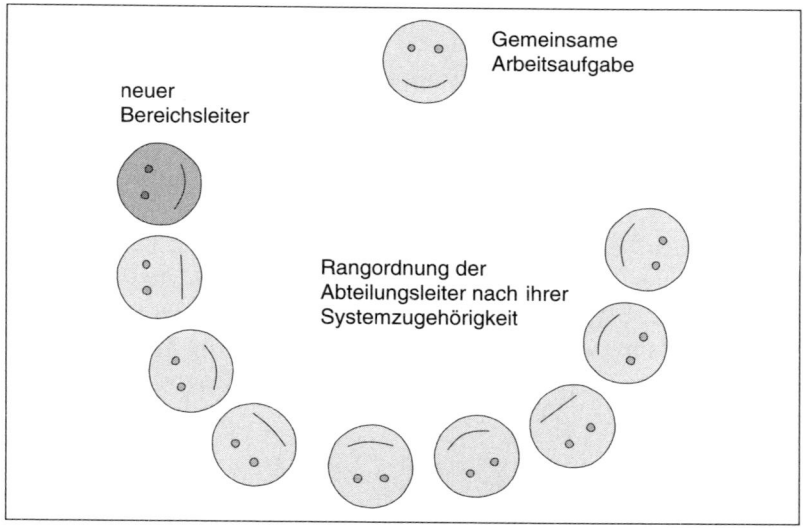

Bild 4.8c: Das vom letzten Platz aus geführte Team im Bezug zu seiner Aufgabe

Die abschließende Schlussrunde dieses Workshoptages brachte durchwegs zufriedene Kommentare. Einer der Abteilungsleiter, der den Workshop für sich persönlich als sehr hilfreich empfunden hatte, äußerte spontan den Wunsch, einen ähnlichen Workshop in der von ihm geleiteten Abteilung gemeinsam mit seinen Gruppenleitern durchzuführen.

Erster Workshop mit einem Abteilungsleiter und Gruppenleitern. – Dieser Workshop fand einige Wochen später statt. Die Methode der Selbstaufstellung des Teams und des Doppelns von Teammitgliedern und Stellvertretern erwies sich wiederum als hilfreich für den Prozess der Teamentwicklung. Es kam eine Reihe ungelöster Beziehungskonflikte deutlich ans Licht:

– neuer Gruppenleiter, der Angst um seinen Vertrag hat;
– vor einem Jahr tödlich verunglückter Gruppenleiter;
– älterer Gruppenleiter, der zu wenig Anerkennung für seine Tätigkeit bekommt;
– älterer Gruppenleiter, der nicht zum Abteilungsleiter aufsteigen will, da er um die Zeit für sein Privatleben fürchtet;
– Angst des Abteilungsleiters vor nicht erfüllbaren Forderungen des Bereichsleitungsvorsitzenden.

Durch den Aufstellungsprozess konnten im Verlauf dieses Workshops Lösungen für diese Probleme auf den Weg gebracht werden. Das schon in der Aufstellung des neuen Bereichsleiters offen gebliebene Problem, wer hinter dem neuen Bereichsleiter steht und damit den gesamten Bereich mit seinen Unterabteilungen im Unternehmen stärkt, trat bei diesem zweiten Workshop deutlich zutage, konnte aber keiner Lösung zugeführt werden. Es wurde in seiner Wichtigkeit und Tragweite jedoch noch einmal deutlich.

Zweiter Workshop mit einem Abteilungsleiter und Gruppenleitern. – Ein halbes Jahr später bat auch der Abteilungsleiter, der in Gefahr ist, die Sündenbockrolle im Konflikt zwischen neuem Bereichsleiter und altem Abteilungsleiter übernehmen zu müssen, um einen Workshop mit Aufstellungen. In den Vorgesprächen zu diesem Workshop zeigte sich, dass sich einige Probleme in diesem Unternehmensbereich gebessert hatten, z. B. war der jüngste der Abteilungsleiter jetzt wesentlich zufriedener mit seiner Position im Team. Der Kernkonflikt zwischen dem neuen Bereichsleiter und dem älteren Abteilungsleiter schwelte aber noch immer, der Organisationsentwicklungsprozess war also noch nicht zu Ende. Dies wurde dann auch in den verschiedenen Aufstellungen dieses Workshops mit dem Abteilungsleiter und seinen sechs Gruppenleitern deutlich. Der Abteilungsleiter kann diese Gruppe zu keinem Team formen, das zusammenarbeitet, solange die Führungsfrage eine Ebene höher nicht gelöst ist. Sein Rückhalt in der Gruppe steht und fällt damit, wie der Machtkampf zwischen dem Bereichsleiter und dem konkurrierenden Abteilungsleiter ausgeht. Seine Handlungsfreiheit kann er im Moment nur wiedergewinnen, wenn er sich eine neue Aufgabe im Unternehmen sucht.

Zusammenfassende Bewertung. – Für mich waren diese drei Workshops mit den Führungskräfteteams eine wertvolle Erfahrung und ein Test, ob und wie man die Aufstellungsmethode auch in der Arbeit mit hierarchisch strukturierten Teams anwenden kann. Trotz der insgesamt positiven Rückmeldungen bleibe ich bei meiner Vorsicht, Aufstellungen für die Teamentwicklung nur sorgfältig vorbereitet zu wagen. Die eingangs beschriebenen Probleme in Bezug auf die Gefahren einer persönlichen Öffnung gegenüber Vorgesetzten und Kollegen haben sich eher bestätigt. Sie haben für mich damit nichts von ihrer prinzipiellen Gültigkeit eingebüßt.

4.9 Einzelfallarbeit

Auch in Einzelsitzungen können Probleme aus dem Berufsleben mit der Aufstellungsmethode bearbeitet werden. Mittels Kissen oder Blättern, die auf den Boden ausgelegt werden, können aufschlussreiche Prozesse in Gang gesetzt werden. Die Klienten können dann die verschiedenen Positionen durchwandern und die Beziehungsdynamiken nachspüren. Manchmal sind es Patienten, die bei mir in psychotherapeutischer Behandlung sind, die ihre Probleme mit Kollegen oder Vorgesetzten zur Sprache bringen und Hilfe suchen.

Es ist immer wieder erstaunlich, wie Klienten auf den fremden Positionen plötzlich etwas für sie völlig Unerwartetes spüren, körperliche Veränderungen an sich bemerken und Einsichten gewinnen, die ihnen bis dato verschlossen blieben. Wie bei Aufstellungen in einer Gruppe, muss der Aufstellungsleiter sich vom Prozess leiten lassen und dann Schritt für Schritt die Lösung auftauchen sehen.

4.9.1 Angst vor öffentlichen Auftritten

Das Anliegen. – Stefan leidet seit langem unter sozialer Angst. Neulich wurde er zu einem Seminar für neue Mitarbeiter im Betrieb eingeladen. Das Seminar erlebte er als sehr belastend, weil er sich in der Gruppe nicht zu äußern traute. „Eine Präsentation musste ich zum Glück nicht machen. Ich hätte das auf keinen Fall gekonnt und kein Wort herausbekommen." Stefan möchte seine sozialen Ängste gerne los werden.

Die Aufstellung. – Ich lasse Stefan die Situation mit Blättern im Raum auslegen: ein Blatt für ihn, eines für die Gruppe der anderen Seminarteilnehmer und eines, das die Präsentationsaufgabe darstellt. Es entsteht folgendes Bild 4.9.1a:

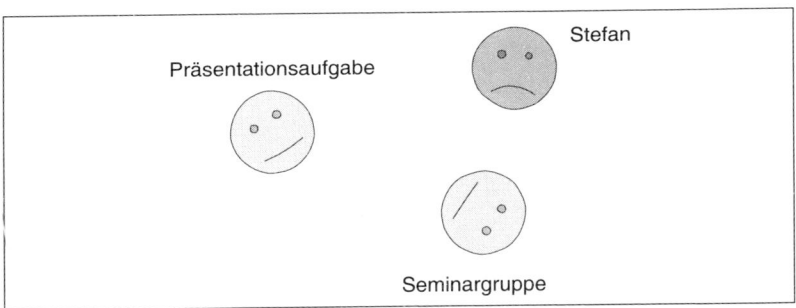

Bild 4.9.1a: Stefan macht Druck

Stefan stellt sich zunächst auf das Blatt „Seminargruppe". Er spürt dort, dass von der Position „Stefan" etwas Aggressives kommt. Er stellt sich danach auf das Blatt „Präsentationsaufgabe". Auch dort spürt er von „Stefan" einen unangenehmen Druck und unfreundliche Gefühle ausgehen.

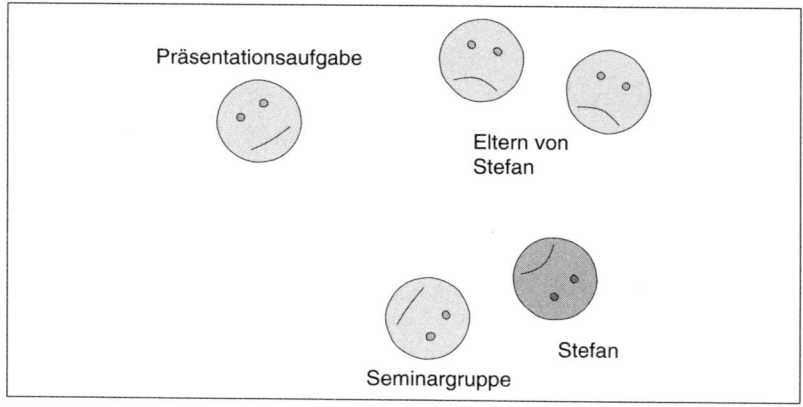

Bild 4.9.1b: Stefan unter Druck

Ich lege jetzt hinter „Stefan" zwei Blätter, die seinen Vater und seine Mutter repräsentieren. Stefan steht weiterhin auf der Position „Präsentationsaufgabe" und geht jetzt einen Schritt zurück. Das Blatt „Stefan" lege ich nun neben das Blatt „Seminargruppe" und lasse Stefan sich dorthin stellen. Er fühlt sich dort für einen Moment zwar ganz gut, die Konfrontation mit seinen Eltern, die ihm jetzt schräg rechts gegenüberstehen, veranlasst ihn jedoch, einen Schritt zurückzuweichen (Bild 4.9.1b). Jetzt lasse ich ihn sich auf die Positionen seiner Eltern stellen. Auf der Position des Vaters drängt sich ihm der Satz auf: „Mein Sohn ist besser als die anderen." Auf der Position der Mutter sagt er spontan: „Ich möchte mein Kind wieder haben."

Er geht daraufhin auf seine eigene Position, und ich schlage ihm vor, zum Vater zu sagen: „Papa, ich bin anders, aber auch nicht besser als die anderen." Zur Mutter sagt er dann: „Mama, ich kann dir nicht das geben, was du vom Papa nicht bekommen hast." Beide Sätze fallen Stefan schwer, doch er kann jetzt zwei Schritte nach vorne gehen und sich neben die anderen Teilnehmer der Seminargruppe stellen. Er kann nun offen zur Präsentationsaufgabe hinsehen und verspürt zwar Aufregung, aber keine Angst mehr (Bild 4.9.1c). Von der „Seminargruppe" her nimmt er eine freundliche Stimmung wahr. Für das Schlussbild legen wir die „Eltern" etwas weiter in den Hintergrund.

210

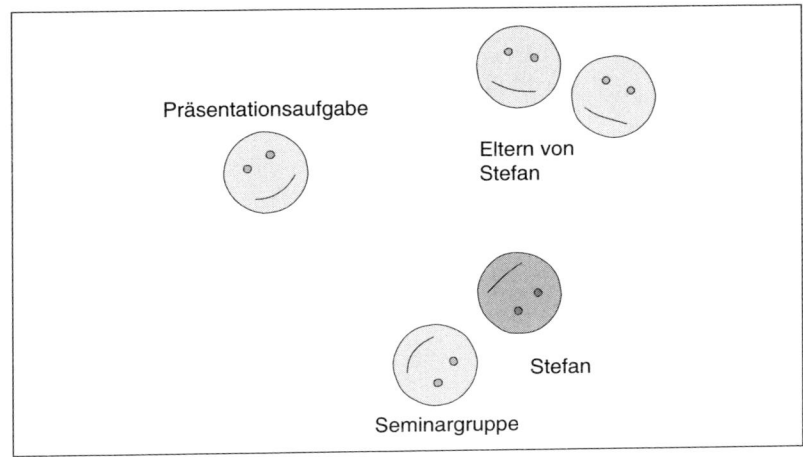

Präsentationsaufgabe

Eltern von
Stefan

Stefan

Seminargruppe

Bild 4.9.1c: Stefan, mehr gelöst vom Erwartungsdruck der Eltern

Kommentierung. – Stefan ist der ältere von zwei Söhnen. Stefans Vater hätte gerne einen besseren Beruf ergriffen, fand aber nur als einfacher Schuster Arbeit. Zudem zog seine Familie aus ihrem Heimatort weg in einen anderen Teil des Landes. Dort waren sie eher isoliert, da sie sozial kaum Fuß fassen konnten. Der Vater pflegte den Mythos, wegen seiner Abstammung aus einem anderen Landesteil eigentlich etwas Besseres zu sein als die Menschen in seiner sozialen Umgebung. Stefans Vater wollte immer, dass aus seinem Sohn, stellvertretend für ihn, etwas Besseres wird. Stefan wurde so zum Hoffnungsträger für seinen Vater. Er schaffte die höhere Schule und absolvierte ein Technikstudium. Das Verhältnis zu seinen Eltern wurde jedoch immer belastender für ihn. Um sich ihnen zu entziehen, ging Stefan zuerst in eine größere Stadt. Später floh er vor seinen Eltern ins Ausland.

Obwohl Stefan dem unmittelbaren Einfluss der Eltern aus dem Wege geht, der Vater mittlerweile schon gestorben ist, bleibt er dem Vater unbewusst darin verbunden, sich als etwas Besseres vorkommen zu müssen. Der stark anklammernden Mutter gegenüber fühlt er sich wehrlos. Das Eingeständnis, zwar anders, aber auch nicht besser als die Söhne anderer Eltern zu sein, erlebt er wie einen Verrat am Vater. Es ruft bei ihm die Angst vor den Wutausbrüchen des Vaters hervor, die er als kleines Kind gegen sich gerichtet erlebte. Die Zurückweisung der Mutter verursacht ihm Schuldgefühle. Nur durch

211

die Lösung aus der Verstrickung mit seinen Eltern kann er seine Außenseiterposition verlassen und sich anderen anschließen. Sie werden ihn wohlwollend aufnehmen.

Nachbetrachtung. – Stefan hat nach dieser Sitzung noch einmal genauer den Berufsweg des Vaters recherchiert. Er fand heraus, dass der Vater des Vaters, ein Bergarbeiter, wollte, dass sein Sohn eine höhere Schule besucht. Der Sohn (Stefans Vater) hatte zwar alle Prüfungen bestanden, um auf die höhere Schule zu wechseln, war jedoch immer etwas kränklich. Seine Mutter hatte Mitleid mit ihm und so hatten sich die beiden dem Wunsch des Vaters nach dem Besuch einer höheren Schule widersetzt. Stefans Vater hatte später noch die Möglichkeit gehabt, bei einem Ingenieur eine Lehrstelle anzutreten, begann dann aber eine Lehre bei einem Schuster und arbeitete später in einer Schuhfabrik. Ich konnte mit Stefan herausarbeiten, dass der Vater sich zeitlebens vermutlich als Opfer vorgekommen war, dem eine bessere berufliche Karriere vorenthalten worden war. Aus dieser Opferrolle heraus hatte er dann seine Umwelt und vor allem die Mitglieder seiner Familie beschuldigt, ihm ein besseres Leben zu verhindern. Jetzt konnte Stefan erkennen, dass in Wirklichkeit der Vater seine beruflichen Chancen – aus welchen Gründen auch immer – nicht ergriffen und damit auch nicht den Beweis angetreten hatte, dass in ihm mehr steckte als ein „einfacher Schuster". Stefan konnte in einer weiteren Aufstellung die Schuld- und Schamgefühle, die er von seinem Vater übernommen und stellvertretend für ihn ausgelebt hatte, an den Vater zurückgeben. Seinem Vater, vor dem er wegen seiner Wutausbrüche immer sehr viel Angst gehabt hatte, stand er nun aufrecht gegenüber.

4.9.2 Alleine gelassen und hinausgemobbt

Das Anliegen. – Maria ist fast 50 Jahre alt. Nach ihrer Kinderpause und einer Scheidung fällt es ihr schwer, erneut im Berufsleben Fuß zu fassen. Über Jahre hinweg hat sie es bereits versucht, wieder als Sekretärin eine Stelle zu finden. Durch Auffrischungskurse und Weiterbildungen erhöhte sie ihre Chancen und fand endlich über Vermittlung eines Bekannten eine Stelle in einem expandierenden Unternehmen. Es werden in dieser Firma dringend Arbeitskräfte gebraucht. Aber bereits nach einem Monat gibt es für Maria erhebliche Probleme: Sie überschaut die Hierarchiestrukturen im Unternehmen nicht.

Sie fühlt sich von ihrer Vorgesetzten nicht richtig eingearbeitet. Weil sie immer wieder schlechte Erfahrungen macht, wenn sie um Hilfestellungen bittet, traut sie sich nicht mehr zu fragen, wenn sie etwas noch nicht weiß. Von der Personalleiterin wird sie vor den Augen ihrer Vorgesetzten und zwei anderen Kolleginnen im Büro persönlich angegriffen. Ihre Vorgesetzte kommt ihr dabei nicht zur Hilfe. Sie ist verzweifelt und überlegt, ob sie sich schon wieder eine andere Arbeitsstelle suchen muss.

Die Aufstellung. – Eine Aufstellung mit Kissen bringt zutage, was Bild 4.9.2 zeigt.

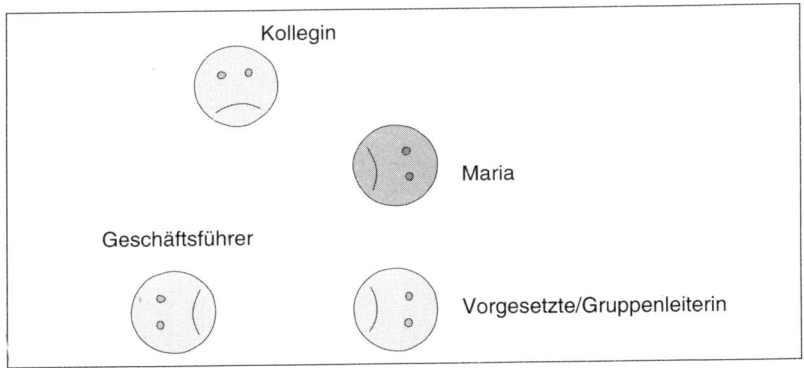

Bild 4.9.2: Die Vorgesetzte ist blockiert

Beim Nachspüren auf den verschiedenen Positionen erfährt Maria:

- Der Geschäftsführer blickt auf die Vorgesetzte, deren Aufgabe die Organisation und Leitung des technischen Büros ist. Er hat das Gefühl, diese werde ihre Aufgabe schon machen. Die übrigen Mitarbeiter in diesem Büro interessieren ihn nicht weiter.
- Die Vorgesetzte schaut auf den Geschäftsführer und blickt dabei ins Leere. Obwohl sie mit diesem näher bekannt ist (beide wohnen nebeneinander) und beide sich duzen, besteht kein wirklicher Kontakt. Die Vorgesetzte brauchte vom Geschäftsführer klare Anweisungen, ist aber auch nicht in der Lage, ihn darum zu bitten. Da sie nur eine Ausbildung als Friseurin hat, scheint sie mit ihrer Aufgabe der Büroleitung überfordert. Den Geschäftsführer um Unterstützung zu bitten, käme dem Ein-

geständnis gleich, der Aufgabe nicht gewachsen zu sein. Sie ist daher blockiert. Die Mitarbeiterinnen in ihrem Büro nimmt sie nicht wahr.

– Die jüngere Kollegin von Maria ist empört und wütend. Sie fühlt sich überfordert, immer wieder neue Kolleginnen einarbeiten zu müssen. Auf ihrer Position wird es Maria körperlich unwohl.

Für Maria besteht also die Gefahr, zum Opfer dieser Dynamik zu werden. Was sie noch versuchen kann, ist, ihre Position aus eigener Stärke zu behaupten. Dazu gehört:

– Sie bittet die Vorgesetzte nach wie vor um Unterstützung, wenn sie Hilfe bei der Bewältigung ihrer Aufgaben benötigt.
– Sie verstrickt sich nicht mit der Kollegin in persönliche Animositäten, sondern sieht deren Problem, ebenfalls mit einer nicht hilfreichen Vorgesetzten zurechtkommen zu müssen.
– Sie wahrt bei persönlichen Angriffen den anderen gegenüber die Gebote der Höflichkeit und bleibt auf die Arbeitsaufgabe bezogen.
– Sie versucht, eventuell mit Unterstützung ihres Bekannten, an einer Fortbildungsmaßnahme teilnehmen zu können.

Kommentierung. – In diesem Büro gibt es eine große Fluktuation. Der systemische Hintergrund besteht darin, dass eigentlich die Vorgesetzte ihren Platz räumen oder sich umfassend weiterqualifizieren müsste, weil sie ihrer Aufgabe nicht gewachsen ist. Durch das freundschaftliche Verhältnis mit dem Geschäftsführer ist sie daran gehindert, sich und ihm diese Tatsache einzugestehen. Da sie selbst keine Unterstützung erfährt und sich diese selbst nicht holen kann, kann sie auch ihren Mitarbeiterinnen keine Hilfestellung zuteil werden lassen. Sie belehrt, kritisiert unsachlich und greift ihre Mitarbeiterinnen persönlich an. Sie hat Maria z. B. eine Fortbildungsmaßnahme verweigert. Einen Ordner, den sich Maria angelegt hatte, um darin Informationen zusammenzutragen, die ihr helfen sollten, ihr neues Aufgabengebiet besser zu verstehen, wollte ihr die Vorgesetzte wegnehmen.

Marias Beobachtung, dass man in diesem Büro durchaus Fehler machen dürfe und sich niemand über Fehler aufrege, findet seine

Erklärung darin, dass die Fehler der Mitarbeiter für die Vorgesetzte als Beruhigung dienen. Sie kann sich dann bestätigt fühlen, dass ihre Mitarbeiterinnen noch weniger qualifiziert sind als sie selbst. Qualifizierte und kompetente Mitarbeiterinnen wären für ihre eigene Position eine Bedrohung.

Maria ist nach dieser Einzelsitzung sehr erleichtert. Sie sagt, sie durchschaue die betriebliche Struktur nun viel besser und könne jetzt besser entscheiden, ob sie hier weiterarbeiten oder sich eine neue Stelle suchen solle.

Einige Wochen nach der Aufstellung erzählte mir Maria in einem Telefonat, dass sie den Bekannten auf das Verhalten ihrer Vorgesetzten angesprochen hat. Dieser hatte aber keinerlei Verständnis für ihre Notlage, sondern belehrte sie im Gegenteil, dass im Unternehmen nicht jeder alles wissen könne. Er erweist sich damit als Teil des Problemsystems und nicht als ein Ansatzpunkt für eine Lösung.

Es entsteht dadurch das Bild, dass in diesem Unternehmen etwas verheimlicht wird, das nicht alle Mitarbeiter wissen dürfen. Für Maria heißt es im Ergebnis, dass sie die sechsmonatige Probezeit auf alle Fälle überstehen möchte, die bereits zur Hälfte vorüber ist. Sie sagt, ohne die Erkenntnisse, die sie durch die Aufstellung gewonnen hat, hätte sie die Arbeitsstelle längst aufgegeben. Ich rate ihr, die Missachtungen ihrer Person nicht stumm zu ertragen, sondern diese bei der Personalleitung in gebührender Form offen anzusprechen, um sich nicht als Opfer von Mobbing anzubieten. Dieses System scheint ein Opfer auf einer unteren Systemebene zu benötigen, da in der Leitungsebene keine Klärung von Problemen herbeigeführt werden kann.

Vier Monate später wurde Maria noch vor dem Ende der Probezeit gekündigt. Eine für sie nachvollziehbare Begründung hat sie nicht bekommen. Durch dieses Ereignis wurde ihre – durch ihre Lebensgeschichte bewirkte – latente Neigung, sich selbst zu beschuldigen, aktiviert. Sie sei ja schon häufiger in solche Beziehungen verstrickt worden. Also müsse es doch irgendwie an ihr liegen. Dieses Denken aber bringt sie nicht weiter. Für Maria ist es wichtiger zu lernen, sich in schlechten Beziehungssystemen nicht korrumpieren zu lassen und ihre eigene Würde zu behalten. Besser ist es, sie kündigt selbst einem schlechten Beziehungssystem ihre Gefolgschaft auf und löst sich aus solchen Abhängigkeiten, als mit „gebrochener Seele" zu bleiben.

Als Maria **drei Monate später** erneut um eine Beratung bat, wurden die Zusammenhänge, warum sie in dieser Firma nicht Fuß fassen konnte, noch deutlicher. Man hatte ihr nach der Probezeit zwar überraschend doch einen befristeten Vertrag gegeben, sie in eine andere Abteilung versetzt und ihr sogar mündlich eine unbefristete Stelle versprochen. Doch zufällig las sie dann in der Zeitung, dass diese Stelle öffentlich ausgeschrieben wurde. Das mündlich gegebene Versprechen wurde von der Geschäftsleitung als nicht existent angesehen. Marias befristeter Vertrag wurde nicht verlängert. Sie hat inzwischen mitbekommen, dass ihr Bekannter und ihre Vorgesetzte ein sehr enges und vertrautes Verhältnis haben. Eine Aufstellung mit Kissen brachte dann den tieferen Zusammenhang ans Licht, der vermutlich zu Marias Kündigung führte: Es gibt eine Abteilungsleiterin in der Firma, der das enge Verhältnis zwischen der Bekannten von Maria und ihrer Vorgesetzten ein Dorn im Auge ist. Diese Abteilungsleiterin lebt ohne einen Partner, hat keine Kinder und hält sich oft bis spät in die Nacht in der Firma auf. Zu Maria hatte sie einmal gesagt: „Hausfrauen sollten nicht arbeiten, sondern bei ihren Kindern zuhause bleiben." Diese Abteilungsleiterin hat nun wiederum ein engeres freundschaftliches Verhältnis zu einer Geschäftsführerin, die ebenfalls kinderlos ist.

„Den Esel schlägt man, den Herrn meint man." – Für die Abteilungsleiterin bietet sich Maria also in zweierlei Hinsicht als geeignetes Opfer ihrer eigenen unbewältigten seelischen Konflikte an. Zum einen ist es Neid, dass Maria beides hat: Beruf und Kinder. Zum anderen kam Maria auf Fürsprache ihres Bekannten in die Firma, dessen enges Verhältnis zur Gruppenleiterin die Abteilungsleiterin missbilligt. Da dieser Bekannte aber von der Geschäftsleitung Rückendeckung hat, ist auch die Gruppenleiterin von der Abteilungsleiterin nicht angreifbar. Maria ist das geeignete „Bauernopfer" für die Abteilungsleiterin. An ihr kann sie ihre Unzufriedenheit ausagieren, auch nachdem sie mitbekommen hat, dass sich Marias Bekannter nicht schützend vor sie stellt, um sein Verhältnis zur Gruppenleiterin nicht zu gefährden. Maria war also ungeschützt Spielball im „Beziehungsschach" zwischen Abteilungs- und Gruppenleiterin. Da das zugrunde liegende Problem sich durch das Hinausmobben von Maria nicht löst, wird vermutlich bald wieder jemand als Opfer des nicht geklärten Konflikts zwischen Abteilungs- und Gruppenleiterin ausgesucht werden.

4.9.3 Zwischen Vergangenheit und Zukunft

Das Anliegen, 1. Teil. – Anna arbeitet in einer Software-Entwicklungsfirma. Man hat lange Jahre an einem Softwaresystem gearbeitet, das nun durch eine Neuentwicklung ersetzt werden soll. Wie die meisten ihrer Kollegen arbeitet sie noch am alten Projekt und hat bereits einiges für das neue Projekt entwickelt, mit dem Kunden darüber verhandelt und mit ihm kooperiert. Die Abgrenzung zwischen den Aufgaben für das alte Projekt, das bereits beim Kunden im Einsatz ist, dennoch weiterer Betreuung durch die Entwicklungsfirma bedarf und den wachsenden Anforderungen, die das neue Projekt an die Mitarbeiter stellt, gestaltet sich zunehmend schwieriger. Daher wurde auf Beschluss der Projektleitung eine Trennung der Zuständigkeiten für das alte und das neue Projekt vorgenommen. Anna wurde als zuständig für das alte Projekt „abgestellt". So fühlte sich Anna auch: ausgeschlossen und von der zukünftigen Entwicklung abgeschnitten. Als ihr Vorgesetzter ihr den Beschluss mitgeteilt hatte, hatte sie für Tage das Gefühl, als würde ihr der Boden unter den Füßen weggezogen. In dieser Lage kam sie zu einem Einzeltermin zu mir.

Ihr Anliegen war, wie sie mit dieser Situation zurechtkommen könnte. Sie dachte im Moment daran, zu kündigen und sich eine neue Arbeitsstelle zu suchen.

Erste Aufstellung. – Ich schlug Anna vor, eine „Kissenaufstellung" zu machen und Kissen für sich selbst, die Kollegen, das alte und das neue Projekt auf dem Boden auszulegen. Beim Durchwandern der verschiedenen Positionen bemerkte sie, dass die Kollegen ihr gegenüber ein schlechtes Gewissen hatten. Das Ergebnis dieses Aufstellungsprozesses war, dass sie den Kollegen sagen konnte: „Ich trage jetzt die Entscheidung für mich. Euch wünsche ich viel Erfolg bei der Neuentwicklung." Dies zu sagen, fiel ihr schwer, danach fühlte sie sich jedoch ruhiger und stärker.

Das Anliegen, 2. Teil. – Etwa sechs Monate später bittet Anna um einen neuen Termin. Sie ist nach wie vor in dieser Software-Entwicklungsfirma tätig und betreut das alte Projekt. Sie sagt, sie sei im Grunde zwar zufrieden mit der jetzigen Situation und habe das Beste für sich daraus gemacht. Sie sehe z. B., dass sie mehr Freiheiten habe als die anderen Kollegen, die durch das neue Projekt mit ihrer Arbeitskraft an die Grenzen ihrer Belastbarkeit gehen müssten. Dennoch gäbe es immer wieder Anlässe, bei denen es ihr schwer falle, ihre Situation anzunehmen. Sie wünsche sich noch etwas, was ihr die Arbeitssituation leichter mache.

Zweite Aufstellung. – Ich lasse sie Blätter für folgende Personen (-gruppen) bzw. Sachverhalte am Boden auslegen: für sie selbst, für das alte Projekt, für die Kollegen, die das neue Projekt bearbeiten, für das, „was es ihr schwer macht", und für das, „was es ihr leicht macht". Sie differenziert im Verlaufe der Aufstellung die Personengruppe „neues Projekt" in jene, die von Anfang an dabei waren, und diejenigen, die neu hinzukamen, und die Projektleiterin, welche die Entscheidung zur Trennung der Projektbereiche fällte. Sie ergänzt später noch die Kunden für die Projekte (Bild 4.9.3a; für „das, was leicht fällt", wurde in der Abbildung der weiße Kreis, für „das, was schwer fällt" der schwarze Kreis gewählt).

Anna durchwandert nun die verschiedenen Positionen. Auf der Position der älteren Kollegen spürt sie das schlechte Gewissen und deren Hilflosigkeit, dass sie für Anna in ihrer Situation nichts machen können. Auf der Position der neuen Kollegen nimmt sie wahr, dass diese gar nicht zwischen dem alten und neuen Projekt differenzieren, sondern nur die älteren Kollegen als eine Einheit wahrnehmen.

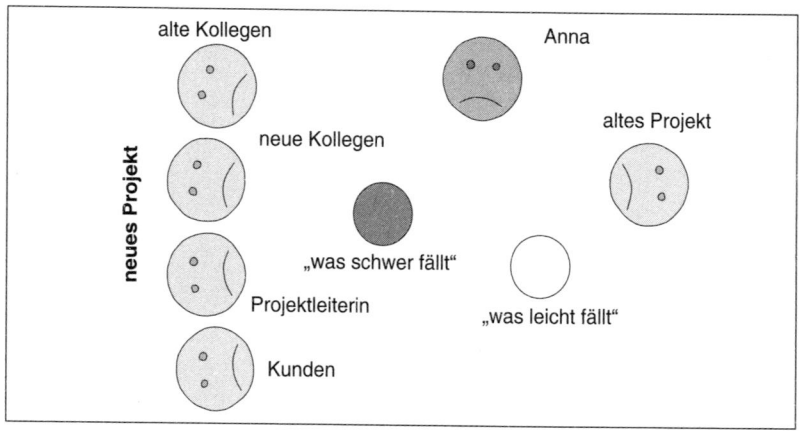

Bild 4.9.3a: Anna zwischen neu und alt

Auf der Position der Projektleiterin spürt sie eine gewisse Hilflosigkeit und dass diese eventuell die Entscheidung zur Trennung der Projekte wieder rückgängig machen möchte, es aber nicht kann, ohne das Gesicht zu verlieren und die Kunden zu verunsichern. Sie ist froh, dass Anna die Aufgabe erledigt, das alte Projekt weiterhin zu betreuen. Sie wünscht sich aber auch eine baldige Auflösung dieses Zustandes.

Auf der Position der Kunden spürt Anna: Die Kunden sind irritiert, wissen aber, wie sie den für sie künstlichen Zustand der Kompetenzverteilung im neuen und alten Projekt auf ihre Weise umgehen können.

Auf der Position „was mir schwer fällt" kommen ihr dann die Leistungen in den Sinn, die sie bereits für das neue Projekt erbracht hat und von denen andere jetzt den Nutzen haben. „Es ist, als hätte ich mein Baby abgegeben. Ich weiß jetzt nicht, was andere damit machen. Ich könnte mich selbst viel besser darum kümmern." Auf der Position „was mir leicht fällt" kommen ihr die bereits erwähnten persönlichen Vorteile in den Sinn: weniger Arbeitsbelastung, freiere Einteilung ihrer Arbeitszeit.

Nun begibt sich Anna auf die Position „altes Projekt". Dort spürt sie plötzlich, wie neben und hinter ihr alle die Personen auftauchen, die über ein Jahrzehnt hinweg an diesem Projekt mitgewirkt haben. Sie denkt insbesondere auch an den Initiator dieses Projektes, den sie als „genialen Software-Entwickler" bezeichnet. Sie merkt, wie sie auf diesem Platz mit beiden Beinen fest am Boden steht. Sie wirkt jetzt sehr gelöst.

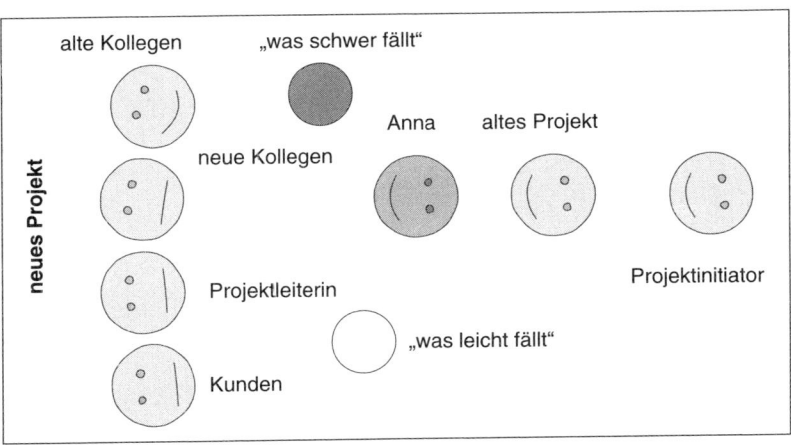

Bild 4.9.3b: Anna als Brücke zwischen alt und neu

Als sich Anna schließlich auf ihre eigene Position stellt, hat sie sofort den Impuls, sich mehr zum alten Projekt hinzuwenden. Schließlich stellt sie sich davor und spürt durch sich hindurch eine zeitliche Linie verlaufen. Wir legen noch den Initiator des alten Projektes dazu (Bild 4.9.3b). Anna hat jetzt viele Gedanken, wie sie mit ihren Kollegen, die das neue Projekt bearbeiten, sprechen kann, zum Beispiel „Ich schließe dieses Projekt jetzt ab, an dem sehr viele mitgearbeitet haben. Vielleicht seid auch ihr einmal froh, wenn es jemanden gibt, der euer neues Projekt einmal zum Abschluss bringt, wenn es alt ist." Sie hat auch die Idee, an der Tür ihres Arbeitszimmers ein Bild anzubringen, auf dem möglichst viele von den Menschen zu sehen sind, die an diesem Projekt mitgewirkt haben. Sie spürt deutlich, wie sich ihr Blick weitet auf größere Einheiten und alt und neu relative Begriffe werden.

Kommentierung. – Projektarbeit ist in vielen Unternehmen eine zentrale Form der Arbeitsorganisation. Sie hat viele Vorteile und birgt, wie dieses Beispiel zeigt, auch Konfliktpotenziale auf der Arbeitsbeziehungsebene in sich. Immer bei der neuesten Entwicklung dabei zu sein, ist gerade im EDV-Bereich für die Entwickler ein Muss. Für Anna ist daher die Betreuung eines bereits abgeschlossenen Projekts bis zur Ablösung durch ein besseres System wie eine Zurücksetzung und ein Ausgeschlossenwerden. Sie gehört plötzlich nicht mehr dazu, wenn die anderen ihr neues Projekt besprechen und es voranbringen. Sie muss einen Statusverlust hinnehmen. Es fordert von ihr persönliche Reife, angemessen mit dieser Situation umzugehen. Erst als sie erkennt, dass alt und neu relative Begriffe sind und das, was heute noch als das Modernste gilt, morgen schon wieder veraltet sein wird, kann sie den Wert der ihr übertragenen Aufgabe würdigen. Sie muss sich nicht mehr ausgeschlossen fühlen, sondern kann sich als Teil eines größeren Zusammenhangs sehen – der Vielzahl von Menschen, die ihre Arbeitskraft zur Verfügung stellen im Strom der Zeit. Zur Zeit ist es Annas Aufgabe, diesen Fluss am Laufen zu halten und eine Brücke zwischen Vergangenheit und Zukunft zu bilden. Vielleicht wird sie schon bald wieder andere Aufgaben haben.

Projektarbeit ist mit vielen Veränderungen und Umbrüchen verbunden. **Vier Monate später** bat Anna um einen weiteren Termin. Die Situation im Projekt hatte sich erneut wesentlich verändert. Der Vorgesetzte zwei Stufen über ihr hatte das Team verlassen. Ihr unmittelbarer Vorgesetzter, mit dem sie ein sehr gutes Verhältnis hatte, konnte aus Krankheitsgründen nicht mehr so viel leisten wie bisher und wurde in seiner Funktion zurückgestuft. Als wir mithilfe von Kissen den alten und den neuen Zustand der Arbeitsbeziehungen im Projekt darstellten, wurde deutlich: Anna muss sich davon lösen, für ihren an Krebs erkrankten Vorgesetzten die Position halten zu wollen. Sie muss seine Krebserkrankung als Schicksal annehmen, das sie nicht wenden kann. Gut arbeiten kann sie nur, wenn sie ihre eigene Position einnimmt.

Einige Wochen später schrieb Anna folgende E-Mail: „Ich habe zurzeit noch ziemliche Probleme im Büro und schlafe auch nachts fast nie durch und liege oft wach im Bett. Ich habe jetzt jedoch angefangen, selbst mit Kissen die jeweilige Situation aufzustellen und mich dann auf jede wichtige Position zu stellen. Die Ergebnisse sind jedes Mal überraschend und helfen mir auch. Heute früh um 4 Uhr 30 konnte ich auch nicht mehr weiterschlafen. Ich habe dann gleich eine Aufstellung gemacht. Danach habe ich wunderbar bis 8 Uhr geschlafen. Das muss ich, glaube ich, jedes Mal sofort tun."

Als sie nach zwei Wochen wieder kam, war noch ein großes Thema zu bearbeiten. Sie hatte sich in ihrer Vergangenheit häufig Arbeitskollegen als Partner gesucht. Auch jetzt ist sie mit einem Arbeitskollegen seit mehreren Jahren fest befreundet. Anlässlich des Wechsels des Vorgesetzten trat dieser Problempunkt der Vermischung von Arbeits- und Partnerschaftsbeziehungsebene deutlich zutage. In einer Aufstellung mit Kissen erkannte sie, dass eine deutliche Abgrenzung für ihren Freund, den Vorgesetzten und auch für sie notwendig ist und klärend wirkt. Spontan fiel ihr als Lösung ein, wie sie in Zukunft für eine bessere Trennung der Arbeitsbereiche von sich und ihrem Partner sorgen kann.

Annas persönliche Entwicklung hat einen Monat danach durch die Teilnahme an einer Gruppe mit Arbeitsbeziehungsaufstellungen noch einmal einen wesentlichen Wachstumsimpuls erhalten. Es wurde sichtbar, dass sie in ihre Arbeitsbeziehungen von beiden Eltern übernommene Gefühle hineintrug. Die unerfüllten Sehnsüchte nach Liebe sowohl ihres Vaters wie ihrer Mutter waren in Annas Seele noch immer da und sorgten für Unruhe und Bewegung bei ihr. Sie waren als Wunsch nach Anerkennung und Wertschätzung in Annas Arbeitsbeziehungen präsent – dort aber nicht zu stillen. Durch die Aufstellung konnte sie erkennen, dass sie weder dem Vater noch der

Mutter das geben kann, was diese sich als Mann und Frau gegenseitig nicht geben bzw. voneinander nicht nehmen konnten. Wir stellten zu den Eltern in der Aufstellung daher jeweils eine Person dazu, die sie liebt. Mit diesem Bild konnte sich Anna aus der Verstrickung mit ihren Eltern lösen. Die danach anstehenden Schritte für ihre berufliche Zukunft konnte sie dann ohne Mühe tun. Sie hat mittlerweile die Firma gewechselt, fühlt sich dort wohl und verdient zudem noch mehr Geld.

4.9.4 Die Jüngste im Machtkampf

Das Anliegen. – Konrad ist Leiter eines Teams in einem Verein mit sozialpädagogischen Aufgaben. Seit fünf Monaten hat er in seiner Arbeitsgruppe eine junge Sozialpädagogin, die ihn bereits häufiger wegen seines Arbeitsstils angegriffen hat. Sie möchte alles viel mehr geregelt und strukturiert haben. Konrad, der 15 Jahre in dieser Einrichtung arbeitet und seit zehn Jahren Leitungsfunktionen innehat, möchte hingegen, dass auch die neue Mitarbeiterin mit seinem Arbeitsstil klarkommt und sich darauf verlässt, „dass sich die Dinge mit der Zeit so regeln, dass es passt". Er möchte vor allem, dass sie selbstständiger arbeitet.

Da die neue Mitarbeiterin bereits den Vorstand in einer öffentlichen Sitzung angegriffen und ihm Inkompetenz vorgehalten hat, soll jetzt ein „Probezeitgespräch" zwischen den beiden Vorständen, Konrad und der neuen Mitarbeiterin stattfinden. In einer Teamsitzung hat die neue Mitarbeiterin wieder heftige Vorwürfe an Konrad gerichtet und sich beschwert, dass sie als Einzige zu diesem Probezeitgespräch müsse, obwohl hier in dieser Einrichtung vieles im Argen liege. Im Team wurde lange darüber diskutiert. Konrad hat jedoch das Gefühl, dass dies nicht weiterführt und irgendetwas im Hintergrund abläuft, das er nicht durchschaut. Er möchte daher mit einer Aufstellung mehr über die Beziehungsdynamik in seiner Einrichtung erfahren und wie er mit dieser Situation besser umgehen kann.

Die Aufstellung. – Ich lasse Konrad zunächst vier Kissen auf dem Boden auslegen: eines für ihn selbst, eines für das Team, das er leitet, eines für die neue Mitarbeiterin und eines für den Vorstand.

Konrad tritt hinter die einzelnen Positionen und spürt Folgendes: Die neue Mitarbeiterin ist voller Vorwürfe. Sie fühlt sich bedroht und verletzt. Sie hält Konrad für unfähig und meint, einer der Vorstände hätte „sie besonders auf dem Kieker". Wir legen ein weiteres Kissen hinzu, um die Vorstände zu differenzieren (Bild 4.9.4a). Es ist Vorstand H., von dem sich die neue Mitarbeiterin besonders angegriffen fühlt.

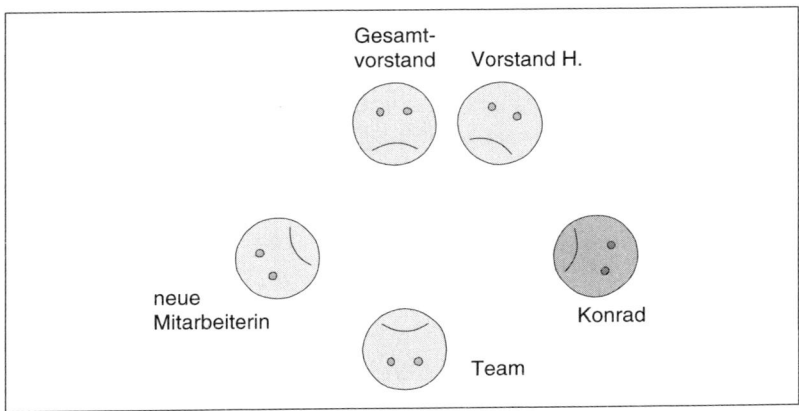

Bild 4.9.4a: Die neue Mitarbeiterin greift an

Auf der Position des Teams spürt Konrad massive Vorwürfe gegen ihn. Er kümmere sich zu wenig um die Belange des Teams. Er schwebe in seiner eigenen Sphäre, brüte Projektideen aus und fühle sich zu wenig zuständig für die Alltagsarbeit des Teams.

Auf der Position von Vorstand H. merkt Konrad eine massive Wut gegenüber der neuen Mitarbeiterin wegen deren öffentlichen Angriffs auf den Vorstand. Dies könne nicht so stehen bleiben.

Auf der Position des Gesamtvorstandes spürt Konrad einerseits die Tendenz, Vorstand H. etwas zu bremsen in seinem Zorn, andererseits auch Solidarität mit dem Vorstandskollegen, der in aller Öffentlichkeit angegriffen wurde. So etwas könne nicht toleriert werden.

Auf seiner eigenen Position merkt Konrad nun deutlich den Machtkampf, der zwischen der neuen Mitarbeiterin, Vorstand H. und ihm im Gange ist.

Ich ermuntere ihn, einen Versuch zu unternehmen, die neue Mitarbeiterin in ihre Schranken zu weisen. Er fühlt sich zunächst unsicher und meint, er könne ihr gegenüber ja schlecht seinen eigenen, eher freien, von den anderen zuweilen als „chaotisch" empfundenen Arbeitsstil zum Argument machen. Erst als ich ihn sagen lasse, wie lange er schon in dieser Einrichtung arbeite und wie lange er schon Leitungsfunktionen innehabe und dass er deswegen Verantwortung für das Team wie der gesamten Einrichtung gegenüber trage, wird er sicherer. Um zu prüfen, wie seine Worte ankommen, stellt er sich wieder auf die Position der neuen Mitarbeiterin. Diese zeigt sich noch wenig beeindruckt und will ihn und den Vorstand weiterhin nicht als Vorgesetzte akzeptieren. Sie meint, sie könne hier eigentlich alles besser machen.

Ich lege nun hinter die Position der neuen Mitarbeiterin ein weiteres Kissen, das etwas repräsentieren soll, was zum Privaten und Persönlichen dieser Mitarbeiterin gehört. Konrad spürt sofort, dass dies von Bedeutung ist. Als er sich auf der Position der neuen Mitarbeiterin umdreht und zu diesem Kissen hinblickt, merkt er eine große Verletztheit hochsteigen, und es kommt ihm der Satz: „Ich bin tief verletzt worden. Ich lasse so etwas nie mehr mit mir machen."

Ich schlage Konrad vor, wieder auf seine eigene Position zu gehen und sich zum Vorstand zu wenden. Er soll diesem das Angebot machen, dass er selbst darüber entscheiden werde, ob die neue Mitarbeiterin nach der Probezeit in seinem Team weiterbeschäftigt werden kann. Auf der Position von Vorstand H. erkennt er, dass dieser bereits sehr stark in den Machtkampf mit der neuen Mitarbeiterin involviert ist. Es bedarf einer Reihe weiterer Interventionen, bis Konrad deutlich sagen kann, dass er in Zukunft dafür sorgen wird, dass seine Mitarbeiter nicht mehr öffentlich den Vorstand angreifen werden, sondern sich mit ihrer Kritik erst an ihn wenden müssen. Vorstand H. kann dies akzeptieren und auch der Gesamtvorstand hat den Eindruck, dass Konrad nun sein Team im Griff hat. Die Lösungsaufstellung ist „klassisch": Konrad nimmt seinen Platz als Führungskraft links neben den Vorständen ein, und die neue Mitarbeiterin steht an der letzten Position der Hierarchie. Konrad geht noch einmal alle Positionen durch und hat den Eindruck, dass es nun für alle passt. Auch die neue Mitarbeiterin könnte sich nach einigem „Nachreden" schließlich zufrieden geben.

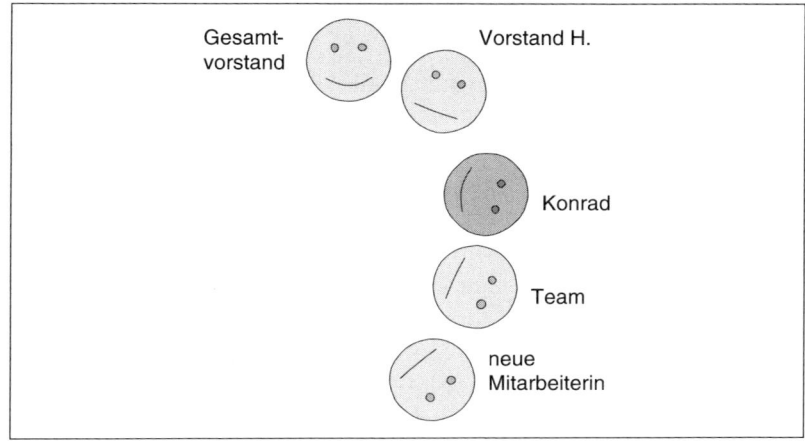

Bild 4.9.4b: Konrad an seinem Platz als Führungskraft

Kommentierung. – Die Aufstellung hat Konrad geholfen, die Beziehungsdynamik in seiner Einrichtung besser zu verstehen. Sie hat ihm aber gleichzeitig Entscheidungen abverlangt. Die neue Mitarbeiterin fordert ihn durch ihre Empfindlichkeit gegenüber unklaren Situationen heraus, seine Führungsposition deutlicher als bisher wahrzunehmen. Vermutlich verstärken frühere Beziehungserfahrungen in ihrem Leben, in denen sie sich verletzt und nicht geachtet fühlte, ihre Übertragungsreaktionen auf Vorgesetzte.

Konrad hat bislang seinem Team aus seiner Sicht viel Freiheiten eingeräumt und von seinen Mitarbeitern Eigenständigkeit verlangt, weil er meint, für sich selbst viel Freiräume für seinen Arbeitsstil zu brauchen. Das Team erlebt dies aber nicht nur als Freiheit, sondern auch als ein In-Stich-gelassen-Werden von ihrem Leiter. Der Unmut des Teams richtet sich infolgedessen auch gegen den Vorstand.

Systemisch gesehen ist die neue Mitarbeiterin das Medium, das, verstärkt durch Verstrickungen in eigene ungelöste Probleme, aufdeckt, dass ein Führungs- und damit Verantwortungsdefizit im Arbeitsbeziehungssystem herrscht. Konrad muss sich nun entscheiden: Nimmt er seinen Platz als Führungskraft ein und führt sein Team so, dass Peinlichkeiten wie die öffentliche Blamage des Vorstands durch seine Mitarbeiter in Zukunft unterbleiben? Oder lässt er sich weiterhin als scheinbar Gleichrangiger in seinem Team in Machtkämpfe hineinverstricken und reicht damit Entscheidungskonflikte – z. B., ob die neue Mitarbeiterin die Probezeit besteht oder nicht – ungelöst nach oben weiter?

Ich arbeite mit Konrad mittlerweile ein Jahr, und es wird deutlich, was seine beruflichen Entscheidungsprobleme mit seiner persönlichen Lebensgeschichte zu tun haben. Trennungserfahrungen in seiner frühen Kindheit aktivieren bei ihm immer wieder massive Verlassenheitsängste. Dies beeinflusst seine Partnerwahl und die Gestaltung seiner Beziehungen mit Frauen. Um nicht alleine zu sein, toleriert er z. B. auch süchtiges Verhalten seiner Partnerinnen. In Arbeitsteams und politischen Gruppen sucht er ebenfalls in erster Linie mitmenschliche Nähe und Geborgenheit. Trennung und Ausschluss erlebt er als bedrohlich. Ein Vorgesetzter muss aber auch gegebenenfalls eine Kündigung durchsetzen und vertreten. Nachdem diese Zusammenhänge in der Arbeit mit Konrad erkennbar wurden, ist er auf dem Weg, sich beruflich wie privat neu zu orientieren.

5 Zusammenfassung wichtiger Ergebnisse der Fallbeispiele

Ich will im Folgenden versuchen, auf der Basis der dargestellten Fallbeispiele und auf dem Hintergrund zahlreicher weiterer Aufstellungserfahrungen zusammenzufassen, was sich als Wissen über Arbeitsbeziehungssysteme verdichtet oder auf dem Wege ist, sich zu klären. Ausgehend von dem Modell, dass Traumatisierungen bei den Großeltern und Eltern Bindungsstörungen bei den Kindern und Enkelkindern bewirken und bei diesen sich daraus Beziehungsstörungen entwickeln, beschreibe ich zunächst den Einfluss der Eltern auf berufliche Probleme ihrer Kinder. Das Thema Beziehungsstörungen im partnerschaftlichen Gegenwartssystem und ihre Auswirkungen auf das Arbeitssystem streife ich nur kurz. Schließlich versuche ich, Erkenntnisse über die Probleme in Arbeitssystemen zusammenzufassen, die mehr aus der Struktur der Arbeitsbeziehungen selbst resultieren.

5.1 BINDUNGS- UND BEZIEHUNGSSTÖRUNGEN IM HERKUNFTSSYSTEM

Dass die Eltern den beruflichen Weg ihrer Kinder bewusst und unbewusst mitbestimmen, ist keine neue Erkenntnis. Schon die Alltagserfahrung verrät, Kinder ihre Eltern im Guten wie im Schlechten als Vorbild auch in beruflicher Hinsicht nehmen. Durch die Aufstellungsarbeit werden diese schon immer vermuteten Zusammenhänge handgreiflich. Wir sehen in Familien- wie Arbeitsbeziehungsaufstellungen die Verstrickungen der Kinder mit ihren Eltern und können privates wie berufliches Scheitern in eine enge Verbindung damit bringen und besser verstehen.

In etwa einem Drittel der 34 Fallbeispiele in diesem Buch stehen die beruflichen Probleme der Aufstellenden mit Verstrickungen in ihr Herkunftssystem in einem Zusammenhang. Ich versuche die gewonnenen Einsichten im Folgenden zu systematisieren:

„Muttersöhne". – Eine eindrückliche Geschichte seines Schicksals als „Muttersohn" erzählt Wilfried Wieck in seinem Buch *Männer lassen lieben*. Tief verstrickt in das Mitleid mit seiner Mutter, beschreibt er seinen Vater als einen „kraftlosen Gesellen": „Er lernte nichts hinzu, was über seine technisch-kulturlose Ingenieurwelt hinausging ... Klar, daß die unemanzipierte Frau eines derart reduzierten Mannes in vieler Hinsicht unbefriedigt war ... Mit mir war er ungeduldig. Alles, was ich in die Hand nahm, war ihm zu langsam. Heute ist mein Lieblingstier die Schnecke. Ständig mahne ich mich zur Langsamkeit und zur Ruhe ... Es mag merkwürdig klingen, aber Vaters brummige Schmähungen vermochten nicht, mich von ihm fernzuhalten. Das vollbrachte Mutter, indem sie von ihm sprach, klagend und anklagend, ohne ihm Gelegenheit zu geben, sich dazu zu äußern." (Wieck 1992, S. 23 f.)

Wie ich in meiner therapeutischen Praxis sehe, gehen Söhne mit einer übergroßen seelischen Nähe zu ihrer Mutter – z. B. wenn die Mutter nach einer Scheidung die Alleinerziehende ist – bestimmte berufliche Wege. Sie scheitern nicht selten in ihren partnerschaftlichen Beziehungen oder im Beruf. Zwar sind sie nach außen ihrem Vater gegenüber anmaßend. Tief in ihrem Inneren aber bleibt die Sehnsucht nach ihrem Vater, wie Steve Biddulph es anschaulich beschreibt (Biddulph 1996, S. 47 ff.). Wenn „Muttersöhne" – z. B. durch eine Familienaufstellung – ihrem Vater näher kommen, erschließt sich ihnen auch die andere Welt, die sie als „männlich" und „kalt" und „herzlos" zeitlebens nicht wertschätzen konnten. Ihre beruflichen Perspektiven können sich dadurch erweitern und verändern (Fallbeispiel 4.5.1).

„Vatertöchter". – Vatertöchter leiden mit ihren Vätern mit. Sie fühlen sich ihnen ähnlich. Sie spüren die ungelösten seelischen Konflikte ihres Vaters und leben in diesen mit. Sie fühlen sich zu ihrem Vater extrem hingezogen, gleichzeitig aber auch von ihm abgestoßen. Wenn z. B. zwischen Vater und Mutter keine liebende Beziehung (mehr) besteht, wendet sich der Vater oft an die Tochter, und diese fühlt sich verpflichtet, den leidenden Vater zu trösten. Missbrauchsdynamiken sind dann nicht ausgeschlossen (Kastner 2000). In der Regel werden in einer Familie zu intime Beziehungen zwischen Vater und Tochter verleugnet, verdrängt oder abgespalten (Heiliger 2000). Sie bestimmen jedoch unbewusst die gesamte Lebensgeschichte der Tochter. Um einem Missbrauch zu entgehen, versuchen Mädchen auch, in eine Jungenrolle zu schlüpfen. Sie übernehmen männliches Konkurrenzverhalten, sie wählen männliche Sportarten und entwickeln enormen Leistungsehrgeiz, um dem Vater aus diese Weise zu gefallen. Sie möchten, dass der Vater stolz auf sie ist, sie für ihre Leistungen anerkennt und sich nicht mehr für ihren weiblichen Körper interessiert. Sie sind dann besonders karriereorientiert oder ergreifen eher traditionelle Männerberufe. Privat fühlen sie sich mehr zu älteren Männern hingezogen.

„Vatertöchter" können ihre weibliche Identität nicht ungestört entwickeln. Erst wenn „Vatertöchter" sich aus der Verstrickung mit ihrem Vater lösen können, entdecken sie mehr ihre femininen Anteile und können diese in ihrem Privatleben und auch in ihren Beruf besser einbringen (biographischer Hintergrund der Klientin bei Fallbeispiel 4.9.3).

Triangulation. – Es beiden Eltern recht zu machen, damit verbringen manche Kinder viel Lebenszeit und Energie. Sie tun alles, um die als Paar auseinander strebenden Eltern wieder zusammenzubringen. Sie können sich oft nicht entscheiden, welche Schule sie besuchen, welchen Beruf sie ergreifen oder welches Studium sie beginnen sollen. In jeder Entscheidungsalternative steckt für sie in der einen Möglichkeit ein Stück Bindung zur Mutter, in der anderen etwas, was mit dem Vater in Bezug steht. Die Lösung der „Triangulation" liegt im „keines von beiden", wie Sparrer und von Kibed (2000) in der Tetralemmaaufstellung diese Position bezeichnen. Ich verwende dafür in Aufstellungen die Anweisung, dass der Betreffende neben den beiden beruflichen Entscheidungsalternativen, die im Grunde für seine beiden Eltern stehen, „etwas ganz Neues" durch einen Stellvertreter darstellen soll. Die Klienten fühlen sich meist befreit, jetzt auf etwas zugehen zu dürfen, dass ihr eigenes berufliches oder, damit verbunden, ihr eigenes privates Ziel darstellt. Nach einem solchen „Durchbruch" können die von beiden Eltern kommenden Fähigkeiten langfristig in die eigene berufliche Tätigkeit einfließen.

In einer Aufstellung im Arbeitskreis wollte ein Teilnehmer wissen, ob er weiter mit seinem Geschäftspartner zusammenarbeiten oder sich selbstständig machen solle. In der Aufstellung konnte sein Stellvertreter sich weder für das eine noch für das andere entscheiden. Wie gebannt stand er genau zwischen beiden Möglichkeiten (Bild 5.1a). Der Teilnehmer mit dem Anliegen stellte dann seinem Stellvertreter direkt gegenüber eine dritte Person auf, die das darstellen sollte, was „wirklich Seines" ist. Sofort erwachte sein Stellvertreter zum Leben und war voller Energie und Tatendrang. Die Lösung bestand darin, dass der Teilnehmer es wagte, durch die unsichtbare Barriere, welche die beiden Alternativen vor ihm aufbauten, hindurchzuschreiten (Bild 5.1b). Wie befreit konnte er sich dann zur dritten Möglichkeit und damit zu seinem Eigenen hinstellen.

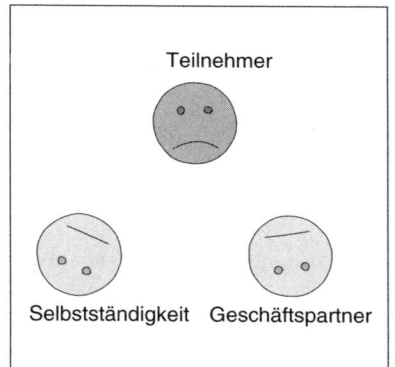

Bild 5.1a: Unbeweglich zwischen zwei Alternativen

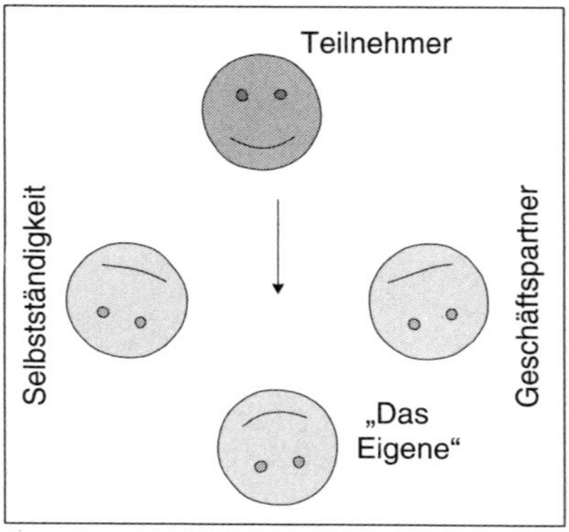

Bild 5.1b: Auf dem Weg zum Eigenen

Scheidungskinder. – Die Scheidung der Eltern hinterlässt bei Kindern in der Regel seelische Wunden. Für die Kinder fällt ein Elternteil, oft der Vater, als Kraft und Vorbild aus. Söhne wie Töchter suchen daher nicht selten nach Ersatz für väterliche Anerkennung bei Vorgesetzten oder Kollegen (Fallbeispiele 4.4.1 und 4.5.1).

Überfordernde Eltern. – Strenge Eltern, die ihre Kinder zu sehr auf einen beruflichen Erfolgskurs bringen wollen, bewirken ohne die entsprechende elterliche Wärme und Liebe Verweigerungs- und Trotzhaltungen und blockieren damit ungewollt die berufliche Entwicklung ihrer Kinder (Fallbeispiel 4.4.2).

Fehlende Eltern. – Häufig sind es Väter, die sich ihrer Verantwortung entziehen. Vor allem für Söhne ist dies eine schwere Bürde, wenn sie auch noch der Mutter den fehlenden Mann ersetzen müssen. Wie schon Horst-Eberhard Richter es beschrieben hat, sind Versuche, eine Person durch eine andere zu ersetzen („Substitution"), eine Quelle schwerer Verhaltensstörungen bei Kindern (Richter 1991). Fallbeispiel 4.6.2 bringt dies am Beispiel eines Jungen in einer psychiatrischen Einrichtung deutlich zur Anschauung. Eine Haltung der Anmaßung und die Vorstellung eigener Grandiosität paart sich oft mit realer Hilflosigkeit im eigenen Leben. Fehlender väterlicher Rückhalt ist nach meiner therapeutischen Erfahrung oft mit Drogenabhängigkeit bei Söhnen verbunden.

Manchmal fallen gleich beide Eltern aus. In Fallbeispiel 4.7.2 kommt das Kind in der Folge auf die schiefe Bahn und wird straffällig. Seine Sexualstraftaten können vermutlich als Akt des Hasses und der Enttäuschung der nicht erreichbaren Mutter und dem abweisenden Vater gegenüber verstanden werden.

Auch wenn das Kind nicht im Heim aufwachsen muss, sondern innerhalb der Verwandtschaft bleibt, führt eine frühe Trennung von den Eltern zu einer Beziehungsstörung mit lebenslangen Folgen. So kann sich die in Fallbeispiel 4.5.2 schon mit drei Jahren von ihren Eltern verlassene Tochter später im Berufsleben nicht mehr klein fühlen. Sie fühlt sich innerlich zwar schwach und hilfsbedürftig. Das Gefühl der Unterordnung macht ihr aber Angst und weckt die Erinnerungen an das Trennungstrauma von den Eltern. Sie muss sich daher immer beweisen, dass sie groß und stark ist.

Entwurzelte Eltern. – Eltern, die ihre Heimat verlassen müssen, sind in einem neuen Land oft seelisch schwach und genießen wenig soziales Ansehen – z. B. als Asylanten. Fallbeispiel 4.6.4 zeigt einen syrischen Jungen, dessen Eltern zu kraftlos sind, um ihn von Straftaten abzuhalten. Der Junge hat keinen Respekt vor den Gesetzen in Deutschland. Im Vergleich zu den Schmerzen, die ihm die Gedanken an die verlorene Heimat verursachen, erscheinen ihm drohende Strafen unbedeutend. Er verspielt auf diesem Weg seine Zukunft, noch ehe sie begonnen hat, wenn seinen Eltern die Lösung aus alten Bindungen und der Aufbau neuer Beziehungen nicht gelingt.

Psychisch kranke Eltern. – Psychisch kranke Eltern verleiten Kinder häufiger dazu, helfende Berufe zu ergreifen. Da die Mutter z. B. alkoholabhängig ist, sieht es das Kind als seine Aufgabe an, für die Mutter zu sorgen, um Schlimmeres zu verhindern. Es ergreift dann z. B. später einen Beruf als Krankenschwester oder Altenpflegerin. Bekannt ist aus Untersuchungen von Alkoholikerfamilien, dass die ältesten Kinder oft die „Heldenrolle" und anstelle eines alkoholkranken Elternteils die Verantwortung für die Familie übernehmen (Lambrou 1993; Kolitzus 1997). In Fallbeispiel 4.4.3 leidet der Aufstellende unter der Last seiner Verantwortung. Sie ist nicht nur die Folge eines äußeren Arbeitsdrucks. Er bürdet sich das Arbeitspensum durch seine Bereitwilligkeit selbst auf, im Übermaße Verantwortung für andere zu übernehmen. Wie sich herausstellte, hatte dieser Mann schon seinen jüngeren Bruder großgezogen, weil der Vater der beiden Alkoholiker ist.

Die Drogenabhängigkeit eines Elternteils kann bei den zweitgeborenen Kindern häufiger auch zu Drogenabhängigkeit führen und damit nicht nur zum Scheitern im Beruf, sondern im gesamten Leben. Weil der nichtsüchtige Elternteil und das erstgeborene Kind, das Mitverantwortung übernimmt, im Familiensystem sonst ein Übergewicht erhalten und der Süchtige immer mehr ausgegrenzt und verachtet wird, identifizieren sich solche Kinder aus Mitleid und zum Ausgleich mit dem süchtigen Elternteil.

„Neurotische" Eltern. – Leichtere psychische Auffälligkeiten werden in der Psychologie als „Neurosen" definiert. Eltern übertragen ihre Neurosen häufig auf ihre Kinder. Dies beeinträchtigt wiederum die Kinder auch in ihrem schulischen und beruflichen Werdegang. Wie Fallbeispiel 4.9.1 zeigt, führt die Kombination zwischen einer ängstlich anklammernden Mutter und einem strengen Vater, der sein eigenes berufliches Versagen zeitlebens nicht verwinden kann, zu übertriebenen Ängsten und Schamgefühlen des ältesten Sohnes. Dieser wird zum Außenseiter und Einzelgänger und hat auch im Beruf Angst, in Menschengruppen aufzutreten und dort zu versagen.

Fehlende Großeltern. – In Fallbeispiel 4.4.5 ist der Vater der Aufstellenden Vollwaise. Sein Herkunftssystem liegt im Dunkeln. Es wurde der Tochter gegenüber nie über seine Eltern gesprochen und damit ein Tabu aufgebaut. Die Tochter sucht durch ihren Beruf unbewusst nach den fehlenden Personen im System. Allerdings nicht bei sich selbst, sondern bei anderen. Sie kann dadurch nicht wirklich weiterkommen. Vermutlich sind viele, die soziale und therapeutische Berufe ergreifen, seelisch selbst hilfebedürftig (vgl. auch Fallbeispiel 4.5.1). Dies kann einerseits eine gute Voraussetzung für ein überdurchschnittliches Einfühlungsvermögen sein, andererseits auch eine Quelle von Verstrickungen mit Patienten und Klienten.

In meiner eigenen Familienaufstellung spielte der bei der Waldarbeit tödlich verunglückte Vater meiner Mutter eine entscheidende Rolle. Er starb, als meine Mutter erst 18 Jahre alt war. Der Tod ihres Vaters war ein schweres Trauma für sie. Ich habe diesen Großvater nie kennen gelernt. Ist es Zufall, dass ich später Unfallforscher wurde und unter anderem eine wissenschaftliche Studie über Unfälle bei der Forstarbeit verfasste?

Die Bewältigung eigener seelischer Probleme ist für die Angehörigen psychosozialer Berufe eine unerlässliche Voraussetzung, professionell Arbeitsbeziehungen zu gestalten. Vor der therapeutischen oder beraterischen Arbeit mit anderen Menschen muss erst der „Schatz des eigenen Schicksals" gehoben werden.

Verstrickung mit Geschwistern oder früheren Partnern der Eltern. – Auch Onkel und Tanten können das Lebensschicksal von Menschen beeinflussen, wie wir aus Familienaufstellungen wissen. Ein Beispiel für die Auswirkungen einer Verstrickung eines Neffen mit seiner Tante ist Fallbeispiel 4.4.4. Der Neffe hat unbewusst den Auftrag übernommen, die unverheiratet gebliebene Schwester des Vaters seelisch zu stützen. Anderen zu helfen, sieht er daher als seine „Berufung" an, die er durch seine Arbeit mit Jugendlichen verwirklichen möchte, die sich mit dem Start ins Berufsleben schwer tun. Den Start in sein eigenes Privatleben zögert er dadurch unbewusst hinaus.

Die weitreichenden Folgen einer Verstrickung mit dem schweren Schicksal einer im Kindbett gestorbenen ersten Frau des Vaters für den privaten wie beruflichen Lebenslauf eines Sohnes zeigt Fallbeispiel 4.5.6.

Besondere Kraft. – Fehlende Eltern können auch als Ressource für berufliches Handeln dienen, wenn ihre Kinder ein positives Bild von ihnen in sich tragen. Dies ist der Fall, wenn z. B. der gestorbene Vater von der Mutter weiterhin geachtet und sein Andenken in Ehren gehalten wird. Dazu drei Beispiele:

– In einem Seminar mit Sicherheitsexperten bei der Berufsgenossenschaft der chemischen Industrie war ein Teilnehmer, der sich bundesweit als Brandschutzexperte einen Namen gemacht hatte. Er war im Seminar sehr engagiert und immer präsent. Als bei einer Aufstellung eines anderen Seminarteilnehmers ein tödlicher Betriebsunfall ins Spiel kam, war er schlagartig ergriffen. Er erzählte, dass sein Vater als Soldat im Krieg bei einem Bombenangriff verbrannte, als er selbst zwei Jahre alt war. Er bat um eine Aufstellung mit seinem Vater, die für alle sehr ergreifend war. Als er vor dem Stellvertreter seines gefallenen Vaters stand, verglühte der Teilnehmer fast durch die in ihm aufsteigende Hitze. Das Schicksal seines Vaters hatte ihm – für ihn bis dato völlig unbewusst – den beruflichen Weg gewiesen. Man kann vermutlich in vielen Fällen die Berufswahl als Versuch einer Traumabewältigung in der zweiten oder dritten Generation ansehen.

– In einem Seminar mit Bewährungshelfern bat ein männlicher Teilnehmer um eine Supervisionsaufstellung. Es ging ihm um die Frage, was er für einen männlichen Jugendlichen tun könnte, den er zu betreuen hatte. Dieser hatte bereits viele kleinere Straftaten begangen und sich offenbar immer wieder von anderen Jugendlichen in solche Dinge hineinziehen lassen. Wie sich herausstellte, hatte dieser Jugendliche seinen Vater verloren, als er sechs Jahre alt war. In der Aufstellung kam ans Licht, dass der Bewährungshelfer ebenfalls seinen Vater nie richtig kennen gelernt hatte: „Das Einzige, woran ich mich an ihn erinnern kann, sind seine Stiefelspitzen, als er einmal kurz auf Fronturlaub nach Hause kam. Das war sein letzter Besuch bei uns." Als wir beide Väter zum Jugendlichen wie zum Bewährungshelfer in die Aufstellung dazustellten, entstand zwischen beiden plötzlich Kontakt und Nähe. Sie einte jetzt ein gemeinsames Schicksal. Es wurde spürbar, dass dieser Bewährungshelfer ein Herz für den Jugendlichen hatte. Er konnte ihn damit ein Stück seines schwierigen Lebensweges gut begleiten.

Lösungen. – Worin liegt die Lösung für solche Verstrickungsdynamiken? Wie immer bringt bereits der „systemische Blick" auf den größeren Zusammenhang ein tieferes Verständnis konfliktreicher Situationen. Kinder können auf diese Weise ihre Eltern im historischen und sozialen Kontext und im Verhältnis zu deren eigenen Eltern sehen. Weder Mitleid noch Anmaßung oder Anklage den Eltern gegenüber sind angebracht. Die Lösung von den Eltern gelingt nur durch die Zustimmung zum eigenen Schicksal. Weder können Eltern ihre Kinder auswählen noch Kinder ihre Eltern. Was sie von ihren Eltern übernommen haben, aber zu deren Schicksal gehört, müssen Kinder wieder zurückgeben. Rückgaberituale sind in Aufstellungen daher wichtig. Die Rückgabe von Übernommenem und die Versöhnung mit dem eigenen Schicksal befreit aus der Not, gegebenenfalls das berufliche Scheitern der Eltern wiederholen zu müssen. Geklärte Elternbeziehungen im Rücken stärken jeden in einer Arbeitsbeziehungsaufstellung.

5.2 Beziehungsstörungen im partnerschaftlichen Gegenwartssystem

Dieses Kapitel kann kürzer gestaltet werden. Wie bereits mehrfach gesagt, führen Bindungsstörungen im Herkunftssystem später auch zu Beziehungsstörungen mit Partnern (vgl. dazu Neuhauser 2000). Partnerschaftliche Beziehungsstörungen wirken sich wiederum auf die Berufstätigkeit aus:

- Flucht aus der Partnerschaft in die Arbeit bis hin zur Arbeitssucht,
- Motivationsverlust für berufliche Aufgaben,
- Kraft- und Ideenlosigkeit,
- Suche nach vermeintlichem Trost bei Arbeitskollegen oder Vorgesetzten,
- unbedachte Liebesaffären mit Mitarbeitern oder Kollegen.

Fallbeispiel 4.5.4 zeigt anschaulich, wie partnerschaftliche Probleme in den Arbeitsbereich verlagert werden. In Fallbeispiel 4.5.5 wird sichtbar, wie die Verstrickung eines Mannes mit dem Schicksal der ersten Frau seines Vaters zur Flucht aus seiner Ehe und zur Orientierungslosigkeit in Bezug auf seine Arbeit und seinen Wohnort wird.

Für den Therapeuten, Coach oder Berater wäre es in solchen Fällen fatal, sich auf diese Ebenenverschiebung und die vom Klienten angebotene Problemdefinition einzulassen. Hellinger nennt diese Erkenntnis „das Absehen vom erzählten Problem": „Daher gehe ich davon aus, daß fast alles, was einer über seine Situation sagt, ihr nicht wirklich entspricht." (Hellinger 1994, S. 516) Aufstellungen helfen, die gegenseitige Abhängigkeit der Ebenen des familiären Herkunfts-, partnerschaftlichen Gegenwarts- und persönlichen Arbeitsbeziehungssystems ans Licht zu bringen. Statt an Symptomen zu kurieren, können wir dann ursachenbezogene Interventionen und Lösungsimpulse anbieten.

5.3 Konflikte im Arbeitsbeziehungssystem

Welche Probleme, die in Arbeitsbeziehungsaufstellungen auftauchen, lassen sich nunmehr auf das Arbeitssystem selbst beziehen, ohne den Rückgriff auf die privaten Beziehungssysteme? Wie werden Konflikte im Arbeitssystem selbst erzeugt? Um nicht zu verallgemeinern und zu wiederholen, was ich schon in Kapitel 2 über Arbeitsbeziehungssysteme angemerkt habe, beschränke ich mich auf das, was sich in diesem Buch durch die Fallbeispiele belegen lässt.

Falsche Besetzung von Führungspositionen. – Führungspositionen sollten nicht nach strategischen Aspekten besetzt werden, z. B. damit jemand im Unternehmen „seine eigenen Leute" entsprechend unterbringen kann. Solche Loyalitätsbündnisse scheinen zwar kurzfristig hilfreich. Wer aber aus Dankbarkeit für eine Gunst loyal sein muss, ist es meist nicht mit Herz und Verstand. Eines Tages rebelliert er, um seine Selbstachtung wiederzuerlangen.

Die Besetzung einer Führungsposition mit einer ungeeigneten Person hat weitreichende Konsequenzen für das gesamte Arbeitssystem. Es geht z. B. nicht gut, wenn eine Führungskraft wieder abgesetzt und „ins Glied zurückgestuft" wird. Sein Nachfolger hat keine Chance, da der Vorgänger sich verweigern muss, um sein Gesicht nicht zu verlieren. Es kommt dann zu einer Spaltung der Mitarbeitergruppe und einem verdeckten Machtkampf zwischen Vorgänger und Nachfolger. Es läuft oft darauf hinaus, dass einer der beiden das Arbeitssystem verlassen muss.

Führungskräfte ohne Rückhalt. – Der Bereichsleiter in Fallbeispiel 4.8 (Workshop mit Bereichsleiter und Abteilungsleitern) wurde von einer höheren Führungskraft in seine Position gebracht, die jetzt nicht mehr im Unternehmen ist. Er hat für sein ehrgeiziges Umgestaltungsprojekt in seinem neuen Bereich keinen Rückhalt und Fürsprecher mehr. Auch der Abteilungsleiter in Fallstudie 4.8 (erster Workshop mit Abteilungsleiter und Gruppenleitern) wird von seinem nächst höheren Vorgesetzten unter einen hohen Erfolgsdruck gesetzt, erhält aber keine Hilfestellung und keinen Rückhalt, wie er die Anforderungen bewältigen könnte. In einem konkurrenzorientierten Arbeitsbeziehungssystem sind Führungspositionen mit viel Stress verbunden. So wie sie selbst entweder Unterstützung oder Druck von ihren Vorgesetzten erfahren, so geben nachrangige Vorgesetzte dies auch nach unten weiter (Fallbeispiel 4.9.2).

Verweigerung von Führungsverantwortung. – Mit Berufung auf Ideen, z. B. von Basisdemokratie oder Gleichberechtigung, übernehmen in manchen Arbeitssystemen die Vorgesetzten keine Führungsverantwortung. Sie lassen ein Machtvakuum entstehen, das auf Dauer zu Unzufriedenheit bei ihren Mitarbeitern führt, weil notwendige Entscheidungen nicht getroffen werden und die auseinander strebenden Interessen der Mitarbeiter nicht wieder auf die gemeinsame Arbeitsaufgabe zurückbezogen werden. Daher kommt es zu verdeckten, verschobenen und zuweilen eskalierenden Machtkämpfen wie in Fallbeispiel 4.9.4: Eine neue Mitarbeiterin stellt in einer für ihren Arbeitgeber wichtigen Sitzung den eigenen Vereinsvorstand vor den Augen der Geldgeber und Verhandlungspartner öffentlich an den Pranger.

Überforderte Führungskräfte. – Die unzureichende Ausübung von Führungsverantwortung kann auch die Folge einer Überforderung sein. Mitarbeiter werden z. B. aufgrund langjähriger Betriebszugehörigkeit und ihres Fachwissens zu Vorgesetzten ernannt, ohne für ihre Aufgabe als Führungskraft eigens qualifiziert zu werden. Auch in schnell wachsenden Unternehmen wird auf die sorgfältige Auswahl von Führungskräften oft nicht geachtet. Die Büroleiterin in Fallbeispiel 4.9.2 ist in ihrer Position selbst überfordert und kann daher ihre Mitarbeiterinnen nicht fördern.

Keine Würdigung und Belohnung von Loyalität. – Dass die neue Führungskraft die Loyalität ihrer Mitarbeiter dem früheren Vorgesetzten gegenüber nicht würdigt, ist ebenfalls ein Teilaspekt in Fallbeispiel 4.8. Dadurch misstrauen die Mitarbeiter der neuen Führungskraft und fragen sich, ob sich Loyalität ihr gegenüber auszahlt. Wer Loyalität nicht achtet, bekommt sie auch nicht von anderen. Mitarbeiter beobachten sensibel, ob ein Vorgesetzter einen ihm loyalen Kollegen wieder fallen und im Regen stehen lässt, um seinen eigenen Kopf zu retten.

Fehlende Akzeptanz von Führungskräften. – Die fehlende Akzeptanz von Führungskräften liegt nicht immer an ihren mangelnden Fähigkeiten. Manche Mitarbeiter können aufgrund ihrer eigenen Situation ihre Vorgesetzten nicht wirklich als Führungskräfte und Leiter akzeptieren. So bekämpft in Fallbeispiel 4.5.3 die Erzieherin ihre Vorgesetzte, weil sie selbst gerne die Leitungsposition in der Einrichtung hätte und sich dafür ausreichend qualifiziert und aufgrund ihrer langjährigen Berufserfahrung dazu berechtigt sieht.

Aber auch wenn ein Mitarbeiter nicht nach der Leitungsposition strebt, kann seine langjährige Zugehörigkeit zum Arbeitssystem zum Problem für seinen Vorgesetzen werden. Obwohl sie „dran wären", lehnen es manche Mitarbeiter ab, in höhere Positionen aufzusteigen, z. B. wegen des Stresspotenzials von Führungspositionen. Aufgrund ihrer überlegenen Berufserfahrung können sich solche Mitarbeiter jüngeren und unerfahreneren Führungskräften nicht mehr unterordnen und gehen in eine verdeckte Oppositionshaltung, wie z. B. der Gruppenleiter in Fallstudie 4.8 (zweiter Workshoptag).

Mangelnde Anerkennung von Verdiensten. – In Fallstudie 4.8 (zweiter Workshoptag) konnte man erleben, wie ein langjähriger Mitarbeiter darauf wartet, dass seine Verdienste um den Aufbau und Erhalt der Abteilung endlich beachtet und ausreichend gewürdigt werden. Wenn seine Kollegen sehen, dass der Vorgesetzte zur Würdigung und Anerkennung seiner Verdienste in der Lage ist, können sie auch für sich Entsprechendes erwarten.

Zu große persönliche Nähe. – Führungskräfte müssen es aushalten, in ihrer Position einsamer zu sein als ihre Mitarbeiter. Der Zusammenhalt mit und die persönliche Nähe zu Kollegen nimmt mit zunehmender Hierarchiestufe ab. Eine zu große Nähe zwischen einem Vorgesetzten und einem Mitarbeiter weckt bei diesem Mitarbeiter falsche Vorstellungen und Hoffnungen, bei seinen Kollegen fördert es Misstrauen und Neid. Es ist für Vorgesetzte hilfreich zu erkennen, wenn sie in Übertragungsbeziehungen geraten, um dies nicht von sich aus zu fördern. So hat in Fallbeispiel 4.4.1 der Meister dem Bedürfnis der Mitarbeiterin nach Anerkennung, das sie eigentlich ihrem Vater gegenüber hat, zu viel Nahrung gegeben. Freundschafts- und Arbeitsbeziehungsebene wurden hier vermischt.

Versuchte Wechsel aus der Expertenposition. – Wenn Führungskräfte ihre Verantwortung nicht wahrnehmen, versuchen andere dieses Vakuum zu füllen. So zeigen etwa Fachkräfte für den Arbeitsschutz die Tendenz, aus ihrer Beraterfunktion heraus Leitungsaufgaben zu übernehmen, da manche Führungskräfte sich zu wenig um die betriebliche Arbeitssicherheit kümmern (Fallbeispiel 4.3.5). Experten sind von ihrem Fachwissen mitunter selbst sehr eingenommen und vergessen, dass sie bei Führungskräften für ihre Einsichten auch erhebliche Überzeugungsarbeit leisten müssen (Fallbeispiel 4.3.2). Für Vorgesetzte und Sicherheitsexperten ist es wichtig, daran zu denken, dass „die Leute in der Produktion" oft blind gegenüber den vorhandenen Gefahren sind (Fallbeispiel 4.3.9). Die Erinnerung an Verunfallte – weniger an Unfälle – hilft, das Gefahrenbewusstsein wach zu halten.

Experten ohne Bezug zur Basis. – Experten haben manchmal zu wenig Kontakt zur betrieblichen Basis und zu dem, wie Mitarbeiter in der Produktion denken und fühlen (Fallbeispiel 4.3.1). Deswegen sind ihre Vorschläge im betrieblichen Alltag keine wirkliche Hilfe für die Mitarbeiter. Auch externe Berater machen oft idealistische Vorschläge, weil sie die Verhältnisse in einem Arbeitssystem nicht gut genug kennen (Fallsbeispiel 4.3.6).

Auch Organisationsveränderungsmaßnahmen werden von vermeintlichen Experten oft „am grünen Tisch" ohne wirklichen Bezug zur betrieblichen Realität ausgedacht, wie Fall 4.3.4 dies am Beispiel von Outsourcing-Plänen zeigt. Grundprinzipien von Arbeitsbeziehungen lassen sich nicht durch Organisations-„philosophien" außer Kraft setzen, wie Fallbeispiel 4.3.7 veranschaulicht. Die Einführung von Gruppenarbeit unter Auflösung von hierarchischen Strukturen kann die Machtfrage nicht außen vor halten, fördert heimliches Konkurrieren und Misstrauen oder Gleichgültigkeit. Sie schafft undefinierte „Zwitterpositionen" zwischen einer Vorgesetzten- und einer

Mitarbeiterfunktion und damit viele Konfliktpotenziale, die nur durch beständigen kommunikativen Austausch in Grenzen gehalten werden können. Auch Sicherheitsbeauftragte befinden sich oft in einer undefinierten Rolle, die sowohl gegenüber den eigenen Kollegen wie dem Vorgesetzten gegenüber geklärt werden muss (Fallbeispiel 4.3.8; Ruppert 2000e).

Überforderte Experten. – Mitunter sind auch Experten überfordert, weil sie zu wenig Qualifikationen für die Komplexität ihrer Aufgabe besitzen. Dies wirkt sich nicht nur auf ihre eigene Arbeitszufriedenheit und Arbeitsmotivation aus, auch die Beziehungen zu Kollegen und Vorgesetzten verstricken sich dann leicht. Die Fallbeispiele 4.6.2, 4.6.3, 4.7.2 zeigen, wie z. B. Klienten mit schwierigsten Lebensgeschichten die Fähigkeiten von Sozialarbeitern überfordern, mit ihnen eine tragfähige Arbeitsbeziehung aufzubauen und ihnen wirklich weiterzuhelfen. Auch Ärzte oder Psychotherapeuten sind den Anforderungen manchmal nicht gewachsen, welche die Krankheiten von Patienten an sie stellen. Zwischen Helfer und Patient droht dann eine Beziehungsverstrickung.

Verunsicherung durch traumatische Ereignisse. – Traumatische Ereignisse, z. B. tödliche Unfälle von Mitarbeitern, können Arbeitsbeziehungssysteme subtil instabil machen. Auch wenn sie rechtlich keine Schuld für das Ereignis haben, bleibt bei Führungskräften ein Gefühl der Hilflosigkeit und die Angst vor einer Wiederholung des Traumas (Fallbeispiel 4.3.3).

Ausbeutung persönlicher Schwächen. – Arbeitgeber, Vorgesetzte und auch Kunden nutzen die persönlichen Schwächen von Mitarbeitern aus, wie Fallbeispiel 4.4.3 zeigt. Der als „Retter und Held" in seine Herkunftsfamilie verstrickte Hausverwalter ist ein leichtes Opfer für seinen Arbeitgeber wie für die Kunden der Firma, ihm immer mehr Aufgaben aufzuladen.

In einem Fall aus dem Arbeitskreis Arbeitsbeziehungsaufstellungen, der in diesem Buch nicht ausführlich geschildert wurde, beklagte sich ein Teilnehmer über die mangelnde Bezahlung seiner Unterrichtsstunden durch einen Arbeitgeber. Es stellte sich in der Aufstellung dann heraus, dass er zunächst nicht in der Lage war, seinem Arbeitgeber gegenüber einen angemessenen Lohn für seine Leistungen einzufordern. Erst als wir seine Verstrickung mit seiner Mutter lösen konnten, war er von seinem latenten Schuldgefühl befreit. Er berichtete einige Wochen später im Kreis, dass er mit seinem Arbeitgeber eine klare Regelung über seine Arbeitstätigkeit getroffen hatte. Er konnte nun sogar noch mehr bezahlte Unterrichtsstunden geben. Diese Kategorisierung von Problemen ist sicher nicht vollständig. Andere Aufsteller machen andere Erfahrungen und kommen daher zu anderen und weiteren Gesichtspunkten (Weber 2000).

5.4 Prinzipien für das Finden guter Lösungen

Welche Möglichkeiten bietet die Aufstellungsmethode nach der Diagnose solcher Konflikte in Arbeitsbeziehungssystemen? Welche Angebote kann der Aufsteller machen, wenn er auf der Ebene des Arbeitsbeziehungssystems bleibt? In Kapitel 2.8 wurden bereits die Grundannahmen für das Finden guter Lösungen besprochen. Ich versuche daher im Folgenden noch die Lösungsimpulse aufzuzählen, die ich in Arbeitsbeziehungsaufstellungen häufig vorgebe und die sich auch bei den in diesem Buch zitierten Fallbeispielen bewährt haben (Nummern der Fallbeispiele in Klammern):

- Aufstellen eines Lösungsbildes nach einer „guten Ordnung" (siehe Bild 4.8.c);
- Bereitschaft zur Übernahme von Führungsverantwortung fördern (4.9.4);
- Führungskompetenz einfordern und unter Beweis stellen lassen (4.8);
- Vorgänger achten und würdigen lassen (4.8);
- Anerkennung von Mitarbeitern aussprechen lassen (4.8);
- helfen, Ängste bei Mitarbeitern zu erkennen und abzubauen (4.8);
- Bereitschaft zur Übernahme der vorgesehenen Rolle unterstützen (4.3.6), aber auch Zurückhaltung und das Verbleiben in der eigenen Position zu üben (4.3.5);
- Ausgeklammerte wieder ins System integrieren bzw. würdevoll daraus verabschieden (z. B. Verunfallte) (4.3.3, 4.3.9);
- durch Perspektivenwechsel das Verständnis für die Sichtweisen und Gefühle anderer ermöglichen (4.3.1, 4.3.2, 4.3.6);
- den Blick weg von der bloßen Interaktion mit Einzelnen auf das gesamte System weiten (4.6.2);

- neue Handlungsalternativen und Veränderungsoptionen ins Spiel bringen (4.3.4);
- nahe legen, Berufliches und Privates zu trennen (4.4.1, 4.4.4);
- Arbeitsbeziehungen durch Blick auf die gemeinsame Aufgabe stärken (4.3.8, 4.4.1, 4.8);
- ermutigen, die eigene Position eindeutig zu vertreten und Abgrenzungen gegen unberechtigte Forderungen anderer vorzunehmen (4.4.3);
- ermutigen, die eigenen Handlungsweisen oder die anderer auf ihren Zweck zu hinterfragen (4.6.3);
- erkennen lassen, wie Arbeitskollegen noch in persönliche Probleme verstrickt sind (4.4.5, 4.5.1);
- durch das Verstehen der Handlungsweisen von Vorgesetzten Ängste bei Mitarbeitern abbauen und ihre Handlungskompetenz und ihr Selbstbewusstsein stärken helfen (4.6.1, 4.9.2);
- durch die Einsicht in Beziehungsstörungen anderer berufliche Handlungskompetenz fördern (4.6.2, 4.6.3, 4.7.1, 4.7.2, 4.7.3);
- sinnvolle Aussöhnung mit Herausforderungen unterstützen (4.9.3);
- wenn nötig, die Bereitschaft zur Annahme therapeutischer Hilfe fördern (4.5.2).

Von Anfang an war ich von der Aufstellungsmethode fasziniert, weil sie selbst bei äußerst schwierigen Beziehungskonflikten immer wieder Lösungsansätze hervorbrachte. Wie durch ein Wunder schaffte es Bert Hellinger, Menschen zu Veränderungen zu bewegen, ohne dass sie ihre Selbstachtung verlieren mussten. Dass hier keine Wunderheilungen stattfinden, sondern Bert Hellinger über eine jahrzehntelange Erfahrung im Umgang mit schwierigen menschlichen Problemen und Schicksalen verfügt und viel darüber nachgedacht hat, ist mir heute klar. Dennoch überrascht es mich als Aufstellungsleiter bei jeder Arbeit aufs Neue, zu welch kreativen Lösungen Aufstellungen inspirieren, weil sie uns immer wieder neue Einsichten schenken. Es gibt bereits viele bewährte Vorgehensweisen; aber selbst nachdem ich annähernd tausend Arbeitsbeziehungsaufstellungen geleitet habe, habe ich keine Sorge, in Routinen zu erstarren. Zu vielschichtig und komplex sind die vorgebrachten Anliegen und zu unterschiedlich die einzelnen Fallkonstellationen.

6 Diskussion und Ausblick

Vorbehalte und Hindernisse des Zugangs. – Aufstellungen sind einerseits eine wunderbare Methode für Therapie und Beratung. Sie sind andererseits eine große Herausforderung für uns alle, weil sie unser Weltbild infrage stellen. Ich sehe drei große Hindernisse, die zu überwinden sind, wenn man die Aufstellungsmethode für sich persönlich oder in seiner beruflichen Tätigkeit nutzen will:

– Das erste Hindernis ist der *Glaube an das Phänomen*, dass Stellvertreter tatsächlich so fühlen wie die Personen, die sie überhaupt nicht kennen. Niemand kann dieses Phänomen im Moment schlüssig erklären. Es ist daher nicht verwunderlich, wenn viele Menschen skeptisch sind und es nicht mit ihrem bewährten Verständnis von Raum und Zeit in Übereinstimmung bringen können. Dass Aufstellungen den Ruf einer *esoterischen Methode* haben, halte ich hingegen nicht für gerechtfertigt. Esoterik bedeutet übersetzt „Geheimlehre bzw. nur eine dem Eingeweihten zugängliche Lehre einer Schule oder Religion". Das Wissen über Aufstellungen wird nicht geheim gehalten. Es gibt für jedermann öffentlich zugängliche Veranstaltungen und sehr viele Bücher dazu. Jeder kann sich über Aufstellungen informieren und eigene Erfahrungen damit machen, wenn er möchte.

– Das zweite Hindernis sind *alternative Theorien und Vorstellungen*. Wer überzeugt ist, menschliches Verhalten sei mehr von angeborenen Eigenschaften bestimmt (Temperament, Charakter, Empfindlichkeit ...), oder wer inneren seelischen Prozessen (Trieb, Motivation, Wille ...) die größere Bedeutung einräumt, wird soziale Beziehungen (Positionen in Systemen, gegenseitige Abhängigkeit der Beteiligten, Einflüsse über mehrere Gene-

243

rationen, „Ordnungen der Liebe" ...) als nicht so wichtig für das Lebensschicksal von Menschen ansehen. Systemische Theorien sind ein Konkurrenzangebot in der Vielfalt vorhandener Menschen- und Weltbilder. Ein neues Menschenbild zu übernehmen, bedeutet auch, einem alten untreu zu werden.

– Das dritte Hindernis betrifft die *Offenheit für eigene seelische und zwischenmenschliche Prozesse*. Wer mit seinen seelischen Konflikten zurecht kommt, braucht keine neuen psychologischen Methoden. Aufstellungen wirken in hohem Maße aufdeckend. Daher können sie eine Gefährdung für solche Menschen darstellen, die ihr seelisches Gleichgewicht auf ihre Weise ausbalancieren und keine neuen Schritte machen wollen. In Aufstellungen zutage tretende Wahrheiten können ein Arbeitsbeziehungssystem unter Umständen sprengen. Zwar bieten gute Aufstellungen gleichzeitig „Lösungen" für die auftauchenden Probleme an, doch diese haben auch ihren Preis. Man muss sich aus etwas lösen und Angstgefühle durchstehen.

Auch im Kontext von Arbeit und Beruf müssen diese Hindernisse des Zugangs zu Aufstellungen be- und geachtet werden. Niemand darf gegen seinen Willen gezwungen werden, sich an der Arbeit mit Aufstellungen zu beteiligen. Auch dürfen keine Heilserwartungen gefördert werden.

Die Warnung, keine Aufstellungen mit unmittelbar traumatisierten Menschen zu machen, zumindest nicht ohne sorgfältige Vorbereitung und entsprechende Erfahrungen, betone ich an dieser Stelle noch einmal. Wenige Negativerfahrungen sprechen sich schneller herum als viele positive und schaden dem Ansehen der Aufstellungsarbeit.

Erfahrungsansatz. – Ich habe in diesem Buch versucht, aus meiner Sicht darzustellen, was Organisations- bzw. Arbeitsbeziehungsaufstellungen sind. Es ist ein Ansatz, der auf meinen Erfahrungen beruht und in den meine beruflichen und persönlichen Hintergründe einfließen. Es gibt auf diesem Gebiet nur wenige Veröffentlichungen bzw. einige waren beim Schreiben des Buches erst im Entstehen begriffen und mir noch nicht zugänglich. Daher schien mir der Weg angebracht, die eigene Empirie in zahlreichen Fallstudien ausführlicher zu beschreiben und eigene Theoriekonzepte vorzustellen. Ich verstehe die Inhalte dieses Buches daher als Diskussionsangebot an andere, die auch an der Arbeit mit Arbeitsbeziehungsaufstellungen interessiert sind. Kritik von Skeptikern ist willkommen. Zuweilen führt gerade sie weiter.

Arbeitsbeziehungs- und Familienaufstellung. – Oft taucht hinter dem Problem im Arbeitssystem die Beziehungsstörung aus dem familiären Herkunftssystem auf. Aufstellungsleiter sollten daher am besten beides können: mit Familien- und mit Arbeitsbeziehungsdynamiken arbeiten. Sich auf das Aufstellen von Arbeitsbeziehungssystemen zu beschränken und den größeren Zusammenhang auszublenden, kann riskant sein. Der Leiter einer Arbeitsbeziehungsaufstellung muss zumindest die Grenzen seiner Möglichkeiten erkennen, innerhalb derer er gute Lösungen mit Aufstellungen erarbeiten kann. Auch der Familienaufsteller ohne fundierte psychotherapeutische Ausbildung sollte verstehen und akzeptieren, wo er an die Grenzen seiner Möglichkeiten gerät. Mächtige und regressionsfördernde psychologische Verfahren ohne entsprechende Erfahrung, Ausbildung und (Selbst-) Reflexion einzusetzen, kann auch Schaden bei Menschen anrichten, die bereit sind, der Aufstellungsmethode zu vertrauen.

Langzeitwirkungen. – Wie man Aufstellungen gut macht und was sich im Vorgehen bewährt, darüber wissen wir mittlerweile eine ganze Menge. Welche Wirkungen sie jedoch nicht nur unmittelbar im Aufstellungsprozess erzeugen, sondern was sie langfristig an Veränderungen bewirken, darüber wissen wir nur sehr wenig. Die Rückmeldungen von zufriedenen Klienten sind ermutigend. Doch melden uns auch die, denen es wenig oder gar nicht geholfen hat, etwas zurück? Aus meiner Erfahrung mit Langzeitpsychotherapien weiß ich, dass Aufstellungen oft weiterhelfen und entscheidende Impulse geben, wenn der Therapieprozess stockt. Mit Gesprächen alleine werden die meist generationsübergreifenden Zusammenhänge nicht klar genug. Wenn aber die relevanten Beziehungskonflikte nicht in den Blick kommen, können keine guten Lösungen gefunden werden.

Aufstellungen sind nicht das Allheilmittel. Sie sind in der Therapie eine hilfreiche Methode unter vielen, um Bindungs- und Beziehungskonflikte allmählich aufzulösen. Bei primären Traumatisierungen helfen sie – wie vieles andere auch – nur bedingt.

Wie Arbeitsbeziehungsaufstellungen langfristig zu Veränderungen führen, kann ich im Moment kaum abschätzen. Dazu fehlen entsprechende Langzeitstudien. Bedenkenswert halte ich Hellingers Unterscheidung zwischen „Wachstum" und „Reparatur", wenn es darum geht, die Wirkungen von Aufstellungen zu betrachten: „Es handelt sich hier um Wachstumsprozesse. Jetzt hat etwas angefangen zu wachsen. Dieses Wachstum braucht Zeit ... Wenn der Gärtner gepflanzt hat, greift er nicht in das Wachstum ein. Das gegenteilige Bild ist das der Reparatur. Da muss jedes Stück repariert werden und an seinen Platz kommen. Erst dann ist es in Ordnung, und man gibt es zurück. Das widerspricht aber dem Wachstumsprozess." (Hellinger 2000, S. 34)

Forschung. – Mit der Frage nach langfristigen Wirkungen, die durch Aufstellungen zum Wachstum angeregt werden, ist auch die Frage nach der Forschung über Aufstellungen berührt. Sie wird von Kritikern der Methode zu Recht eingefordert. Wer langfristig an der Etablierung von Aufstellungen als anerkannte beraterische und therapeutische Methode interessiert ist, sollte sich dieser Forderung stellen und der Aufstellungsarbeit angemessene Methoden entwickeln. Das Bewusstsein dafür wächst auch unter Aufstellern (Weber 2000a, S. 10). Es gibt zahlreiche Forschungsfragen, die unbeantwortet sind:

– Sind die Übereinstimmungen zwischen den Aussagen von Stellvertretern und den realen Personen nur Ad-hoc-Evidenzerlebnisse der Aufstellenden oder lassen sie sich anhand nachprüfbarer Kriterien belegen?
– Fördern unterschiedliche Stellvertreter gleiche, ähnliche oder unterschiedliche Informationen über das Beziehungssystem ans Licht?
– Welchen Einfluss hat der Aufstellungsleiter auf das Ergebnis einer Aufstellung?
– Welche Qualifikationen muss ein Aufstellungsleiter haben?
– Was sind die kurz-, mittel- und langfristigen Wirkungen von Aufstellungen bei den Aufstellenden selbst und in ihren Bezugssystemen?
– Worauf beruhen die Wirkfaktoren?

246

Ich selbst habe zaghafte Versuche gemacht, die Aufstellungsmethode in ein laufendes Forschungsprojekt mit einzubeziehen (Ruppert u. Gerstberger 1998; Ruppert 2000a). Wir konnten ansatzweise sehen, welche zusätzlichen Erkenntnisse mit dieser Methode zutage gefördert werden. Ich würde aus den Ergebnissen dieses Projekts die These wagen, dass Aufstellungen sich durchaus mit Fragebögen darin messen lassen, welche Einblicke sie dem Forscher in komplexe Organisationssysteme ermöglichen. Wie schon in Kapitel 2 erwähnt, sind Aufstellungen besonders dafür geeignet, zwischenmenschliche Beziehungen und weitergehend sogar Bindungen sichtbar zu machen und zu verstehen. Beziehungsstrukturen und Bindungen können weder durch schriftliche noch durch mündliche Befragungen hinreichend und in ihrer Komplexität erfasst werden.

Manuela Unger hat in ihrer Diplomarbeit neun Fallstudien mit Arbeitsbeziehungsaufstellungen eingehender untersucht und bei 79 Teilnehmern von Fortbildungsseminaren eines großen Unternehmens, in denen die Aufstellungsmethode zum Einsatz kam, Nachbefragungen angestellt. Die Ergebnisse sind im Sinne der Aufstellungsarbeit ermutigend (Unger 1997).

Können Aufstellungen auch als *Methode* eine wissenschaftliche Relevanz beanspruchen? Das heißt, sind die mit Aufstellungen gefundenen Ergebnisse nachprüfbar, wiederholbar, zuverlässig und objektiv? Ich meine, dass Aufstellungen im Vergleich mit mündlichen und schriftlichen Befragungen nicht schlechter abschneiden. Die Befragungsmethode ist in den Sozialwissenschaften anerkannt, obgleich die „Objektivität" einer Befragung von vielen Faktoren abhängt. Jeder Student weiß nach einem Methodengrundkurs, dass vieles auf die Ergebnisse einer Befragung Einfluss nimmt:

- Inhalt und Auswahl der gestellten Fragen,
- die Art, wie die Fragen formuliert werden,
- die Befragungssituation,
- die Bereitschaft von Befragten, offen zu antworten,
- die Beziehung zwischen Frager und Befragten,
- die Fähigkeiten wie Interessen des Fragers, Befragungsergebnisse auszuwerten.

Ähnlich spielen für das Ergebnis einer Aufstellung viele variable Größen eine Rolle:

- die Bereitschaft eines Aufstellenden, seine soziale Situation offen darzulegen,
- die Fähigkeit des Aufstellungsleiters, das Anliegen eines Menschen wahrzunehmen, der eine Aufstellung machen will,
- die Bereitschaft der Stellvertreter in einer Aufstellung, zur Klärung des Anliegens beizutragen und eigene Interessen in den Hintergrund treten zu lassen,
- die Gruppensituation, in der die Aufstellung stattfindet,
- die Fähigkeiten und Erfahrungen des Aufstellungsleiters, soziale, seelische und psychische Konfliktkonstellationen zu erkennen,
- seine Fähigkeiten und Erfahrungen, gute Lösungen anzubieten.

Die Aufstellungsmethode ist meiner Ansicht nach, wie andere Methoden auch, ein wissenschaftlich nutzbares Hilfsmittel, bestimmte Dimensionen sozialer Wirklichkeiten zu erforschen. Fraglich ist für mich nicht, ob man Aufstellungen einsetzen soll, sondern welchen „Mehrwert" an Erkenntnisgewinn sie verschaffen im Vergleich zu anderen Methoden wie z. B. Interviews oder Gruppendiskussionen. Jeder, der einmal versucht hat, durch einen Fragebogen komplexe soziale Wirklichkeiten zu erforschen, weiß, wie schwer dies ist und wie schwierig die Ergebnisse häufig zu interpretieren sind. Selbst durch das Hinzuziehen aufwendiger statistischer Verfahren bleibt der Erkenntnisgewinn oft dürftig, dürr und abstrakt.

Hingegen bleibt die soziale Wirklichkeit lebendig und anschaulich, wenn man sie durch Aufstellungen erforscht. Den Unterschied zwischen der Befragungs- und der Aufstellungsmethode habe ich in der Vorbereitung von Workshops zur Teamentwicklung erfahren (vgl. Kapitel 4.8). Ich erhielt durch diese Befragungen eine Vielzahl interessanter Hinweise, doch keines dieser Interviews brachte annähernd den Zusammenhang der Details zum Vorschein, der sich im anschließenden Workshop durch eine Aufstellung der Teamsituation fast wie von alleine zeigte.

Ein wesentlicher Unterschied zwischen der Aufstellungsmethode und anderen sozialwissenschaftlichen Methoden besteht auch darin, dass z. B. Befragungen – falls sie gut gemacht sind – soziale Wirklichkeiten zwar annäherungsweise erfassen; es ist aber ein langer Weg, bevor Befragungsergebnisse in soziale Wirklichkeiten zurückfließen und dort eventuell Veränderungen bewirken. Aufstellungen hingegen können unmittelbar aufzeigen, wo die Probleme liegen und sofort Hinweise geben, in welche Richtung Veränderungen sinnvoll sind.

Prävention. – Bisher versuchen wir in der Regel, durch Arbeitsbeziehungsaufstellungen vorhandene Probleme und Konflikte einer Lösung näher zu bringen. Diese *kurative* und problemlösende Arbeit ist notwendig. Ebenso notwendig erscheint mir der *präventive* Ansatz: Können Aufstellungen auch helfen, Probleme und Konflikte zu vermeiden? Ich meine, ja. Zum Beispiel halte ich Aufstellungen für eine sinnvolle Ergänzung der Informationsgewinnung bei wichtigen Personalentscheidungen, etwa bei der Besetzung von Stellen oder bei Kündigungen. Neu geplante Organisationsstrukturen, -konzepte und -philosophien könnten auf ihre Verträglichkeit und Effizienz hin getestet werden, andere schwierige Entscheidungen ebenso. Augenblicklich sind es vor allem Einzelpersonen. In Zukunft könnten noch viel stärker Unternehmen und Organisationen als Ganzes das Instrument der Aufstellung für sich nutzbar machen.

Neue Felder. – Aufstellungen können zu einer Modeerscheinung verkommen, wenn sie ohne Sinn und Verstand überall angewendet werden. Auf die Frage, ob Aufstellungen das neue Wundermittel seien, hat Bert Hellinger geantwortet: „Da wäre ich eher zurückhaltend. Ich würde das nur einsetzen, wo es notwendig ist, und nur, um ein unmittelbares Problem zu lösen … Neugierige Aufstellungen, um zu sehen, wie das so ist, die sind sehr riskant" (Hellinger 2000b, S. 318). Dennoch sehe ich noch ungeahnte Möglichkeiten, Impulse für kreative Problemlösungen in Beziehungssystemen eigener Art mit Aufstellungen zu finden. In den Arbeitsfeldern der Sozialarbeit ist erst ein Anfang gemacht. Auch sehe ich z. B. ein großes Potenzial für Sportvereine. Obwohl es zum Teil Unternehmen mit Millionenumsätzen sind, ist ihre Führungsstruktur und die Art und Weise, wie manchmal mit den aktiven Sportlern umgegangen wird, eher als naturwüchsig zu bezeichnen. Auch im Beziehungsverhältnis Trainer – Mannschaft und im Verhältnis von Mannschaftsmitgliedern untereinander liegen Konfliktpotenziale, die durch Aufstellungen besser verständlich würden und guten Lösungen zugeführt werden könnten.

Ethische Fragen. – Ich bin mir auch bewusst: Wenn wir für eine Ausweitung des Einsatzes der Aufstellungsmethode plädieren, so müssen wir auch auf die Gefahren aufmerksam machen und Grenzen setzen. „Wie tief schauen Sie ins Hirn?" – diese Frage wurde Professor Robert Turner, einem Neuroforscher vom Londoner Wellcome-Institut in der Süddeutschen Zeitung vom 19.9.2000 gestellt. Turner und seine Kollegen können nämlich mittels Magnetresonanz-Tomographen immer detailliertere Aufzeichnungen über das Gehirn machen, wenn es spezifische Aktivitäten ausführt (Lesen, an bestimmte Dinge denken etc.).

Wir alle spüren das Unbehagen, durch die Wissenschaften immer mehr zum gläsernen Menschen und damit auch ausbeutbarer und benutzbarer zu werden. Natürlich verspricht jeder Entdecker und Erfinder anfangs nur mehr Hilfe für das Wohl aller Menschen. Was andere aus seinen Erkenntnissen machen, hat er aber nicht in der Hand.

Aufstellungen haben meines Erachtens ein noch viel höheres Potenzial als Gehirnstromanalysen, Menschen in wesentlichen Teilen ihrer Persönlichkeit durchschaubarer zu machen. Und ich wünsche sehr, dass dieses Instrument nicht in die falschen Hände gerät. Verstrickungen und schlechte Lösungen gibt es schon genug auf der Welt. Ich hoffe, dass Aufstellungen, die in schlechter Absicht gemacht werden, keine guten Lösungen zustande kommen lassen und wirkungslos sind.

Arbeit und Leben. – Arbeitsbeziehungsaufstellungen zeigen die Verankerung der Arbeit im Ganzen des Lebens. Auf den grundsätzlichen Zusammenhang zwischen Arbeit und Leben hat mich die Arbeit mit einer Klientin aufmerksam gemacht, deren Vorgesetzter, den sie sehr schätzte, plötzlich an Krebs erkrankte (Fallbeispiel 4.9.3). Als ihr Vorgesetzter immer häufiger fehlte, fand sie in diesem Arbeitsbeziehungssystem auch keinen Platz mehr für sich. Erst als sie sich in der Aufstellung vor der möglicherweise zum Tode führenden Krankheit des Vorgesetzten verneigte, konnte sie erkennen, dass der Konkurrenzkampf um Einfluss, Positionen und Macht in Organisationen durch das Schicksal einer schweren Krankheit plötzlich bedeutungslos wird. „Wir leben nicht, um zu arbeiten, sondern wir arbeiten, um zu leben." Jeder kennt diesen Gedanken. Durch Arbeitsbeziehungsaufstellungen wird er zuweilen hautnah an uns herangetragen.

Literatur

Ainsworth, M. (1973): The development of infant-mother attachment. In: B. M. Caldwell a. H. N. Ricciuti (eds.): Review of child development research. Vol. 3. Chicago (University of Chicago Press).

Ainsworth, M. a. C. Eichberg (1991). Effects on infant-mother attachment of mother's unresolved loss of attachment figure or traumatic experience. In: C. M. Parkes, J. Stevenson-Hinde a. P. Marris (eds.): Attachment over the life span. London (Tavistock/Routledge), pp. 180–189.

Assländer, F. (2000): Aufstellungen während einer firmeninternen Arbeitstagung. Praxis der Systemaufstellung 1: 28–32.

Biddulph, S. (1996): Männer auf der Suche. München (Beust).

Bowlby, J. (1969): Trennung. Psychische Schäden als Folge der Trennung von Mutter und Kind. München (Kindler).

Bowlby, J. (1973): Bindung. Eine Analyse der Mutter-Kind-Beziehung. München (Kindler).

Bowlby, J. (1980): Verlust, Trauer und Depression. Frankfurt/M. (S. Fischer).

Boszormenyi-Nagy, I. u. G. Spark (1993): Unsichtbare Bindungen. Stuttgart (Klett-Cotta).

Brisch, K.-H. (1999): Bindungsstörungen. Von der Bindungstheorie zur Therapie. Stuttgart (Klett-Cotta).

Buber, M. (1997): Das dialogische Prinzip. Heidelberg (Lambert Schneider).

Bungard, W. (2000): Mitarbeiterbefragungen als Feedback-Instrument im Rahmen eines systematischen Prozess-Controllings. Wirtschaftspsychologie 3: 4–15.

Butollo, W., M. Hagl u. M. Krüsmann (1999): Kreativität und Destruktion posttraumatischer Bewältigung. Stuttgart (Pfeiffer bei Klett-Cotta).

Butollo, W., M. Krüsmann u. M. Hagl (1998): Leben nach dem Trauma. Über den therapeutischen Umgang mit dem Trauma. Stuttgart (Pfeiffer).

Day, L. (2000): Praktische Intuition. München (dtv).

Eberl, U. (2000): Drei umschlungene Photonen. Süddeutsche Zeitung.

Eberspächer, B. u. Eberspächer, H. E. (1998): Integrationshilfe für blinde Teilnehmerinnen beim Familien-Stellen. In: G. Weber (Hrsg.): Praxis des Familien-Stellens. Heidelberg (Carl-Auer-Systeme).

Fischer, G. u. P. Riedesser (1999): Lehrbuch der Psychotraumatologie. München (Reinhardt).

Franke, U. (1996): Systemische Familienaufstellungen. München (Profil).

Fröhling, U. (1996): Vater unser in der Hölle. Ein Tatsachenbericht. Seelze-Velber (Kallmeyer'sche Verlagsbuchhandlung).

Fuchs, T. (2000): Familienaufstellungen aus phänomenologischer Sicht. *Praxis der Systemaufstellung* 1: 13–16.

Grochowiak, K. und J. Castella (2001): Systemdynamische Organisationsberatung. Die Übertragung der Methode Hellingers auf Organisationen und Unternehmen.

Heiliger, A. (2000): Täterstrategien und Prävention. München (Frauenoffensive).

Hellinger, B. (1994): Ordnungen der Liebe. Heidelberg (Carl-Auer-Systeme).

Hellinger, B. (1996): Die Mitte fühlt sich leicht an. München (Kösel).

Hellinger, B. u. ten Hövel, G. (1996): Anerkennen, was ist. München (Kösel).

Hellinger, B. (1998a): Einsicht durch Verzicht. *Praxis der Systemaufstellung* 1: 16–17.

Hellinger, B. (1998b): Psychotherapie und Religion. In: G. Weber (Hrsg.): Praxis des Familien-Stellens. Heidelberg (Carl-Auer-Systeme).

Hellinger, B. (1998c): Haltet mich, daß ich am Leben bleibe. Lösungen für Adoptierte. Heidelberg (Carl-Auer-Systeme).

Hellinger, B. (1999): Mitte und Maß. Heidelberg (Carl-Auer-Systeme).

Hellinger, B. (2000a): Wo Ohnmacht Frieden stiftet. Heidelberg (Carl-Auer-Systeme).

Hellinger, B. (2000b): Organisationsberatung und Organisationsaufstellungen. In: G. Weber (Hrsg.): Praxis der Organisationsaufstellungen. Heidelberg (Carl-Auer-Systeme).

Hellinger, B. u. J. Neuhauser (1998): Organisationsberatung und Organisationsaufstellungen. Heidelberg (Carl-Auer-Systeme).

Hoyos, C. u. D. Frey (Hrsg.) (1999): Arbeits- und Organisationspsychologie. Ein Lehrbuch. Weinheim (Psychologie Verlags-Union).

Huber, M. (1998): Multiple Persönlichkeiten. Überlebende extremer Gewalt. Frankfurt/M. (Fischer).

Janus, L. (1997): Wie die Seele entsteht. Heidelberg (Mattes).

Jäckle, R. (2000): Mission in die Quantenwelt der Zelle. *Süddeutsche Zeitung* vom 6. 6. 2000.

Kastner, H. (2000): Von einem Tag zum anderen. Dettelbach (Röll).

Kolitzus, H. (1997): Die Liebe und der Suff. München (Kösel).

Kraus, G. (1999): Haben Mobbingfälle einen systemischen Hintergrund? Katholische Stiftungsfachhochschule München. (Unveröffentl. Diplomarbeit).

Lambrou, U. (1993): Familienkrankheit Alkoholismus. Reinbek (Rowohlt).

252

Laszlo, E. (1997): Kosmische Kreativität. Frankfurt/M. (Insel).

Levine, P. A. (1998): Trauma-Heilung. Unsere Fähigkeit, traumatische Erfahrungen zu transformieren. Essen (Synthesis).

Madelung, E. (1998): Die Stellung der systembezogenen Psychotherapie Bert Hellingers im Spektrum der Kurztherapien. In: G. Weber (Hrsg.): Praxis des Familien-Stellens. Heidelberg (Carl-Auer-Systeme).

Mahr, A. (1998): Die Weisheit kommt nicht zu den Faulen. Vom Geführtwerden und von der Technik in Familienaufstellungen. In: G. Weber (Hrsg.): Praxis des Familien-Stellens. Beiträge zu Systemischen Lösungen nach Bert Hellinger. Heidelberg (Carl-Auer-Systeme), S. 30–39.

Main, M. a. E. Hesse (1990): Parents unresolved traumatic experiencies are related to disorganized attachment status: Is frightened and/or frightening parental behavior the linking mechanism? In: M. T. Greenberg, D. Cicchetti a. E. M. Cummings (eds.): Attachment in the preschool years. Chicago (University of Chicago Press), pp. 161–182.

Mücke, K. (2000): Bert Hellinger oder: Wer verfügt über die Wahrheit? Zeitschrift für systemische Therapie 7: 171–182.

Nardone, G. u. P. Watzlawick (1994): Irrwege, Umwege und Auswege. Zur Therapie versuchter Lösungen. Bern (Huber).

Neuhauser, J. (Hrsg.) (2000): Wie Liebe gelingt. Die Paartherapie Bert Hellingers. Heidelberg (Carl-Auer-Systeme).

Petry, S. (1996): Erlebnisgedächtnis und Posttraumatische Störungen. Stuttgart (Pfeiffer).

Retzer, A. u. F. Simon (1998): Bert Hellinger und die systemische Psychotherapie. Psychologie heute 7: 64–69.

Richter, H. E. (1991): Eltern – Kind – Neurose. Reinbek (Rowohlt).

Rosenstiel, L. v., W. Molt u. B. Rüttinger (1995): Organisationspsychologie. Stuttgart (Kohlhammer).

Ruppert, F. (2000a): Die unsichtbare Ordnung in Arbeitsbeziehungssystemen. In: G. Weber (Hrsg.): Praxis der Organisationsaufstellungen. Heidelberg (Carl-Auer-Systeme).

Ruppert, F. (2000b): Familiengeheimnisse und Psychosen. Verrückt machende Suche nach Auswegen aus Verwirrungen im Familiensystem. Praxis der Systemaufstellung 2: 33–43.

Ruppert, F. (2000c): Das Aufstellen von Arbeitsbeziehungen in Wirtschaftsunternehmen. Erfahrungen und Ergebnisse empirischer Untersuchungen. In: G. Weber (Hrsg.): Praxis der Organisationsaufstellungen. Heidelberg (Carl-Auer-Systeme).

Ruppert, F. u. C. Gerstberger (1998): Sicherheits- und Gesundheitskultur – Faktoren eines ganzheitlichen Verständnisses von Sicherheit und Gesundheit im Betrieb. Forschungsbericht. Katholische Stiftungsfachhochschule München.

Schäfer, T. (1998): Was die Seele krank macht und was sie heilt. Die psychotherapeutische Arbeit Bert Hellingers. München (Knaur).

Shapiro, F. u. Silk-Forrest, M. (1998): EMDR in Aktion. Die Behandlung traumatisierter Menschen. Paderborn (Junfermann).

Sheldrake, R. (1998): Das schöpferische Universum. Berlin (Ullstein).

Sheldrake, R. (1999): Das Gedächtnis der Natur. München (Piper).

Siefer, T. (1998): Anerkennnung und Würdigung. Organisationsaufstellungen in Unternehmen, Familie und Beruf. In: G. Weber (Hrsg.): Praxis des Familien-Stellens. Heidelberg (Carl-Auer-Systeme).

Sparrer, I. (2001): Wunder, Lösung und System. Lösungsfokussierte systemische Strukturaufstellungen für Therapie und Organisationsberatung. Heidelberg (Carl-Auer-Systeme).

Spangler, G. u. P. Zimmermann (Hrsg.) (1995): Die Bindungstheorie: Grundlagen, Forschung und Anwendung. Stuttgart (Klett-Cotta).

Spieß, E. und H. Winterstein (1999): Verhalten in Organisationen. Stuttgart (Kohlhammer).

Stark, H. (2000): Die wirk-lichen Toten. *Praxis der Systemaufstellung* 1: 18–23.

Tillmetz, E. (2000): Familienaufstellungen. Zürich (Kreuz Verlag).

Ulsamer, B. (1999): Ohne Wurzeln keine Flügel. München (Goldmann).

Unger, M. (1997): Konflikte in Arbeitsbeziehungen und ihre Lösung durch die Methode der Personenaufstellung – ein neuer Zugang für das sozialarbeiterische Handlungsfeld der Supervision in Organisationen. Katholische Stiftungsfachhochschule München. (Unveröffentl. Diplomarbeit).

Varga von Kibéd, M. u. I. Sparrer (2001): Ganz im Gegenteil. Tetralemmaarbeit und andere Grundformen systemischer Strukturaufstellungen. Heidelberg (Carl-Auer-Systeme).

Weber, G. (Hrsg.) (1995): Praxis des Familien-Stellens. Heidelberg (Carl-Auer-Systeme); 3. Aufl. 2000.

Weber, G. (Hrsg.) (2000): Praxis der Organisationsaufstellungen. Heidelberg (Carl-Auer-Systeme).

Weber, G. (2000): Zum Stand der Aufstellungsarbeit. *Praxis der Systemaufstellung* 1: 7–10.

Weber, G. u. B. Gross (1998): Organisationsaufstellungen. In: G. Weber (Hrsg.): Praxis des Familien-Stellens. Heidelberg (Carl-Auer-Systeme).

Weibler, J. (1994): Führen durch den nächsthöheren Vorgesetzten. Wiesbaden (Deutscher Universitäts-Verlag).

Weinert, A. (1981): Lehrbuch der Organisationspsychologie. München (Urban & Schwarzenberg).

Wieck, W. (1992): Männer lassen lieben. Frankfurt/M. (Fischer).

Über den Autor

Prof. Dr. Franz Ruppert, Diplom-Psychologe, Professor für Psychologie, Studienfach Soziale Arbeit, an der Katholischen Stiftungsfachhochschule München; Psychologischer Psychotherapeut und Supervisor in eigener Praxis.

Gunthard Weber (Hrsg.)

Praxis der Organisations- aufstellungen

Grundlagen, Prinzipien, Anwendungsbereiche

Klaus Grochowiak/ Joachim Castella

Systemdynamische Organisations- beratung

Handlungsleitfaden für Unternehmensberater und Trainer

339 Seiten, Kt, 2000
ISBN 3-89670-117-1

Dieser Band geht auf die erste Tagung zum Thema Organisationsaufstellungen zurück, die 1998 in Wiesloch bei Heidelberg stattfand. Gunthard Weber versammelt hier namhafte Vordenker und Praktiker dieser neuen Beratungs- form, die mit grundlegenden Beiträgen wie mit Arbeitsberichten aus ganz un- terschiedlichen Anwendungsfeldern einen ersten Überblick über die Mög- lichkeiten der Organisationsaufstellung geben.

264 Seiten, Kt, Format A4, 2001
ISBN 3-89670-180-0

Die Autoren illustrieren in diesem Handlungsleitfaden für Unterneh- mensberater und Trainer die Übertra- gung der Methode Hellingers auf Or- ganisationen und Unternehmen. Nach einigen grundlegenden konzeptionel- len Überlegungen stellen sie sowohl wichtige Interventionstechniken vor als auch einen auf die Praxis zuge- schnittenen methodischen Hand- apparat für die Selbständige Anwen- dung.

Carl-Auer-Systeme Verlag